Eso no estaba en mi libro
de Historia de la Ópera

PEDRO GONZÁLEZ MIRA

Eso no estaba en mi libro de Historia de la Ópera

ALMUZARA

Primera edición en Almuzara: octubre de 2019

Editorial Almuzara • Colección Historia

Director editorial: Antonio E. Cuesta López
Editora: Ángeles López
Diseño y maquetación: Joaquín Treviño
www.editorialalmuzara.com
pedidos@editorialalmuzara.com - info@editorialalmuzara.com

Imprime: Gráficas La Paz

ISBN: 978-84-17954-59-8
Depósito Legal: CO-1222-2019
Hecho e impreso en España - *Made and printed in Spain*

Para mis hermanos, Marijose y Juanma,
a los que tanto quiero, aun a distancia.

Índice

Nota del autor

¿Va a ser este un libro escrito a rebufo de *Eso no estaba en mi libro de Historia de la Música*? Pues totalmente, aunque la cosa lleve truco y sea necesario dar algunas explicaciones antes de meternos en harina.

Ese libro fue redactado con una clara intención pedagógica. Y surgió de una experiencia pasada; de alguna manera, bajo el recuerdo de mis años de profesor de Historia de la Música. Pero mirando al presente con la voluntad de dirigirme a un potencial lector de determinadas características: gente interesada en materias artísticas, en asuntos relacionados con la cultura en general; gente lectora, aficionada a las artes plásticas, al cine, al teatro, etc., pero que por razones equis no hubiera tenido un contacto continuado y sistemático con la gran música, esa que hace tiempo que quedó clasificada, de manera harto imprecisa, muy poco rigurosa, como música clásica. E incluso a gente descreída y difícil de captar para la causa: Don Miguel de Unamuno decía que la música «es una especie de veneno que adormece las facultades del entendimiento». Para la confección de los contenidos opté por seguir una línea inhabitual en estos casos, alejada del relato histórico ordenado, y buscando más impresiones inmediatas y directas que una sistemática histórica para un posible aprendizaje de los hechos y personas que pudieran conformar una historia de la música contada de manera digamos normal. El libro se escribió, editó y vendió bajo estas premisas, y al parecer (de no ser así mal se podría comprender este nuevo encargo) con un éxito calificable de bueno, siempre habida cuenta de la materia que se trata.

Efectivamente, este que ahora presento es producto de un encargo que se produjo tras la aceptación del libro anterior, que ya va por la segunda edición y también se ha publicado en edición de bolsillo. Cualquiera de las partes de ese libro hubiera sido susceptible de una ampliación o tratamiento más detallado para la redacción de uno nuevo, pero todos hemos estado de acuerdo desde el minuto uno (y especialmente mi editora, que calificaría de musa) en que si hay una que acapara todos los méritos ésa es la ópera. En realidad el libro que usted tiene ahora en sus manos ha supuesto para mí un notable esfuerzo para explicar eso: el porqué de esos merecimientos; por qué la ópera como invención supera con creces a cualquier otro modelo musical; por qué en su andadura de ya más de cuatro siglos nos ha contado todo lo que a un ser humano le haya podido suceder en una o cien vidas. En la ópera está todo, y de todas las maneras, de buenas y menos buenas maneras. Además, explicado de forma más gratificante para la movilización de nuestros resortes emocionales e intelectuales, porque a la abstracción pura de la música que sustenta cada obra siempre se le añade un relato, una historia que siempre se entiende bien porque, de manera más directa o lejana, va a quedar alineada con las propias vivencias de quien la observa (escucha y ve; o lo uno o lo otro o las dos cosas).

El título. Los objetivos que pretende cubrir este segundo libro son parecidos a los que quise se alcanzaran en el anterior, pero bien es cierto que su título supone una apropiación. Si el lector es reincidente, recordará que en aquél sí había un modelo nacido muchos años antes, lo que no es el caso ahora. Nadie que estuviera en su sano juicio habría reclamado para ningún ámbito de la enseñanza un libro sobre ópera; fue ya más que suficiente hacerlo para uno acerca de la historia general de la música, aprovechando que en el Ministerio de Educación se habían vuelto locos al incluir la materia en el primer curso del ahora añorado B.U.P. Esta decisión no pasó de tener tenues consecuencias en la enseñanza reglada, convirtiéndose la nueva asignatura en *maría* de lujo, salvo en aquellos centros en los que algún profesor de otra materia pudiera encargarse del asunto. En mi caso fue el de Matemáticas. O sea, yo.

Pero ahí quedó todo. A nadie se le pasó por la cabeza que la ópera fuera una materia útil para conseguir algún tipo de objetivo educativo. Nuevo error. La ópera siempre se entendió mal, porque estuvo en la mente de los ciudadanos como un espectáculo de élite, pensado para ser consumido sólo por ricos y privilegiados. A mí lo de ricos me parece plausible, pero discutible, porque, como se podrá deducir a lo largo de este libro, se trata de un espectáculo que tiene sus costes y, si se quiere disfrutar de él, hay que pasar por taquilla a un precio de altura, aunque seguramente menor que el que hoy se paga para escuchar a determinados fenómenos musicales urbanos; pero lo del elitismo siempre me causó cierta perplejidad: ¿es más fácil escuchar una sinfonía de una hora de duración, una materia soberanamente abstracta, que aproximarse a un espectáculo musical en el que a uno le cuenten una historia, de cualesquiera características, de principio a final, perfectamente explicada a través de una música superpuesta?

Por todo ello y en justicia, el título de este libro lleva truco. *Eso que no estaba…* con mayor razón no estaba porque no hubo un libro anterior en el que pudiera haber estado. Atiende a un tipo de aportación que a muchos, entre los que me incluyo, nos habría gustado haber hecho pero que nunca hicimos: situar la ópera en el centro de un posible método o una posible forma de acceder al todo de la música; trabajar partiendo de la idea de que desde el conocimiento de los entresijos de la ópera se pudiera llegar a comprender la cosa musical completa. La idea sola podría resultar descabellada, cuando no pedante, pero a menos que uno se pare a pensar en clave pedagógica, enseguida se podrá dar cuenta de las múltiples ventajas que aporta andar ese camino. La razón es sencilla: en términos de enseñanza básica resulta más fácil ir de lo concreto a lo abstracto, que no al contrario. O dicho de otra manera: recuerdo bien que los chicos y chicas a los que le enseñaba música se lo pasaban en grande escuchando un disco con *Carmen,* de Bizet, o *Salomé,* de Richard Strauss; bastante mejor que tratando de comprender una sinfonía de Mozart o Beethoven. El porqué es muy evidente: Carmen y la princesa Salomé les estaban hablando de sus problemas: indirecta pero realmente. Sorprendentemente (los jóvenes no tienen límite en algunas de sus reacciones), también quedaban seducidos por las que llamábamos *conversaciones can-*

tadas: el cuarteto de *Rigoletto,* el sexteto de *Lucia di Lammermoor,* el septeto de *Las bodas de Fígaro…*

La tesis es: ópera y vida. Ópera en la vida. Ópera, la vida misma. Porque en cualquier ópera las cosas que suceden son eso, lo que sucede en la vida de algunos que en más de una ocasión podemos tomar como modelo, como estereotipo. De ahí el enfoque que he decidido dar. Lo he planteado en un prólogo, dos actos, un pequeño epilogo, más un anexo necesario. El prólogo ha de servir para situarnos en contexto; para saber, aun de pasada, el qué y el cuándo. Es la historia. El primer acto versará acerca del cómo y el porqué, o, lo que es lo mismo, de los elementos esenciales de la ópera. Para llegar al segundo, en donde no se hablará de ópera sino de óperas en concreto. Y de la manera lo menos académica posible, pero sin renunciar al dato, dejando siempre claras las coordenadas espaciotemporales de la creación. He querido que sea una especie de conclusión realizada bajo la observación de títulos operísticos determinados; quizá una serie de reflexiones que pretenderán justificar la afirmación realizada antes: ópera, la vida misma. Y una excusa para zambullirnos en los más importantes títulos. El lector encontrará en este capítulo referencias a óperas en concreto, en ocasiones extraídas de comentarios míos en algún medio de comunicación, y desde luego si las hay más de pasada o paladeadas extensamente es una consecuencia de mis propios gustos y subjetividades personales, algo que no sólo me parece inevitable sino lógico. Aunque también estarán por estrictas razones musicales: la secuencia Mozart-Rossini-Verdi-Wagner-Puccini-Richard Strauss delatará mis gustos sin tapujos, pero también desvelará una realidad indiscutible: han sido los mejores (ya me huelo las críticas por la no inclusión de Bellini y Donizetti. Las asumo). Y quizá más de un observador perciba que hay unos determinados títulos que aparecen recurrentemente a través del texto. El autor es consciente de ello: son, a su entender, las más grandes óperas escritas hasta hoy. Es posible que también choque que en ocasiones los títulos originales no estén acompañados por su traducción. El criterio general es: que el título aparezca en su idioma original (al menos la primera vez que se presenta en el texto) y la correspondiente traducción, a excepción de los que no necesiten ser traducidos. Ejemplos: *Rigoletto, Rodelinda, Lohengrin, Ifigenia en Aulide, Tito Manlio, Salomé,* óperas nombradas por un determinado personaje con nombre y apellidos o cuya traducción no aporta nada por pura similitud entre el original y la propia traducción, lo que es corriente en, por ejemplo, muchas de las óperas de título en italiano. Pero ante la duda, he recurrido a la traducción, aunque a algún lector le pueda parecer obvia. El Epílogo versa sobre una única ópera, y su razón de ser está en la propia metodología usada a lo largo del libro, cosa que espero sea entendida tras la lectura: la ópera viene a ser un proceso dialéctico entre música y palabra, con algunos invitados más a la fiesta, y en un orden que ha sido, es y será discutible. Y de eso trata el título que aparece en el Epílogo.

Por último, el Anexo está referido a la validez de la ópera enlatada, al disco. Un algo que suena a poco, comparado con la grandeza del verdadero espectáculo operístico, pero un algo sin el cual durante mucho tiempo no nos habríamos enterado de nada. Sin el disco, una parte muy mayoritaria de nuestra población interesada en el asunto habría desconocido casi totalmente durante demasiado tiempo la parte musical de las óperas (y también sus partes escénicas, a partir de la existencia del vídeo), es decir, sus verdaderas almas. Sin discos, no habríamos conocido el más refinado y completo fundamento musical de una ópera como *El caballero de la rosa,* de Richard Strauss, sino a través de la segunda de las grabaciones que ha legado Herbert von Karajan; o la nunca mejor cantada (*La flauta mágica,* de Mozart, en versión de Otto Klemperer); o el trabajo directorial más imponente realizado jamás con óperas de repertorio (*El anillo del Nibelungo,* de Wagner, a cargo de Georg Solti); o la mejor de las posibles puestas en escena modernas para *Tristán e Isolda,* de Wagner, un trabajo para el Festival de Bayreuth de Heiner Müller; o la película realizada por Jean-Pierre Ponnelle para *Madama Butterfly,* de Puccini; o la histórica *Carmen* de Teresa Berganza, de la mano de Claudio Abbado, ambos en sus años de plenitud; o (los muchos que no han podido ver esta versión en directo) las digresiones más espeluznantes de Calixto Bieito en el *Don Giovanni,* de Mozart; o las direcciones orquestales de Rafael Kubelik y Carlo Maria Giulini para *Rigoletto,* de Verdi; o el literalmemte alucinante montaje de la Fura dels Baus para *La condenación de Fausto,* de Berlioz; o las, musicalmente, endiabladamente perfectas *Violetta* o *Tosca* de Montserrat Caballé; o esa mezcla irrepetible de emoción y fino intelecto desplegada por Dietrich Fischer-Dieskau en *Falstaff,* de Verdi, o al bajo-barítono Hans Hotter haciendo el más poderoso Wotan de todos los tiempos. Etcétera, etcétera.

Y una última e importante observación: todo lo que he dicho hasta aquí, y todo lo que se podrá leer hasta la última página, puede estar mejor o peor expresado; puede agradar más o menos. Pero de lo que todos podemos estar seguros, el que lo ha escrito y los que lo lean, es de que o todo ello ha acabado sirviendo para leer, escuchar y ver ópera, o habremos perdido nuestro tiempo.

Madrid, 30 de septiembre de 2019

Prólogo: Historia

— 1 —
¿Por qué existe la ópera?

En realidad este tipo de preguntas, tan simples y a la vez tan tramposas por la posible alerta que pueden causar algunas respuestas ingeniosas, no deberían ser planteadas. Estaría, además, mal formulada; o al menos debería estar hecha tras otra de quizá más contenido: ¿Por qué tardó tanto en aparecer la ópera. O ¿es que realmente apareció tan tarde; no antes? Y ello si es que tales cosas son estudiables (una aparición casual, por ejemplo) y no son simplemente producto de la pura lógica histórica, es decir, del perfeccionamiento técnico de una idea o ideas anteriores a su creación oficial, perfectamente irrealizables por falta de medios. La historia de la música es muchas cosas, pero también una lucha a brazo partido en la que se enzarzan unos señores con todo y con todos por no tener los medios adecuados para poder inventar lo que quieren inventar. Se suele dar nombre y apellidos a la primera ópera. Y lo aceptamos como correcto. Pero sus antecedentes históricos fueron muchos, muy relevantes y muy fundamentados, antes de que tuviera lugar esa primera representación operística oficial. Esos antecedentes han ido desapareciendo en el olvido ante la luminosa brillantez de un listado de obras inagotable. Pero estamos obligados a seguir haciéndonos preguntas.

Parece que nos hemos olvidado del principio, porque quizá nos quede demasiado lejos. Pero, como para otras ramas de la creación y el conocimiento tras la caída del Imperio romano y la llegada de los duros siglos que ocuparon la Edad Media, es necesario buscar antecedentes. Aquí y allá, de forma parca y sin los instrumentos suficientes, se encuentran desde el primer momento atisbos, imitaciones, procedimientos subliminales que parecen querer desembocar en lo que, ya mucho después, en el siglo XVII, se convertiría en las primeras obras del género. No obstante, ninguna de esas pistas constituye un antecedente tan formidable como la antigua tragedia griega, que muere con el tiempo a manos de la decadencia romana. O mejor, que hiberna, que va a hibernar un milenio antes de que se produzca su redescubrimiento transmutado en un espectáculo llamado ópera.

— 2 —
Pero la vida sigue

Mientras tanto, la vida seguía. Sigue. La creación artística, a trancas y barrancas, continuaba. Continúa. El posicionamiento técnico de la Iglesia cristiana desde el primer momento de su propia definición como grupo de poder político que aspira a dirigir el mundo choca con una realidad espiritual incompatible con el propio humanismo que pretende ser su base ideológica, con lo que su rápida decantación hacia las prácticas terrenales, tan bravamente combatidas en su origen, la convierten en una estructura que practica un discurso intelectual heredado de su fundador (o del maestro de su teórico fundador, por mejor decir) y una praxis político-social auténticamente indecente. La invención en general, y el arte en particular, y la música en todos sus géneros de forma especialísima, se sitúan en su centro de actuación ideológica como herramienta de trabajo con unas consecuencias de enorme calado, en todos los sentidos, y de manera positiva y negativa a la vez. De alguna forma la música como producto elaborado se acumula sobre todo en las iglesias, apenas está presente en las calles y algo más en la vida social, salvo atisbos profanos, populares, escasos, de gran contenido sociológico pero pobre calado creativo; o salvo recurrencia a asuntos religiosos aun fuera de las iglesias o las catedrales, con, a veces, resultados notables. Del papel de la pintura durante prácticamente un milenio, mejor no hablar. O sí.

Es una auténtica falacia afirmar que tras una creación artística producto de una aberración social no pueda haber auténtica belleza. Y por eso es también un error pensar que en el transcurso de los negros siglos medievales se detuviera el talento creativo. Obviamente, como todo el mundo sabe, no fue así. Sucede, sin embargo, que es fácil documentarlo en las artes plásticas y la arquitectura, pero quizá no tanto en el desarrollo de la música, siempre más lento y tardío, y desde luego oculto en su propia naturaleza de máxima abstracción, y por consiguiente en su gloriosa idoneidad para la manipulación espiritual y, particularmente, religiosa.

— 3 —
Primeras ilusiones

Pero los cantos monódicos presentes en la Iglesia hasta bien entrado el segundo milenio, de gran poder movilizador para las almas por su sobriedad y desnuda belleza, se van profanando lentamente en la medida que se va humidificando su seca corteza, una capa litúrgica fundamentada en la limpieza del mensaje y poco involucrada con las consecuencias creativas en sí mismas. Como siempre sucedió (y sigue sucediendo) cuando una obra de arte es producto de un encargo, lo primero que surge en el resultado es tensión creativa, producto de una dialéctica declarada entre las necesidades de quien realiza el encargo y las del ejecutante del resultado. Esos cantos, procedentes de la España de Recaredo y que hoy conocemos como gregorianos, pero que convivieron con otros como el canto ambrosiano, el beneventano, el galicano o el mozárabe (en realidad el papa Gregorio lo único que hizo fue unificar los distintos textos), fueron de alguna manera un encargo. La autoridad competente marcaba el terreno definiendo el mensaje —el texto, es decir, la liturgia—, pero de la manera de hacer llegar a las gentes ese mensaje se tenían que encargar los, en la práctica, dueños de la Iglesia, los propios monjes. Y ésos, que fueron los que confeccionaron la música, fueron los que en realidad encarnaron esa digamos línea dialéctica entre quien encarga la obra y quien la concibe: o sea, entre el poder y el talento. Porque en unas condiciones vitales de extrema dureza física inventaron unas líneas melódicas de milagrosa inspiración para unos discursos sonoros en los que el equilibrio entre pensamiento intelectual y belleza estética resulta sorprendentemente emocionante. Pero ¿acaso tiene algo que ver el Canto Gregoriano con la ópera, un espectáculo que no nacería hasta cientos de años más tarde? Asistir a un rezo catedralicio donde todavía se practique el Gregoriano da muchas pistas para hacer un primer intento de respuesta a la pregunta con que comenzó este texto: ¿por qué existe la ópera?

— 4 —
A media luz

El rito gregoriano posee una especial vida interna; no se produce de manera estática, aunque pueda parecerlo. Para entender lo que sucede, y poder vivirlo como una experiencia propia, no es suficiente con escuchar. Ni siquiera con escuchar comprensivamente. Hay que ver, hay que buscar el gesto, encontrar el ritmo de las respiraciones, la plástica de las figuras en formación en la sillería del altar; mirar el retablo en la oscuridad del templo o a la luz que filtran las vidrieras; embriagarse entre los sonidos emitidos por esos cuerpos cubiertos de blancos sayales... Huele mucho a ópera; demasiado a espectáculo; es como si estuviéramos en el patio de butacas de un moderno teatro, disfrutando de una más que moderna obra. Y es que ni siquiera una Iglesia que quiso hacer tabla rasa de lo profano desde el primer momento en sus templos lo pudo conseguir en sus ritos litúrgicos más primitivos. El espíritu del teatro, del drama humano, de la tragedia, de la contemplación está presente desde el primer momento, aunque los procedimientos sean enormemente sobrios. Y ahí ya está, al acecho, la ópera, una forma musical que nacerá con vocación de explicarlo todo al mismo tiempo, porque quiere ser todo al mismo tiempo.

— 5 —
El poder ayuda

¿Por qué la historia se suele adelantar tanto? ¿Por qué muchas de las creaciones de hoy parece que dieron comienzo hace siglos? ¿Por qué la invención se adelanta y atrasa, se detiene y acelera en procesos interrumpidos que parecen no tener fin, y seguramente un verdadero origen? ¿Por qué el arte es tan dinámico y cambiante? Pues sencillamente porque la inventiva y el talento de sus creadores existen desde el minuto uno, y muchas veces en mayor medida cuantos más obstáculos encuentran aquellos para un desarrollo normal de su trabajo. Talento e inventiva son en el ser humano como un río desbocado, y los autores de la música gregoriana hicieron un inexplicable despliegue de creación dinámica, de auténtica dramaturgia, que desde el punto de vista de un creador de hoy rozaría lo sobrehumano. Los monjes usaron los mismos procedimientos durante cientos de años en auténtica exclusiva, hasta que en el siglo x las prácticas se comenzaron a diversificar. ¿Fue así porque el *encargador*, la Iglesia, cambió de opinión acerca de cómo tenía que ser el soporte musical para la liturgia que seguía promulgando a manos llenas? No, evidentemente. Los autores de esa diversificación fueron los de siempre, es decir, ellos mismos, los monjes, que habiendo aprendido el significado de la estratificación del poder dentro de la Iglesia se habían convertido en maestros. Abandonaron —o buscaron otros— los procedimientos, y, además, como el poder también ayuda a inventar, estos maestros, sobre todo los de un centro muy concreto, la recientemente arrasada por el fuego catedral de Notre-Dame de París, protagonizaron una pequeña revolución. Se les ocurrió que las melodías gregorianas podrían dar más de sí si aparecían superpuestas, si se cantaban a la vez. Más visibilidad para todo. Más tensión, y ahora en vertical al superponer melodías. Más drama. Más ópera. No sólo para el seguimiento del sonido que acompaña a la palabra (la palabra; lo único que interesaba a la autoridad eclesial), sino por el posicionamiento de las diferentes melodías, no ya de manera uniforme sino en grupos de gargantas distintas por ser ellas mismas diferentes. Ahora ya se escuchaba (y veía) a un coro distinto, pues al confrontar las voces de forma dispar (melodías superpuestas) se generaba una nueva tensión dramática, que cada vez se aproximaba más a lo simplemente humano que al fin religioso; es decir, al sentimiento profano, mucho más preocupado por lo físico que por lo metafísico. Esta superposición de voces (voz: línea melódica, no número de voces cantantes) dio lugar a un procedimiento llamado polifonía, que ha perdurado en la música eclesiástica prácticamente hasta nuestros días, y que ha dado lugar a multitud de géneros desde entonces. La ópera, como la conocemos hoy, no habría sido posible, no habría llegado a adquirir un cuerpo propio, sino a partir de la evolución técnica que comienza a producirse a partir del invento polifónico. Y aunque todavía el camino a recorrer para llegar a la ópera como obra acabada iba a ser largo, no es posible formular una teoría acerca de su nacimiento sino a partir de los logros vocales que se producen cuando se da el gran salto polifónico. Habrá más cosas, otras cosas, todas ellas primordiales, pero el principio de todo está ahí. Las contradicciones y las paradojas surgieron desde el primer momento. Cuando los primeros compositores, ávidos de modernidad, de una modernidad que intuían que encerraba algo grande, ensayaron el nuevo género realizando los primeros intentos, en un total ataque de locura y alarde de pedantería, buscaron la superación de la técnica polifónica, porque, de manera absurda, pensaron que estaban creando algo tan nuevo que se tenía que prescindir de la tradición. Se equivocaron, por supuesto. Y fracasaron. Nos situamos ya a finales del siglo XVI y muy principios del XVII, y, efectivamente, los primeros intentos operísticos quedan en poco. Pero ahí estaba Claudio Monteverdi (Cremona, 1567 - Venecia, 1643), quizá uno de los músicos más revolucionarios de la historia del arte, para poner en valor cada cosa. Los primeros operistas sólo sabían que querían un medio de expresión nuevo, un espectáculo en el que además de escuchar hubiera mucho para ver; y comprender no ya desde la abstracción, sino desde la racionalidad del valor de un texto literario. Pero no supieron cómo hacerlo. Monteverdi, sí. Y una de las razones más poderosas para conseguirlo fue saber conjugar lo nuevo con las técnicas polifónicas, en teoría pensadas más para la música de las catedrales. Conjugar lo nuevo con lo viejo, con la tradición. Nada fácil.

— 6 —
Ópera anterior a la ópera

La contradicción estaba servida. Parece, pues, que la ópera, aun indirectamente, va a tener su origen en las iglesias. Puede ser así como parte de un contexto técnico, pero no hemos de albergar otro tipo de dudas; la ópera va a llegar al mundo con otros afanes; definitivamente no va a ser otra forma más subsidiaria a aspectos religiosos de la música; nacerá con vocación fuertemente cortesana, y acabará transformándose en espectáculo para élites con el paso del tiempo. Eso sí, los autores serán los mismos dentro y fuera de la iglesia, pero las razones por las que los compositores siguieran dentro del templo, saliendo al mismo tiempo fuera, resultaron ser más de tipo contractual que propiamente creativas. La historia, en todo, avanza así.

La historia tiende a escribirse sobre complejos y mestizos procedimientos. La ópera es un género de alma mixta, musical y dramática, y por ello su nacimiento y desarrollo no puede dejar de correr en paralelo a la propia evolución de las técnicas musicales, pero suceda la cosa musical fuera o dentro de la iglesia. Por ello a veces podemos encontrar curiosas, extrañas y sorprendentes similitudes o solapamientos entre ciertas músicas religiosas representadas procedentes de la Edad Media y la ópera, que van más allá del propio carácter de las músicas que podamos estar evaluando o comparando. Hablamos de un período que está recorrido por una serie de creaciones representadas que pueden tomarse como antecedentes de la ópera. Algunas son de carácter religioso y otras son profanas. Todas ellas se han perdido en su aspecto original, pero la musicología moderna ha podido valorar con exactitud el contenido de los manuscritos conservados; y lo que es más importante, ha podido hacer una valoración musical de todo ello. E incluso alguna que otra reconstrucción. *El Cant de la Sibil·la, Le Jeu de Robin et Marion* —atribuido al trovador Adam de la Halle (h.1240 - h.1287)—, o *The play of Daniel* son ejemplos de recopilaciones de cantos amorosos de particular interés, pero, y dentro de los misterios medievales, quizá sea el *Misteri d'Elx* el que más atención pueda suscitar, porque es una representación muy cercana a nosotros, pero sobre todo porque sigue subiendo a escena todos los veranos en la basílica de Santa María de la ciudad levantina. Es el único que lo sigue haciendo, y el único que se puede ver y escuchar protagonizado por artistas no profesionales. Está cantado en valenciano antiguo (y algo de latín), y se representa con la maquinaria original utilizada desde sus inicios. La obra tiene lugar en dos actos, *La Vespra* y *La Festa*, y recrea la Asunción y Coronación de la Virgen. Probablemente data de finales del siglo XV, aunque alguna tradición local la sitúa doscientos años antes, coincidiendo con la conquista del Elche musulmán. Su representación tuvo que ser suprimida cuando el Concilio de Trento prohibió las obras teatrales dentro de los templos, pero el tesón y la insistencia del pueblo ilicitano obligaron al papa Urbano VIII a redactar un rescripto pontificio para que la obra pudiera seguir representándose. La música que se escucha cada agosto en Elche hoy en día ha alcanzado un grado de eclecticismo considerable, tanto en materia de canto como en la instrumentación. Pero su valor cultural es enorme. Cada verano en Elche podemos ver una pequeñita ópera antigua; tanto que es una ópera anterior a la ópera. Y religiosa.

Ha quedado ya dicho que el origen más carnal de la ópera está en el teatro griego, pero no podemos olvidar que, una vez cruzada la línea de la Alta Edad Media, y tras el importante escalón que para la música supuso la parte baja de ese período, y antes de que el Renacimiento recuperara al hombre para convertirlo de nuevo en el centro medular de cualquier estructura creativa, la música en su versión dramatizada (con anterioridad a la aparición de la primera ópera) avanzó de manera singular en las representaciones de esos dramas musicales, luego autos sagrados o misterios como el ya referido de Elche, y más tarde simplemente representaciones de corte popular y absolutamente profanas. Buena parte de Europa (Francia, España y Suiza en particular) fue recorrida por este tipo de manifestaciones, unas veces religiosas, otras profanas, que luego se perdieron por pura absorción de las nuevas formas musicales, mucho más complejas, pero no sólo técnicamente sino porque nacieron para expandirse en un mundo artístico ostensiblemente más rico emocionalmente; menos anegado por la oscuridad y cerrado; más expresivo o, por mejor decir, de una expresividad más libre. No es casualidad que el auténtico cambio de rumbo en la creación musical en busca de la modernidad coincida en el tiempo casi exactamente con las primeras experiencias operísticas ya acabadas. Pero, como hemos hecho a ello referencia al hablar del *Misteri d'Elx,* hasta ese momento hay creaciones a las que no se les debe dar la espalda en la búsqueda de los orígenes del género operístico.

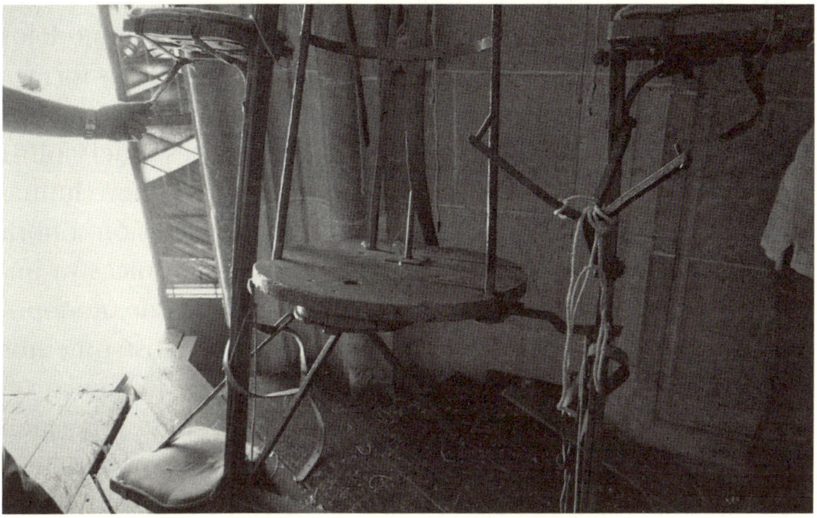

En estas fotos podemos observar la maquinaria, que es la original, utilizada para la bajada del ángel en la representación veraniega del *Misteri d'Elx*. Acred.: PGM.

— 7 —
¿Un espectáculo del Barroco?

Es una afirmación corriente. La ópera es el típico espectáculo barroco. Seguramente haya muchos motivos para dar por buena esa afirmación, pero también es cierto que, sin una clara confluencia de acontecimientos sociales y musicales producida entre finales del siglo XV y todo el siglo XVI, no habría sido posible. Piénsese que la música renacentista no goza de modelos procedentes de la Antigüedad y ha de idear sus propias formas en base a supuestos clásicos. Y, por otro lado, los instrumentos musicales góticos (la gaita, el salterio o el predecesor del violín) se quedan obsoletos ante la avalancha creativa del nuevo humanismo renacentista, necesitado de medios de expresión sonora más complejos y adecuados a las corrientes polifónicas ya imperantes. Y no sólo es el gran órgano de iglesia el que monopoliza ese cambio, que también, sino que pequeños instrumentos como el laúd o la vihuela, el trombón, la flauta o la bombarda —antecedente del moderno fagot— se convierten en germen de una idea hasta entonces inédita: la orquesta. Coros polifónicos acompañados de agrupaciones instrumentales formadas por esos instrumentos, a veces con el órgano añadido, se hacen dueños de los servicios eclesiásticos, con resultados bastante discutibles desde el punto de vista religioso, y muy vistosos como espectáculos profanos. San Marcos, en Venecia, fue seguramente el lugar en el que más ensayos generales con todo se hizo de lo que pronto sería un espectáculo operístico. La Iglesia, con tal boato, y sin apenas reparar en ello, se adelantó a lo que pronto acabaría siendo una ópera con todas las de la ley. Y, desde luego, un espectáculo de corte.

— 8 —
Madrigal *versus* cantata *versus* ópera

Pero si esos excesos de la música religiosa (en Italia, claro) en cierta medida fraguaron nuevas sensibilidades, es en el mundo musical propiamente profano donde tuvo lugar la confluencia crucial que acabaría cristalizando en el verdadero nacimiento de la ópera. Fue el encuentro entre el madrigal y la cantata, las dos formas vocales que protagonizaron la música cortesana en todo el período. El primero, un simple texto poético cantado, fue una consecuencia de esa mirada al pasado clásico que dio sus auténticas señas de identidad a todo el período: mirar en dirección a textos como los de la *Eneida*, por ejemplo, en búsqueda de una sensualidad perdida, para, ya que era imposible la reproducción musical de lo griego, encontrar una nueva inspiración que imaginara una música perdida. Y lo que sucedió es que, como no se podía imaginar, se creó. Pero eso sí, música al servicio del texto, lo que revela diversos significados. Por un lado, el respeto a la palabra abre nuevos caminos para poder *musicar* historias; por otro, frente a la complicación polifónica, es una reacción que implica naturalidad, sencillez, limpieza. Y comprensión del significado de la palabra cantada y, como consecuencia, una nueva actitud ante la escucha: la música no es ya sólo el medio para exaltar la naturaleza de lo divino, sino una mirada hacia adentro del alma humana en busca de confesión personal. En otras palabras, un actitud que anuncia la idea de lo romántico.

— 9 —
Alemania, impasible

Este movimiento se estaba produciendo en Italia (también, a su modo, en España), mientras que en Alemania o Inglaterra las cosas iban por otro lado. De alguna manera, viviendo ajenas al movimiento artístico que se estaba cociendo. En Alemania, la Reforma puso patas arriba la forma de comunicarse con Dios. La doctrina luterana marcaba una comunicación directa ente el hombre y la divinidad, con lo que la figura del sacerdote sobraba, los sacramentos servían de poco y los textos litúrgicos tuvieron que ser arrojados a la basura. Sólo la Biblia servía para regular el rezo, y la vida misma. Lutero la tradujo al alemán y puso ese material en manos de los músicos de mayor talento de Europa, construyendo los *Kantorei*, unas escuelas donde se formaban coros, pues para él la música, el canto, debía convertirse en la base de su liturgia a través del coral, una forma musical inherente a las primeras corrientes del protestantismo. Naturalmente todo esto tuvo consecuencias colosales. Una sobre todo llamada Johann Sebastian Bach. Pero a Bach, como es sabido, nunca le interesó la ópera.

— 10 —
Isleños y españoles, a su ritmo

En Inglaterra, por su parte, las cosas iban muy lentas, y hasta el advenimiento de María Tudor no hubo un desarrollo importante de la música profana. Enrique VIII no hizo más que contribuir con su ruptura con la Iglesia católica al endémico retraso de las islas en materia musical. Pero al fin la liturgia de la nueva Iglesia conoció a figuras relevantes, un Orlando Gibbons (1583-1625) por ejemplo, y desarrolló un género, los *anthems*, que dieron mucho juego a los imaginativos pero limitados autores ingleses. La ópera aquí, como veremos luego, una vez superados determinados lastrantes acontecimientos históricos, llegaría por otro conducto. En fin, a España no llegó, o lo poco que llegó fue como una llovizna primaveral. La España católica en esto convergía con la Alemania protestante en su falta de química con el fenómeno operístico, aunque Juan del Encina (1468-1529) se desmarcara en sus obras teatrales cuando las cerraba con villancicos cantados. Un precedente interesante pero no relevante; en cambio, la música vocal de capilla y el canto eclesiástico polifónico lo invadían todo.

— 11 —
E Italia manda

La ópera se cocinó en Italia. Reforma y Contrarreforma aceleraron las cosas; fueron el catalizador para dejar atrás el Renacimiento. Muchas cosas sucedieron en Europa en el tránsito hacia el Barroco, un período que en música comprende los años que van desde 1550 hasta 1750, aproximadamente. Muchas cosas: el Imperio español declina en favor de los franceses. Las monarquías absolutas hacen su agosto. Se instituyen las nacionalidades. Las artes se secularizan y, al fin, la música pasa de ese estado de adolescencia dependiente de la madre Iglesia a ser un arte autónomo. Pero en realidad la revolución en las artes es mucho más radical y conjunta. Todo es más intenso, expresivo y teatral. Desde la violencia de la pintura de Caravaggio o el mundo literario de Shakespeare hasta el culteranismo de Góngora o la prosa de lo cotidiano de Quevedo, ambos a su manera transmisores sociológicos de una España mísera; desde la curva monumental del teatral Bernini hasta la racionalidad hecha espectáculo de Borromini; desde la amoralidad de Molière hasta el teatro disoluto de Lope de Vega, o la novelesca de Cervantes, el fenómeno literario más grandioso de todos los tiempos. Pero no se gestó ni en la tierra de Cervantes, ni en la de Lutero, ni en las cortes isleñas. Apareció en Italia, porque allí estaban teniendo lugar todas esas cosas a las que nos hemos referido antes: el paso acelerado de lo religioso a lo profano desde la propia Iglesia; el florecimiento de una poética musical nueva en manos de los madrigalistas: los Luca Marenzio (1553-1599), Alessandro Striggio (1540-1592), Orazio Vecchi (1550-1605) y el campeón Monteverdi. Y una última cosa: el desarrollo de la cantata.

Fue seguramente Alessandro Grandi (ca.1590-1630), un probable discípulo de Monteverdi, quien desde Ferrara, primero, y Venecia luego, patentó la forma musical cantata. Sin embargo, y aunque nunca utilizara ese término, fue Monteverdi el que realmente puso fórmula a la idea. La idea era dar una vuelta al madrigal, añadiendo un bajo continuo (acompañamiento sobre el que se desarrollan las líneas melódicas) y sustituyendo los poemas por textos de carácter narrativo. Los últimos libros de madrigales de Monteverdi son ya auténticas cantatas, pero incluso algo más, porque en muchas ocasiones se adivina ya la pulsión operística, es decir, un dramatismo absolutamente teatral. En realidad sólo falta la escena, la representación física y el cantante-actor para estar ante un verdadero espectáculo operístico. Es el caso de obras como *Lettera amorosa* (*Carta de amor*), el *Ballo delle ingrate* (*Danza de las ingratas*) o, sobre todo,

Il combattimento di Tancredi e Clorinda (*La pelea entre Tancredo y Clorinda*). Al lado de Monteverdi se crea escuela. Y se perfecciona el género. Luzzasco Luzzaschi (1545-1607), Giulio Caccini (1551-1618), Alessandro Grandi (ca.1590-1630) o, ya luego, Luigi Rossi (1597-1653) y Giovanni Legrenzi (1626-1690), hasta desembocar unas décadas más tarde en Arcangelo Corelli (1653-1713) y Alessandro Scarlatti (1660-1725), figura clave el primero en el desarrollo de la música instrumental italiana de entre siglos, y no menos la del segundo en la ópera.

Los musicólogos están de acuerdo en que fue Monteverdi quien en sus últimos libros de madrigales estableció las bases para la cantata y, después, la ópera.

— 12 —
Teatro cantado

De eso se trataba. El modelo: la tragedia griega. El método: perfeccionarla usando los múltiples medios musicales que los compositores ya tenían a mano; con la experiencia acumulada en todo lo que ya había quedado escrito en madrigales y cantatas, y los resultados obtenidos a través de la polifonía vocal, que había avanzado hasta extremos insospechados. Amén de un último y decisivo paso: tratar de conseguir un espectáculo en el que convergieran todas las artes: la pintura en los decorados, la escultura y la arquitectura en el diseño de la escena, el canto dramatizado, la propia música, etc. Oficialmente, y como ya explicamos en nuestro anterior libro, *Eso no estaba en mi libro de Historia de la Música,* tras los escarceos de los artistas de la Camerata Bardi, fue Monteverdi quien inició la andadura del género en su *Orfeo* de 1607.

— 13 —
¿Discípulos, seguidores?

Venecia, tras el establecimiento allí de Monteverdi tras su etapa en Mantua, donde estrenó *L'Orfeo* —la que se tiene como primera ópera de la historia—, se convirtió pronto en un centro operístico de primer orden, y allí desarrollaron una importante escuela sus discípulos tras su muerte. Como veremos, el más importante fue Francesco Cavalli (1602-1676). ¿Lograron hacer evolucionar el género? Por una parte sí, digamos que en la parte formal. Por otra, no tanto, porque poco a poco se fue perdiendo el alma monteverdiana. El compositor que más hizo avanzar la ópera en Italia hasta entrado el siglo XVIII no fue veneciano, sino el ya mencionado Alessandro Scarlatti, que era napolitano. Fundamentalmente porque puso a punto el *aria da capo* (tres partes, donde la tercera es repetición de la primera. La indicación es *da capo* que significa *desde el principio*), una forma fundamental para el futuro de la ópera. Sus óperas hoy apenas se escuchan, pero algunas como *Griselda,* una de sus obras de madurez, han sido alguna vez representadas y grabadas en disco.

Inglaterra, la Gran Bretaña con el problema de Escocia resuelto, y muy concretamente Londres, cae en una hiperactividad musical admirable. Problemas religiosos entre católicos y protestantes y conflictos dinásticos varios quedan resueltos con la llegada al poder de la casa de Hannover, ya a finales del período barroco; el comercio internacional por la supremacía naval se multiplica y la riqueza acude a las islas a pesar de las turbulencias políticas. En música proliferan las capillas privadas, la música religiosa se pone a la altura del coral alemán con los *anthems* en lengua inglesa, la música instrumental y el teatro están en la calle, y todo esto no puede sino desembocar en una producción operística desbocada. Por otro lado, a los ingleses, que tenían ya a autores muy de primera en músicos autóctonos como William Byrd (1543-1623) y Henry Purcell (1659-1695), quizá este último el más grande de las islas hasta Benjamin Britten (1913-1976), les tocó una inesperada y cuantiosa lotería: el alemán Georg Fredrich Händel (1685-1759) pasó a apellidarse Handel. No es de extrañar que decidiera abandonar la poco cosmopolita Halle, la ciudad alemana donde nació, para cambiarla por otra que se había convertido en auténtico paraíso para cualquier músico ambicioso. Haendel hizo aquí su sorprendente carrera, dando al reino de la unión una gloria mucho mayor a la que pudiera aspirar, antes y después, cualquier otro compositor del lugar. En este ambiente cosmopolita triunfa la ópera, tanto en versión inglesa con las mascaradas —que mezclan textos hablados con partes cantadas— como en versión internacional. Autores como Matthew Locke (1621-1677) contribuyeron a la personalización inglesa de un espectáculo netamente italiano, pero el primero que de verdad dotó de personalidad única al lenguaje operístico en idioma inglés fue Henry Purcell, que escribió una ópera que ha llegado hasta el centro del repertorio en nuestros días: *Dido and Aeneas* (*Dido y Eneas*), escrita tan sólo ocho décadas después que *Orfeo,* de Monteverdi, y en la que por primera vez en todo ese tiempo se produce la devolución del alma de una verdadera ópera, en el sentido más moderno de la composición (hablaremos más tarde de ella). Sin embargo, el gran protagonista del género en las islas no es el *pata negra* Purcell, sino el extranjero Haendel, que siguiendo el modelo italiano al pie de la letra moldea otra cara para el género gracias a su genialidad musical y a la originalidad y variedad de sus propuestas. No obstante, es cierto que define una línea que se agota en sí misma, porque sus seguidores no saben ver más allá de la realidad musical en que se basa, es decir, una inagotable inventiva melódica y musical en general que en buena medida desaparece en sus imitadores, pues la fórmula acaba en la reiteración y la repetición y, por ello, situándose en un auténtico callejón sin salida. Obras largas, y en cierta medida quizá demasiado largas (*Agrippina, Ariodante, Rodelinda, Alcina, Tamerlano, Giulio Cesare...*), encuentran sentido gracias a que la pluma musical trasciende las propias necesidades dramáticas. Los libretos son interminables. De forma alarmante, la historia del género nos está indicando que a la *línea Monteverdi* le está costando encontrar una auténtica evolución. Hasta en la propia Italia, donde el omnipresente Antonio Vivaldi no logra arrancar en el terreno de la ópera, a pesar de títulos de interés como *Tito Manlio.*

— 14 —
Pero no va a ser así

Los alemanes siguen estando en otra cosa y los españoles, demasiado ocupados en arreglar la casa, en declive político absoluto, deslumbran con figuras como Diego Velázquez, Góngora, Quevedo, Lope de Vega, Calderón de la Barca, etc., pero hasta el final del Barroco dejan caer al país en un severo estancamiento musical. La musicología moderna se empeña en discutirlo, pero la verdad es que en términos comparativos, la rica vida de las capillas renacentistas, por no hablar de la figura deslumbrante de Tomás Luis de Victoria, no sólo va desapareciendo sino que no encuentra una vida cortesana cosmopolita mínima para desarrollar la ópera. Y, en este contexto general, ¿serán acaso los franceses los que vayan a protagonizar esa, digamos, evolución pendiente desde Monteverdi? El lector estará ya imaginando la respuesta. Primera potencia europea tras Richelieu y Luis XIV, que reina durante setenta y dos años, centraliza todos sus esfuerzos en París,que toma como modelo cortesano lo visto sobre el espejo de Versalles. Lo barroco le viene como anillo al dedo. Pero lo barroco, entendido no en sus elementos formales sino como un modelo de vida basado en lo ceremonial, lleva la música hacia un arte paralelo, el ballet, que en sí mismo no refleja ningún valor negativo, pero que cuando se convierte en elemento único de expresión devalúa su soporte principal, es decir, la propia música. Y eso fue, en buena medida, lo que sucedió: todo giraba en torno a la danza, y cualquier avance o novedad tenía que contar con ella como elemento casi protagonista. Tanto Luis XIV como su antecesor eran bailarines poco menos que profesionales, y claro, en un régimen político como aquél los gustos y deseos del monarca habían de cumplirse a rajatabla. Se recrea así la ópera, transformándola en un género subsidiario llamado ópera-ballet, cuyo significado y recorrido no son difíciles de imaginar.

— 15 —
Otro extranjero

El auténtico responsable de que todo esto saliera adelante no fue un francés propiamente sino un italiano afincado en el país y que a la postre acabaría siendo más francés que el palacio de Versalles. Jean-Baptiste Lully (1632-1687) comenzó escribiendo ballets y pequeñas piezas para ser interpretadas en los entreactos de las obras teatrales en boga, no se olvide que ahí estaban los Corneille, Racine o Molière. De sus colaboraciones con estos autores nacieron las primeras óperas de marca francesa. Piezas como *Armide* se desarrollan en un excelente tono, pero más que méritos dramáticos nosotros lo que vemos en ella es una buena excusa para desarrollar una música instrumental brillante, muy a tono, insistimos, con los requerimientos políticos que marcan la especial vida cortesana francesa de la época. El barroco francés desemboca al final del periodo en un estilo todavía más francés, el llamado estilo galante, que de alguna manera es el producto de la decadencia en la que cae la ópera francesa tras la desaparición de Lully. Autores como André Campra (1660-1744), André Destouches (1672-1749) o Jean-Joseph Mouret (1682-1738) no son capaces, por un lado, de detener la avalancha que les viene de Italia e Inglaterra y, por otro, de estar a la altura de las circunstancias como herederos de Lully. Las diferencias musicales entre las lenguas italiana y francesa para la declamación ponen sobre la mesa otros problemas. Así, desde Francia se empieza a hablar abiertamente de renovación, de forma que autores como Jean-Philippe Rameau (1683-1764), primero y, ya en los estertores del Barroco, Christoph Willibald Gluck (1714-1787), abrirán ese melón, que en realidad sólo busca volver a los orígenes.

El florentino Jean-Baptiste Lully fue compositor, violinista, director de orquesta, clavecinista, cantante, poeta y bailarín. Y tuvo un especial olfato político para organizar la vida operística francesa.

— 16 —
La alargada sombra de Monteverdi

Sí, pero a pesar de ello, los italianos andan un poco despistados, pues ellos no van a reformar nada en ópera por más que inventaran el género. Fue Rameau, un formidable teórico y enorme compositor de música instrumental, quien emprende una importante reforma consistente sobre todo en recuperar la unidad dramática de los textos. Y no sólo tuvo que lidiar con los problemas domésticos que creaba la dicotomía producida por el contraste entre la superficialidad de la ópera-ballet y un estilo que volvía a mirar al clasicismo de antaño, sino que defendió esa reforma tomando partido ante las corrientes italianas que arrasaban con su ópera bufa. Se produce así un choque entre ópera cómica y ópera seria, siendo esta última defendida en Francia por Rameau. Éste lo hizo como pudo, pero, si bien históricamente salió como triunfador en esa brega, su tiempo le dio la espalda. Mas superada ya la barrera de 1750, estaba a punto de producirse algo auténticamente excepcional. Y en dos sentidos. Uno, que se puede tratar como una consecuencia lógica del reformismo de Rameau; y otro, mucho más anárquico, genial y único, producto de uno de los talentos operísticos más desatados de la historia, la aparición de esa especie de marciano musical que fue Wolfgang Amadeus Mozart (1756-1791).

— 17 —
Una colosal trinidad

Bach (1685-1750), Haendel y Rameau habían ya muerto. La Revolución francesa llama a sus puertas. Inglaterra continúa consolidando posiciones. Prusia hace débil al Imperio austriaco. España se va reponiendo del socavón provocado por Carlos II. Las guerras locales se suceden. ¿Es éste un momento de cambio para Europa? Y ¿para la música? La primera pregunta es demasiado compleja para responderla aquí. La respuesta a la segunda es un sí tan potente como glorioso. La ciencia y la filosofía apoyan sin condiciones ese cambio. Pero el rococó francés y las disputas entre estilos y escuelas en Italia compiten deslealmente con la reforma de la ópera. Sin embargo, la Ilustración avanza imparable en su afán de simplificar los mensajes; la música se ha de entender y comprender, ante todo, y, quizá en ese empeño, se canoniza, pierde sentimiento. La reforma debe pasar por una recuperación de la ópera seria, alejándola del boato rococó. Alemania deja de estar callada y reacciona hacia el individualismo puro del *Sturm und Drang* (Tormenta e impulso), que mira de frente a la Ilustración en busca de algo nuevo; algo que pronto tendrá nombre, no otra cosa que el movimiento romántico. Y en ese ambiente de zozobra pero a la vez de creatividad desatada, aparecen en ámbitos parecidos, pero con resultados diferentes, las figuras de Gluck, Haydn (1732-1809) y Mozart. Tres gigantes que cambian el rumbo de la música, abriendo una brecha a través de la cual muy poco tiempo después se va a colar la leyenda, un tal Ludwig van Beethoven (1770-1827).

Sucede todo esto durante el medio siglo que va desde 1750 a 1800. Un período que llamamos Clasicismo, y cuya base está en la estabilidad y la consolidación formal de las maneras de hacer música; pero música entendida como acervo cultural. La relación entre el mecenas y el compositor se hace crucial en ese proceso de racionalización formal que precede al libertarismo romántico, en un contexto de importantes transformaciones políticas y sociales. Para la música la consecuencia inmediata es que se supera el corsé de la forma, la destrucción del modelo, en pos de una libertad creativa más amplia. Pero el tiempo ilustrado supone una vitamina que actúa de esta u otra manera en cada compositor. De los tres mencionados, sólo dos de ellos (Gluck y Mozart) alcanzan, y por caminos distintos, un resultado visible en el campo de la ópera. Mientras que Haydn (que también la cultiva, pero con bastante menos fortuna) cubre espacios como el de la música instrumental, la sinfónica, la de cámara o la religiosa, Gluck y Mozart protagonizan la primera aportación real al mundo de Monteverdi desde los tiempos de Monteverdi. Entretanto, la parte alemana desgajada de Haydn y Mozart, Italia y Francia siguen dándole vueltas a lo mismo. Los alemanes hacen del espectáculo algo convencional y notoriamente aburrido en el caso de Johann Adolph Hasse

(1699-1783), que eterniza los ya voluminosos libretos de Pietro Metastasio, y algo más exótico en el de Carl Heinrich Graun (1704-1759), que escribe una ópera de título *Moctezuma*. En Italia, matices aparte, prosiguen las guerras entre la ópera bufa napolitana, la ópera cómica veneciana y los tediosos libretos serios basados en historias clásicas. Compositores como Niccolò Jommelli (1714-1774), Tommaso Traetta (1727-1779), Antonio Sacchini (1730-1786), Giovanni Paisiello (1740-1816) o Niccolò Piccinini (1728-1800) son exponentes de estas *guerras* de bandos. Y los franceses, a espaldas de Rameau, continúan desarrollando argumentos melifluos en sus óperas herederas de la ópera-ballet, batiéndose en duelo en uno de los conflictos estético-musicales más ridículos de su historia, la llamada *Querelle des bouffons*, producto de un enfrentamiento entre los partidarios de la línea seria de Rameau y los de la ópera bufa napolitana. El detonante de este enfrentamiento de salón fue la visita a París de una compañía italiana para representar *La serva padrona* (*La criada patrona*), una ópera de Giovanni Pergolesi (1710-1736), que, por otro lado, ha enterrado a la mayor parte de las óperas cómicas de su tiempo. Los franceses, con Jean-Jacques Rousseau (1712-1778) a la cabeza, se volvieron locos con esa obra, desprestigiaron a Rameau tildándolo de antiguo e iniciaron un camino, con autores como François-André Danican Philidor (1726-1795), Pierre-Alexander Monsigny (1729-1817) o André Ernest Modeste Grétry, que les condujo a la irrelevancia.

Éste es el —lamentable— contexto en el que el reformador Gluck va a hacer su trabajo, a lo que habría que añadir que la ópera en el siglo XVIII se ha convertido ya en una auténtica industria, sostenida por un público que cada vez reclama más teatros y más representaciones, y de una institución que cada vez controla más el mercado: la de los *castrati*, auténticos dueños y señores del espectáculo. Gluck era alemán. Pero a diferencia del maestro Bach, que no salió nunca de su país, fue un músico extraordinariamente cosmopolita. Con dieciséis años viajó a Praga a estudiar, cinco años después se establece en Viena, luego se instala en Milán, más tarde es atraído por la figura de Haendel y marcha a Londres, luego otra vez a Alemania, y a Nápoles, hasta que recala en París, donde instala su cuartel general para realizar una profunda reforma del sistema, desde dentro, y en francés, idioma bajo el que la ópera como espectáculo dramático había sido muy devaluada. Gluck, pues, se las sabía todas; había compuesto óperas en todos los estilos, cómicas a la francesa, en el estilo serio convencional italiano, etc., de manera que no hizo tabla rasa, sino que miró a donde debía dirigir su vista, a Rameau, sí, pero sobre todo a Monteverdi, porque en realidad sus únicas decisiones pasaron por recuperar la solidez dramática de los textos de los libretos, utilizar las voces no como un instrumento de exhibición sino como herramientas para contar la historia y dar la importancia que tienen a la orquesta y el coro, que se habían convertido en meras comparsas, para, fundamentalmente, someter todo ello a una drástica limpieza de ornamentaciones inútiles y, desde luego, de un gusto más que dudoso. *Ifigenia en Aulide, Orfeo y Eurídice, Alceste, Armida* o *Ifigenia en Táuride,* todas ellas de inequívoca vocación clásica, son obras maestras absolutas.

Gluck recupera la dignidad para un género que se había perdido entre disquisiciones consumistas y trivialidades canoras sin sentido.

— 18 —
¿Y después de Gluck?

Al final de la Ilustración y entrando al Romanticismo, vía *Sturm und Drang* y Revolución francesa mediante, caemos de bruces sobre los otros dos compositores, Haydn y Mozart, aunque Beethoven está llamando a la puerta. Los dos primeros y un amanecer del tercero que se fija en Mozart como modelo y que convive con Haydn entre sus enseñanzas y una sana envidia forman la absoluta primera línea de fuego de un Clasicismo que se abre al futuro. Se trata de otra trinidad histórica, formada por parte de la anteriormente comentada pero con un importante cambio de cromos: Mozart y Haydn se quedan; Gluck sale, pero entra Beethoven. Hablamos de la Primera Escuela de Viena. Y, como veremos, en el terreno de la ópera será necesario traspasar esa línea si queremos entender el fenómeno en su totalidad. Gluck había dejado el terreno muy expedito, pero no acabó de dar la última vuelta a la tuerca; no hay más que echar una ojeada a los títulos de sus óperas para comprender en qué terreno teatral se movía, se podría decir que un cierto clasicismo ilustrado, recuperado de las mejores tradiciones teatrales grecolatinas. Gluck reformó, pero no revolucionó. ¿Quién entonces? Pues de los dos antecesores de Beethoven sólo uno de ellos, Mozart, porque, como ya hemos dicho, Haydn, a pesar de componer unas cuantas óperas no logró avanzar, como sí lo hizo, y de qué manera, en otros géneros (sinfonía, cuarteto de cuerda, etc.). Incluso poco después Beethoven sólo escribiría una ópera, que, aun siendo pura historia para el género, quedó un tanto aislada dentro del apabullante corpus general que regaló al futuro en otras materias musicales. De manera que fue Mozart quien dio el gran paso.

— 19 —
Bendecido por la divinidad

Mozart se convirtió en esa figura esencial que necesitaba el siglo XVIII para poner las cosas en su sitio y preparar el futuro. Olvidado Bach (aunque desde luego no por él, que acudía a su música constantemente), se convirtió en una especie de nueva divinidad para toda Europa. ¿Cómo lo hizo? ¿Desechando lo anterior? ¿Cambiándolo todo? Ni quiso hacerlo, ni podía hacerlo: a pesar de su indisciplina, de su falta de empatía real con el poder, dependía de éste, con lo que se vio obligado a hacer los cambios desde dentro. En realidad, fue un innovador que pudo hacer la guerra al sistema desde su interior porque ante su demoledor talento nadie, ni los más poderosos, se atrevieron nunca a levantar la voz. Sin duda, por miedo a hacer un ridículo soberano. Mozart, técnicamente, siguió el mismo procedimiento que Monteverdi. Para entonces ya enterrado por sus propios paisanos y por las veleidades de franceses e ingleses, el cremonés había puesto en marcha el tinglado ciento cincuenta años antes al escribir sus primeras óperas, pero eso estaba bastante olvidado; y el método era bien sencillo. Uno: no importa de lo que se hable; pero se debe entender. Dos: todos los medios musicales sirven, si se utilizan bien. Es decir, Monteverdi se subió enseguida al carro del recitativo y el *aria da capo*, que era lo nuevo, pero sin abandonar la polifonía; inventó, pero no desechó; cambió pero no llamó retrógrados a sus mayores sino que se fijó en ellos. Por eso fue un revolucionario, porque entendió la tradición. Y el método de Mozart se tradujo en similar sistemática: todo lo que he aprendido de la ópera de mis antepasados me sirve; sólo he de utilizarlo bien, con sentido musical, con sentido dramático; y mirando al mundo hacia delante, no hacia atrás; y fijándome en la gente, en su vida, en sus sentimientos, metiéndome en su corazón. Todo eso es lo que, da la impresión, se dijo a sí mismo Mozart. Y, efectivamente, si repasamos las veintidós óperas (contando las inacabadas, músicas incidentales, etc.) que escribió encontraremos de todo: óperas italianas o alemanas serias, ópera cómica, ópera bufa, drama, y ópera al estilo inglés (mascarada) o francés (ópera-ballet), en ambos casos con texto hablado, como en la poco competitiva zarzuela barroca española, y que en alemán nos lleva al *Singspiel*; a esa maravilla llamada *Die Zauberflöte* (*La flauta mágica*). Antes habían nacido óperas serias como *Idomeneo, re di Creta* (al final de su vida *La clemenza di Tito*); *Die Entführung aus dem Serail* (*El rapto en el serrallo*) o las incandescentes óperas Da Ponte, todas ellas con libreto en italiano. Pero las dos óperas cómicas, *El rapto en el serrallo* y *La flauta mágica,* fueron compuestas para libretos en idioma alemán. Así que, ¿interviene Mozart en el desarrollo de una nueva ópera nacional alemana; no sólo de texto alemán, sino de auténtico espíritu alemán; una ópera que preludie el gran estallido nacionalista wagneriano? Y su ópera cómica en italiano, ¿dejará huella, hará escuela? ¿Y su ópera seria en italiano? ¿O esa síntesis magistral entre lo cómico y lo dramático que es *Don Giovanni* dará frutos posteriores? La ópera nació en Italia, lo repetiremos una y mil veces, y Alemania se tuvo que conformar durante mucho tiempo con hacer imitaciones. Sucedió durante el Barroco, pero también después, durante la segunda mitad del siglo XVIII, en pleno Clasicismo. Existió el *Singspiel* alemán, como género popular, pero los Hasse o Graun, e incluso Haendel en su *exilio* inglés, escribieron en italiano. Incluso la ópera en Mozart es más italiana que alemana. Qué sucede luego; cómo, por dónde y de qué manera se llega a la ópera romántica, a Giuseppe Verdi (1813-1901), a Richard Wagner (1813-1883), a Richard Strauss (1864-1949)…

— 20 —
Dos vías principales y otras secundarias

No hay muchos caminos distintos. Diríamos que en la Europa del siglo XIX el género transita dos grandes autopistas y una serie de modernas autovías transversales. Son, por un lado, las grandes vías: Italia y Alemania; y por otro, Francia, los países eslavos y Rusia. Pero es muy difícil constatar, a pesar de que se ha asegurado hasta la saciedad, que Mozart encuentre algún heredero operístico claro. Sólo hay un enlace evidente, que se produce entre él y Beethoven; y más concretamente entre *La flauta mágica* y *Leonore* (después *Fidelio*), a pesar de que la de Mozart fuera una pieza cómica para ser degustada en un teatro con bocadillo y botella de vino, mientras que la pieza de Beethoven ahonde en valores humanos aunque sencillos de gran empaque moral. Más difícil todavía es establecer un vínculo claro en el desarrollo ulterior de la ópera alemana en el caso de Beethoven. Éste no revela nada nuevo a los autores de ese tránsito, y menos directamente a Wagner, que se siente muy concernido con la música orquestal del sordo, pero no exactamente con sus logros en *Fidelio.* El camino hacia la ópera alemana lo comienzan a transitar otros autores, pero ninguno tan determinante como Carl Maria von Weber (1786-1826), un contemporáneo de Beethoven que desgraciadamente desaparece pronto. Lateralmente es necesario considerar figuras como la del escritor E.T.A. Hoffmann (1776-1822), que compuso una obrita llamada *Ondina,* una partitura que dejó su pequeña huella; o la de Ludwig Spohr (1784-1859), autor algo gris que realizó una adaptación del *Fausto* de Goethe para su ópera homónima. Más importante fue Heinrich Marschner (1792-1861), autor muy clásico, un punto convencional, pero que logró buenos resultados en, por ejemplo, *Hans Heiling,* de alguna manera una consecuencia de la obra más determinante de Weber, *Der Freischütz* (*El cazador furtivo*), verdadero inicio de la ópera romántica alemana, y no sólo por razones de índole musical, sino porque a un espíritu nuevo del ideal orquestal esta obra maestra añade un muy serio intento de recuperación de costumbres, leyendas y mitos alemanes, mirando hacia donde nadie había mirado antes, no a Grecia sino a la Edad Media, a la denostada Edad Media. Alrededor de Weber y apuntando a la gran revolución wagneriana se situaron Otto Nicolai (1810-1849), que dejó escrita una muy interesante pieza, *Die Lustigen Weiber von Windsor* (*Las alegres casadas de Windsor*); Albert Lortzing (1801-1851), igualmente el típico autor de una obra, *Zur und Zimmermann* (*Zar y carpintero*), o el, quizá, menos notable Peter Cornelius (1824-1874) con su *Der Barbier von Bagdad* (*El barbero de Bagdad*). Bien distinto fue el caso de Jacob Meyerbeer (1791-1864), también alemán, pero lejos de la onda de lo que se estaba cociendo, por más que su orquesta, voluminosa y de gran poderío decibélico, constituyera para algunos un serio aviso de lo que sucedería luego. Por ejemplo para Hector Berlioz (1803-1869), que lo adoraba. Claro que a éste tampoco le iban mal las grandes orquestas. Meyerbeer, que desarrolló su exitosa carrera en París, escribió óperas en un estilo grandilocuente, heredado de la ópera barroca francesa, que, a la sombra de Lully y el imperio del Rey Sol, convirtió en costumbre el hecho de que en toda ópera que se preciara tenía que haber un ballet. Nadie se atrevió a discutir esto, incluido el propio Wagner, que para poder representar en la Ópera de París una de sus óperas, *Tannhäuser,* tuvo que escribir una escena en la que se bailara. Hoy quizá la figura de Meyerbeer ha alcanzado un estado de rehabilitación que perdona una música a veces bastante estimable. Sucede con, por ejemplo, la quilométrica *Les huguenots* (*Los hugonotes*).

Los cambios e intentos operados en la ópera alemana de la primera mitad del siglo XIX son producto de la profunda reflexión social que se está produciendo en Europa. Todo ello es posible porque la Revolución francesa aporta importantes novedades y las guerras napoleónicas imponen al continente una búsqueda de identidades. En el caso de Alemania, para superar la multiplicación de pequeños estados que había tenido lugar durante la Ilustración: Ilustración, sí, pero ilustración en la nobleza, al fin y al cabo un régimen antiguo ante el que se levantan intelectuales como el escritor Schiller o el compositor Beethoven, aun en las peores condiciones. Beethoven, por ejemplo, aborreció siempre la aristocracia, pero tuvo que vivir de duques, príncipes y demás nobles. El idioma alemán se impone en Alemania, en el arte alemán, también de alguna manera por la unificación que había hecho Lutero de los dialectos y lenguas del área germana. En realidad se estaban dejando caer potentes cargas de profundidad contra la ópera italiana, porque además no sólo se estaba produciendo un cambio radical en la dramaturgia, sino en la música, en los acompañamientos de los textos, en el soporte orquestal, que en Weber supone una evidencia pero ya en Wagner un cambio radical.

— 21 —
La vía italiana. ¿Algún cabo suelto?

Probablemente hayamos dejado un eslabón suelto. Líneas más arriba nos preguntábamos por la influencia de Mozart en la ópera alemana. Pero ¿y en la italiana? ¿Pudo existir esa influencia habida cuenta de que quizá las óperas más cruciales de Mozart fueron escritas en italiano? ¿Qué sucedía en Italia?

Mozart, la ópera de Mozart, lo impregna todo. Desde Monteverdi no hubo nadie que revolucionara el género de manera tan radical. En la foto, retrato de Barbara Krafft pintado en 1819, es decir, casi treinta años después de la muerte del compositor. Acred.: Gesellschaft der Musikfreunde, Viena.

En Italia, hasta la llegada de Verdi podríamos hablar de un fenómeno general (los belcantistas) y una particularidad, Rossini (1792-1868), aunque ambos se relacionen como auténticos vasos comunicantes. Ese fenómeno, no absolutamente italiano, como suele pensarse, es, como ya hemos dejado entrever, el llamado bel canto. Esta manera de concebir el canto (y hay otras, desde luego) se basa en la búsqueda de la perfección en la manera de conjugar sus aspectos técnicos más vistosos. No se debe simplificar el asunto dando a la expresión bel canto un significado estricto, pues la belleza en la valoración estética de un sonido es un asunto que no se puede objetivar. Así que se trata de otra cosa. Con el bel canto se persiguen varios objetivos. En primer lugar lo que se entiende por una línea de canto correcta, en la que los sonidos de las notas se enlacen sin cortes ni brusquedades. Una palabra italiana lo expresa a la perfección: *legato*, es decir, sonido ligado nota a nota. A continuación está el aspecto virtuosístico, que se pone de manifiesto en determinadas habilidades, tales como la coloratura (sucesiones de notas sin significado textual), los trinos (alternar con extrema rapidez una nota con la contigua), el *filato* (un suave y fino hilo sonoro), la capacidad para ascender hasta notas agudas, un uso especialmente trabajado de la respiración, etc. Y todo ello conjugando un parámetro que es del todo definitorio en un correcto resultado: la afinación. Sí, aunque nos pueda parecer extraño, hay cantantes que desafinan, es decir, que no dan las notas en su lugar tonal correcto. Cuando la desviación de la norma es hacia la zona grave decimos que el cantante *cala*; al contrario, lo que es menos frecuente, como es lógico, habría una sobreafinación hacia la zona aguda.

En cualquier caso, hablamos de técnicas de canto y no de belleza del canto, canto bello o cosas parecidas. Todos estos aspectos de las técnicas vocales, que no son los únicos, encierran estupendas intenciones, pues parece lógico pensar que un buen desarrollo de los mismos puede contribuir determinantemente a la consecución de objetivos musicales de mayor alcance cuando se hace música mediante la voz humana. Los problemas comienzan cuando se convierten en objetivos en sí mismos; cuando, por sus propias características, acaban en un lucimiento vocal que puede llegar a situarse por encima de la propia creación musical. Es importante recordar aquí la diferencia entre creador e intérprete: la interpretación es algo que se hace sobre una obra ya compuesta y, casi siempre, por personas ajenas a la del autor de la obra interpretada. El bel canto más antiguo nace como un fenómeno interpretativo, es decir, de la voluntad de hacer realidad ese lucimiento del cantante, y porque el público consumidor así lo demandaba. Por eso hay que buscar ese origen en los castrados, una especie dentro del mundo de los intérpretes que, ya lo hemos dicho, causó furor durante el Barroco en Italia, Francia e Inglaterra. No debe menospreciarse el trabajo de estos señores, para los que gente tan sería como Haendel escribió bastante música, pero sí la idea de que el objetivo último en la búsqueda de una emoción musical se sitúe en unas habilidades físicas como las que practicaban, y no en un proceso de interpretación, formulada ésta en base a la traducción del valor dramático de un texto literario. Todos los males del bel canto italiano en los más reputados representantes del mismo en la primera mitad del siglo XIX provienen del casi siempre superficial mundo de los castrados. ¿Qué males? Sencillamente los que surgen como consecuencia de despreciar los textos, la historia que se cuenta, el valor expresivo de los versos del liberto, cantando en pos de un virtuosismo vacío.

Pero retomemos el hilo. La pregunta sería: ¿fue Mozart un belcantista? No, claro; eso sonaría a barbaridad; nadie se atrevería a sostener esa teoría. Pero nosotros vamos a establecer un vínculo al respecto. Naturalmente, tratando de cuidar ciertas formas sagradas en nuestro esfuerzo por explicar que podríamos llegar a pensar lo contrario. Quizá la mejor manera de hacerlo es acudir a las fuentes y observar. En las más grandes óperas italianas de Mozart no hay ni menos ni más medios belcantistas que en las óperas belcantistas de referencia escritas treinta o cuarenta años más tarde. Lo que sí hay es una claridad meridiana acerca de cómo cubrir los objetivos propiamente belcantistas. Todo ha de estar bien cantado por pura exigencia de la palabra, y no al contrario, como si la palabra estuviera escrita con posterioridad sobre la línea vocal. Es la línea vocal, completa, la que define el drama. La revolución vocal mozartiana consistió en superar la idea de que los cantantes fueran los protagonistas absolutos, aun suponiendo los auténticos dientes del gran engranaje que es el texto. Y exigió de ellos lo indecible; hay que preguntar a un cantante cómo se las gastaba el salzburgués al respecto; cuál era su grado de exigencia. Escribía, además, a favor de las cuerdas vocales del cantante, que conocía como un médico, y nunca en su contra, como a veces, muchas veces, sí hizo Beethoven, un compositor absolutamente ajeno al bel canto. Y como belcantista alcanzó el mayor grado, sin serlo, según muchos, porque, decimos nosotros, las líneas de canto establecidas para un sinfín de personajes de sus óperas son absolutamente paradigmáticas dentro del estilo. De manera que, si somos capaces de obviar determinadas sacralizaciones en los significados, la conclusión es: sí; Mozart supone el verdadero puente entre el barroquismo belcantista y el belcantismo romántico. Por lo que, en sentido estricto, no es ni más belcantista ni menos belcantista que el más grande belcantista.

— 22 —
¿Y quiénes fueron ésos?

Los dos grandes compositores belcantistas de la primera mitad del siglo XIX fueron Vincenzo Bellini (1801-1835) y Gaetano Donizetti (1797-1848). Sin contar a Gioacchino Rossini, que a nuestro juicio hizo de la práctica del bel canto algo más inteligente. Son compositores en los que prima lo vocal sobre cualesquiera otras consideraciones, pero tampoco se debe despreciar su obra, en ambos casos, por ello. Muchas de sus óperas son las favoritas del gran público operístico de hoy, pero en algunas ocasiones es importante someter a revisión algunas ideas en torno a determinados títulos. Los hay que gozan del favor del público, y con toda la razón, cuando, en otras ocasiones, no podemos llegar a entender cómo historias tan incoherentes y plagadas de trampas dramáticas, cuando no relatos cursis e inconsistentes, pueden causar el delirio del personal, por el hecho de que haya, ponemos por caso, una escena en la que un tenor ha de dar nueve Dos de pecho en cinco minutos. Pero Donizetti, autor de esa ocurrencia en su *La fille du régiment* (*La hija del regimiento*), una inconsistente y a veces insufrible historia, supo a veces llegar al fondo del alma con piezas como *Don Pasquale*; mostrar solidez en el desarrollo del drama, como es el caso de *Lucia de Lammermoor*, o incluso llegar a nuestros corazones con la, en todo caso, un punto en exceso sentimental *L'elisir d'amore*. A Bellini, por su parte, le dio tiempo en su corta existencia a escribir auténticas joyas del bel canto, tales como *Norma*, *La sonnambula* o *I puritani di Scozia* (*Los puritanos*).

Mucho más interesante nos parece la figura de Rossini, triunfador en París y Viena con óperas serias o cómicas. Se suele decir en los libros que Rossini es una consecuencia del estilo cómico veneciano. Nosotros, sin embargo, lo vemos más como un heredero de algo mucho más consistente: la vena cómica de Mozart, cuando Mozart se reía. Fue un autor mucho más personal que sus compañeros de viaje, los belcantistas puros, porque no se dejó arrastrar por la rutina, por más que su vena productiva a veces así lo pudiera indicar. De hecho, inventó un montón de fórmulas compositivas que dejaron una huella personal, inconfundible e inimitable en sus óperas. Rossini fue todo un carácter, porque miraba a la vida con una mezcla de placidez, gusto por sus cosas más elementales y placer que tradujo en un lenguaje musical directo y extraordinariamente comunicador, probablemente porque toda la comicidad que acababa extendiendo sobre sus desternillantes historias la basaba en un altísimo concepto de la ironía. Y todo ello bajo un sustrato técnico quizá poco perceptible pero muy real, un subtexto dramático solapado y sabio —como en el caso de Mozart—, perceptible igualmente en sus óperas serias, aunque éste sea, desde luego, *otro* Rossini. Curiosamente, como Mozart o Beethoven, fue un seguidor incondicional de Bach, hasta el extremo de convertirse en uno de los pocos suscriptores de las obras del alemán que se iban publicando, como es sabido, casi todas, pues al autor de *El clave bien temperado* se le publicó poquísimo en vida. Por otro lado, es posible que un Paisiello o un Domenico Cimarosa (1749-1801) dejaran su huella en él, pero a nosotros nos parece más un producto directo de *Le nozze di Figaro* (*Las bodas de Fíga-*

ro) mozartiana. Rossini se fue haciendo más romántico a medida que se iba introduciendo en la ópera seria, con la que obtuvo igualmente brillantes resultados en piezas como *Semiramide* o *Guillermo Tell,* aunque sus títulos más demandados sean óperas cómicas como *Il turco en Italia, L´italiana in Algeri, La cenerentola* (*La cenicienta*) o, sobre todo, una obra maestra absoluta llamada *Il barbiere di Siviglia* (*El barbero de Sevilla*). No obstante lo dicho, a través de su ópera seria fue el autentico creador de la ópera romántica italiana.

Rossini, un *bon vivant* de ilimitado talento y múltiples habilidades para la creación operística que puso en auténtico valor la ópera cómica.

— 23 —
Las autopistas principales

Bien. Todo lo que tenía que pasar en ópera antes de la irrupción en escena de Giuseppe Verdi y Richard Wagner ya había sucedido a estas alturas. Y aparecen estos dos gigantes del género para que todo cambie radicalmente, aunque parezca que no sucede nada porque la lógica de esos cambios disipe cualquier duda. Pero los caminos seguidos por ambos son muy distintos. Admitamos que hay una línea evolutiva que va desde Mozart a Wagner pasando por Weber; y otra que va desde Mozart a Verdi pasando por Rossini, Donizetti y Bellini. Pero si Verdi recoge el testigo del belcantismo como base de operaciones para sus primeros títulos, Wagner, a pesar de las influencias antedichas, empieza mucho más desde cero. Al menos en la definición de la relación que hay que crear entre la línea cantada y el acompañamiento de la orquesta. Para Verdi el bel canto es una herramienta que utiliza con presteza y perfecciona hasta el punto de cambiar la idea básica en sus objetivos: el bien cantar es preciso, necesario, pero se canta a un personaje, y si teatralmente ese personaje tiene unas características que vayan en contra de la belleza sonora en un sentido clásico, la voz requerida no podrá ser exactamente bella. Digamos que Verdi hace aterrizar al bel canto en el teatro. Wagner, en cambio, se muestra ajeno a ese debate, centrándose en un canto hablado, declamado, que en el fondo vuelve a fijarse en los orígenes, en el *parlar cantando* de Monteverdi. Verdi es un producto de indiscutible *italianità*, representada como experiencia colectiva no apta para estetas; por ello un heredero natural de lo anterior; Wagner, no; Wagner tiene que inventar un marco. Verdi no tiene más que fijarse en la teatralidad que rodea a todo lo italiano, mientras que Wagner ha de crear el contexto en el que quiere moverse, y desde luego cuando lo encuentra es porque lo ha inventado; empieza desde la nada. Y es un marco que nada va a tener que ver con el de Verdi. En esta especie de duelo entre lo italiano y lo alemán, las posturas de ambos se encuentran al final del trayecto. Pero no por confluencia sino por un acercamiento de

Verdi al *método* wagneriano. *Otello*, la penúltima ópera de Verdi, se convertirá en la mejor ópera alemana de Verdi. Y quizá *Falstaff*, último y fabuloso suspiro del italiano, en su composición formalmente más wagneriana.

¿Cuáles son los métodos de Verdi y Wagner? En Verdi hay desde el primer momento un ruralismo digamos pesimista sin el que es imposible comprender sus impulsos teatrales. Él es un campesino. Y siempre lo será, incluso cuando muestre su lado elegante: sí es posible encontrar en Verdi un melodismo tan fluido, fácil y comunicativo como el de los mejores momentos de Bellini y Donizetti, sólo que él no se conforma con mostrar los efectos de unos sonidos aceptados socialmente como bellos. Su idea del sonido no pasa por el salón; es un sonido que hasta en sus momentos más sensibles es rudo, descarnado. Porque es la dureza de los surcos de la tierra la que marca el discurrir de sus melodías, siempre desarrolladas a niveles del suelo, sin buscar elevación trascendental. Sus óperas están plagadas de escenas en las que la música de banda, a veces la charanga, hace acto de presencia. Ese *popularismo*, en contraste continuo con el procedimiento compositivo producto, digamos, del academicismo, de un cierto cultismo salido del conservatorio, del estudio, del canon musical, que también está presente en su música, ese brutal contraste, decimos, es la base de la potente teatralidad de las óperas de Verdi. Y a ello hay que sumar el gusto del autor por buscar libretos cuyas temáticas desarrollen facetas o sentimientos o caracteres muy bien perfilados y muy inteligibles. El honor, la lealtad y su opuesto, el sexo, la patria, el amor paterno-filial, la fidelidad, los celos, la traición, el poder, etc. son temas recurrentes en su obra, y que siempre se desarrollan sobre situaciones dramáticas llevadas al límite: hermanos que se matan, hijos que se enamoran de sus madres, padres que matan a una hija o que llevan a su hijo a la cárcel, etc. O sea, que tienen como fin en su desarrollo la propia muerte del personaje, aunque sea carne de la carne del que mata. Wagner, que también muestra una gran preocupación por aspectos de la vida burguesa, también acostumbra a llenar de cadáveres su escena, en historias en las que se pone de manifiesto un alto concepto del castigo, amén de largos desarrollos en cadena de relaciones paterno-filiales, y más cruzados parentescos, pero, a diferencia de Verdi, baja una especie de telón de acero entre la vida real y su imaginado mundo para edificar sus enormes moles operísticas, formidables arquitecturas sonoras y dramáticas basadas en personajes que habitan un mundo muy diferente a aquel en el que se desenvuelve Verdi, que es real. Wagner, que, como explicaremos en otro capítulo, no sólo escribe sus propios libretos sino que utiliza una técnica basada en el recuerdo de lo ya escuchado con anterioridad para avanzar en la comprensión del relato en su totalidad, también introduce en su fórmula otro factor que ni antes ni después nadie ha conseguido hacer tan efectivo: dejar que los personajes cuenten la historia con las palabras, pero reservando la orquesta que se escucha atrás para explicar cuáles son de verdad los resortes bajo los cuales actúan, e incluso para poner de manifiesto sus sentimientos más ocultos. Y una anécdota (o no tanto): a Verdi le encantaban los temas españoles para sus libretos.

Giuseppe Verdi y Richard Wagner son las dos caras de una misma moneda. Por una se ve la vida real, la vivida; por la otra, una vida imaginada...

— 24 —
Pero ¿hubo algo que no fuera Verdi o Wagner?

Antes de tomar las que hemos llamado autovías transversales, hagámonos alguna otra pregunta. Llama poderosamente la atención que el área alemana, en la franja comprendida entre los inicios del siglo XIX y el último tercio de la misma centuria, esté tan dominada por una sola figura. No es que no haya otra cosa; es que, tras las óperas de Weber y sus aledaños (y naturalmente *Fidelio,* de Beethoven) Wagner lo contamina todo, hasta el extremo de enterrar cualquier otro atisbo operístico, protagonizado incluso por los grandes nombres de los romanticismos alemanes. Es decir, ¿qué pasa con Franz Schubert (1797-1828), luego con Felix Mendelssohn (1809-1847), con Robert Schumann (1810-1856), y después con Johannes Brahms (1833-1897) y con Anton Bruckner (1824-1896)? Son autores con discursos sinfónicos, pianísticos y camerísticos no ya de calado, sino que representan el espíritu y la esencia de la música del área alemana en ese tiempo. Pero no en la ópera. Hay, es cierto, algún autor, algunos títulos, pero hasta en las ocasiones más celebrables, todo ha quedado ahí, medio olvidado, ante la avalancha wagneriana. Franz Schubert, el más grande liederista de todos los tiempos, algo podría saber a la hora de ponerle música a un texto, y música no precisamente de segunda clase. Sin embargo, y con casi dos decenas de óperas cortas, *Singspiele* y piezas incidentales, pocos hoy tienen en cuenta títulos como *Alfonso und Estrella, Die Freunde von Salamanca* (*Los amigos de Salamanca*) o *Fierrabras.* Felix Mendelssohn, autor de cuartetos, piezas pianísticas maravillosas, sinfonías, conciertos, etc., también escribió para la escena, y obras como *Die Heimkehr aus der Fremde* (*El retorno del extranjero*) o *Die Hochzeit des Camacho* (*Las bodas de Camacho*) deberían ser tenidas en cuenta. Como sucede con *Genoveva,* de Robert Schumann. Sin embargo, los casos más curiosos son los de Johannes Brahms y Anton Bruckner, un músico prácticamente integral el primero, y el auténtico último sinfonista romántico del área alemana el segundo (con permiso de Mahler). Ninguno de los dos escribe ni una sola línea de ópera, pero los dos orbitan de una forma u otra alrededor del rey Wagner. De una forma o de otra en este caso quiere decir o a favor o en contra, dicho así a grandes rasgos. Brahms es un verso suelto en la música alemana que viene de Beethoven, al que venera, y Bruckner un declarado adicto al wagnerismo. Claro, estas cosas siempre son muy matizables, y sobre todo son difíciles de explicar en términos de modernidad, que es lo que no se suele hacer, y por ello con resultados muy engañosos. Se suele concluir que Bruckner era más moderno que Brahms (o lo que es peor, que éste era más conservador que Bruckner) porque no sólo estaba al lado de Wagner —ése sí, adalid de todas las modernidades habidas y por haber— sino que lo consideraba como un símbolo de la nueva música alemana. Nosotros lo dejaríamos en: Brahms, Bruckner, Wagner, tres visiones cruciales para la música de todos los tiempos. Y punto.

De manera que, retomando el hilo de las influencias según una teoría construida en términos de evolución, podemos tratar de averiguar qué le sucede a la ópera alemana tras Wagner, pero sin haber dejado totalmente cerrado el asunto de su procedencia. Las influencias acaban siendo tenues porque la fuerza creativa y la capacidad de invención de Wagner lo ciega todo hacia atrás. ¿Y hacia delante? También. O no. Hay que ser cautos. Como también a la hora de buscarle herederos a Verdi. Los hay en los dos casos, pero son herencias que se manifiestan incapaces de hacer escuela por pura imposibilidad de seguir transitando caminos parecidos a los abiertos por *Götterdämmerung* (*El ocaso de los dioses*) y *Parsifal,* en el caso de Wagner, o de *Otello* y *Falstaff,* en el de Verdi. En Italia surge el *verismo,* una especie de simplificación de las cosas tal y como las había dejado Verdi, aunque con una consecuencia importante llamada Giacomo Puccini (1858-1924), y en Alemania un discípulo que pronto tuteará al maestro de la mejor manera posible: abandonándolo. Ése es Richard Strauss, verdadero eslabón entre el wagnerismo y la revolución que luego se gestaría entre los compositores alemanes más jóvenes, a cuya cabeza se situará Arnold Schoenberg (1874-1951).

Arrigo Boito, el mejor libretista de Verdi,
fue también un estimable compositor.

Pero, soslayando el verismo, ¿hay alguien que recoja el guante de Verdi? Hay que tener en cuenta varias cosas. Verdi vive hasta 1901; su última ópera, *Falstaff,* es de 1893, y su heredero natural, Giacomo Puccini, escribe su primera ópera importante, *Manon Lescaut,* el mismo año. ¿Quién está en medio, si es que hay alguien? En sentido estricto podríamos hablar de Arrigo Boito (1842-1918), precisamente el libretista de Verdi en sus últimas óperas. Boito compuso una obra, *Mefistofele,* que se sigue representando, y que seguramente combina inseguridades con un sentido dramático de primer orden. Y muy musical. Y en un ambiente de gente muy perdida tras la avalancha verdiana pululan algunos autores que acaban siendo famosos por un solo título, y que, como Puccini pero sin su clase, se instalan en un estilo subsidiario al Verdi más expedito y que, ya lo hemos dicho, se le conoce como verismo. Algo así como una pintura de las situaciones de la vida cotidiana, teñidas de pasiones amorosas, sexuales y de raza. Ahí se situarían Ruggero Leoncavallo (1858-1919), autor de fama por *Pagliacci* (*Payasos*); Pietro Mascagni (1863-1945), responsable de *Cavalleria rusticana* (*Nobleza rústica*), con su famoso *intermezzo* que Francis Ford Coppola inmortalizó en la escena final de la tercera parte de *El padrino*; Amilcare Ponchielli (1834-1886), y su *La Gioconda*, con algún que otro trozo inmortalizado en multitud de publicidades televisivas; Umberto Giordano (1867-1948), con *Andrea Chénier;* Francesco Cilea (1866-1950) y su *Adriana Lecouvreur* o Alfredo Catalani (1854-1893) con *La Wally*. Por citar sólo unos pocos. A algunos de estos títulos nos referiremos en un siguiente capítulo.

— 25 —
Las otras autovías

Se estará preguntando el lector si, por puro atavismo, al autor se le ha olvidado que la Europa del siglo XIX no se cerró operísticamente en torno a Alemania e Italia, casi en exclusiva. Pues no.

En Francia hubo vida operística al margen de esos países y en la Europa del Este y los países eslavos también. Francia encierra un mundo repleto de particularidades, tanto más singulares cuanto más tienen que ver con herencias irrenunciables, mientras que en el resto de Europa la ópera, para bien y para regular, cae en un pozo de aguas nacionalistas. Hay en Francia, no obstante, alguna excepción con respecto a las corrientes imperantes, no otras que las provenientes de Italia y el todopoderoso bel canto, para afianzarse de manera más personal en el mundo del teatro romántico, con un Víctor Hugo que acabará aprovisionando de suficiente temática a los libretos no sólo de los músicos de su país sino de sus vecinos. En general la ópera francesa va a ca recer de auténtico músculo dramático y, salvo alguna excepción aislada, se va a ver lastrada por su propia tradición. Claro que a los vecinos del sur, y por mucho que se empeñen los musicólogos más beligerantes a la hora de defender los valores patrios, ni siquiera les ocurre eso. En España la ópera no es que sea fallida a favor de los italianos; es directamente italiana. Pero italiana en el mal sentido, es decir, hecha a espaldas del bel canto, y a favor de la negrura heredada de los grandes tiempos del Imperio: localista, casposa y antigualla, con unos tiempos de desarrollo eternos que la convierten en auténtico cartón-piedra. Citemos, aun por pura vergüenza torera, a autores como Ramón Carnicer (1789-1855), Baltasar Saldoni (1807-1889), Hilarión Eslava (1807-1878) o Vicente Cuyás (1816-1839). Sin omitir, claro está, la mirada atrás que echan músicos como Francisco Asenjo Barbieri (1823-1894), Joaquín Gaztambide (1822-1870), Emilio Arrieta (1823-1894), Tomás Bretón (1850-1923), Manuel Fernández Caballero (1835-1906), Federico Chueca (1846-1908), Ruperto Chapí (1851-1909), etc., recuperando la zarzuela barroca, ahora romántica, y bien romántica. Es curioso, pero a medida que se avanza en esa recuperación, los resultados van adquiriendo una popularización inversamente proporcional al interés y frescura de las creaciones; piezas como *El barberillo de Lavapiés* o *Pan y toros,* de Barbieri, o, algo más tarde, *La verbena de la Paloma,* de Bretón, o *Agua, azucarillos y aguardiente,* de Chueca (1846-1908), definen una estética original que poco a poco va perdiendo su atractivo en las nuevas creaciones.

Pero volviendo a Francia, hay en este país una primera etapa, lo que podríamos llamar un primer romanticismo, en el que un autor llamado Hector Berlioz —otro verso suelto: el loco Berlioz— no sólo salva los muebles sino que abre una vía nueva. Tanto que enlaza con Wagner. Pero ante el desprecio de sus colegas, que se apuntarán a una dudosa línea dramática y a un invento que no lo es tal pero que ellos bautizan como *opéra comique,* no otra cosa que entrelazar textos cantados y declamados. Personaje un tanto exótico, exaltado y primigeniamente romántico, compositor sinfónico y coral genial, introductor de la obra de Beethoven en Francia, Hector Berlioz ha sido un autor idolatrado en nuestro tiempo en la sala de conciertos a la par que absolutamente olvidado en los teatros de ópera, dicen algunos, entre los cuales no nos encontramos nosotros, que hasta hoy, para querer curarse en salud. Las complejas óperas de Berlioz siguen siendo unas grandes desconocidas, e incluso afirmaríamos que sobre todo sus auténticas óperas maestras. Se trata de una música tan difícil como la de Wagner, pero sin su capacidad para enamorar. Y por eso no cala. Es muy incongruente que a Berlioz se le valore por su obra más celebrada, la *Sinfonía fantástica,* música maravillosa y comprensible, pero elemental frente a la complejidad de su gran música, que está en piezas sinfónico-vocales como *Roméo et Juliette* o *La Damnation de Faust* (*La condenación de Fausto*), y particularmente en óperas como *Beatriz y Benedicto, Benvenuto Cellini* o *Les troyens* (*Los troyanos*), esta última de unas dimensiones ciclópeas y por ello poco representada. Escrita en cinco actos y basada en la *Eneida,* de Virgilio, se estrenó en dos partes, respectivamente en 1863 y 1890. No se vio completa, de un tirón, hasta 1913. El mismísimo Meyerbeer, que había creado un extraordinario precedente con su *Los hugonotes* casi un cuarto de siglo antes del estreno parcial de la ópera de Berlioz, asistió a varias funciones, quedando extasiado ante tanta *grandeur.*

Retrato de Hector Berlioz de Gustave Courbet.
Acred.: Museo del Louvre, París.

En el aspecto formal, Berlioz patentó un método, la *idea fija* que Wagner rebautizó luego como *motivo conductor*, según explicamos en otro capítulo. Berlioz fue además un auténtico adelantado en el manejo de los medios sinfónicos, asunto en el que se prodigó como un orquestador que adelanta acontecimientos posteriores de manera absolutamente espectacular.

— 26 —
Segundo Romanticismo francés

Con Napoleón III, tras el final del período del primer Napoleón, los reinados de Luis XVIII y Carlos X, la Revolución de 1830, etc., la burguesía se adueña de todo y el caldo para una vuelta a la ópera convencional está a punto de hervor. En el listado de autores que hacen su agosto en este podríamos llamar segundo romanticismo francés deben de estar presentes François-Adrien Boieldieu (1775-1834), Daniel Auber (1782-1871), el ya mencionado Jacob Meyerbeer, Ambroise Thomas (1811-1896), Adolphe Adam (1803-1856), Charles Gounod (1818-1893), Leo Delibes (1836-1891), Jacques Offenbach (1819-1880) y, ya algo más adelantados, Édouard Lalo (1823-1892), Emmanuel Chabrier (1841-1894), Camille Saint-Saëns (1835-1921) y Jules Massenet (1842-1912). O sea, muchísimos. Mucha ópera, pero, a nuestro entender, no tanta sustancia. Alguno de ellos, sin embargo, es autor de piezas que siguen contando con el favor del público (*Les contes* d´Hoffmann, de Offenbach; *Werther* y *Manon,* de Massenet; *Sansón y Dalila,* de Saint-Saëns, por ejemplo), pero ninguno llegó a firmar una página de la fuerza, la calidad, la unidad estilística y el fundamento operístico de *Carmen,* de Georges Bizet (1838-1875).

Carmen, escrita por Bizet poco antes de morir, es una obra atípica. Sus colegas no dejan de mirar fijamente, con poco éxito, hacia Verdi (que ya había estrenado piezas como *I vespri siciliani* [*Las vísperas sicilianas*] o *Don Carlo*) o hacia el primer Wagner (que había fracasado en su estreno parisino de *Tannhäuser*). O, por supuesto al grandilocuente Meyerbeer. Pero ninguno de ellos había emitido señales para hacer algo distinto. Salvo Bizet.

Sus críticos, no obstante, le acusaron de imitar a Wagner (hay imitaciones que dignifican), por la utilización que hacía de los motivos conductores, pero tal observación incita un poco a la risa, porque encubre el verdadero mérito que esconde esta soberbia obra, no otra cosa que su poderío teatral y dramático, a años luz de la inconsistencia de lo que se escuchaba en ese momento en París. *Carmen* es seguramente una obra contradictoria porque parte de unas bases que, *a priori*, no parecen las idóneas. La primera, el libreto, como se sabe basado en una novelita de Prosper Mérimée de poco recorrido, y, por otro lado, el hecho de que la pieza fuera escrita para la Ópera Cómica de París, es decir, con partes habladas. Los libretistas, Henri Meilhac y Ludovic Halévy, transformaron la obra de Mérimée ostensiblemente, lo que incluso llevó a la dimisión de uno de los directores del teatro, porque aquello se parecía poco a una ópera cómica. El caso es que, una vez más, ciertas palabras son engañosas: una ópera cómica para los franceses del año 1875 no es más que una ópera con partes habladas, no una obra propiamente cómica. Es evidente que, en este caso, hay más razones para no tratarse de una obra divertida, pues se trata de la historia de una mujer que asocia libertad y sexo hasta el extremo de aceptar su propio asesinato a manos de quien no puede entender tal asunto: una importante facción del género masculino. En 1875 y en 2019. Buena parte de la sensualidad y la fuerza del personaje de la gitana tiene su origen en la tierra que la ve nacer, como genialmente apuntó Nietzsche: «Hay que mediterraneizar la música». Claro que cuando dijo eso ya estaba empezando a cuestionar la humedad y las brumas de Wagner. *Carmen* es una historia de fatalidades, violencia e ignorancia, que es capaz de ligar el mundo de los bandoleros con los toros y el machismo latente que subyace en las reglas de esas prácticas. Loable discurso en el mundo de hoy, pero que no habría llegado a ninguna parte sin la impronta musical y dramática de Bizet y sus libretistas, que son capaces de convertir un asunto local en un problema universal. Para su tiempo y para los tiempos futuros, como bien sabemos hoy. Claro está, no es la primera vez que esto se pone de manifiesto en una ópera, pero ése será un asunto que tendrá que ser desarrollado en otro capítulo.

El mundo de los Massenet o Saint-Saëns, como herederos del pesadísimo Gounod y del melifluo Offenbach nos llevaría a reflexiones que bien podrían situarse al lado de los escépticos de la ópera, que alguno hay, y que muchos fundamentan en el hecho de que las historias contadas en las óperas sean de otro tiempo, cuando no directamente infumables. Nunca acabaremos de entender cómo una obra tan floja musicalmente como *Los cuentos de Hoffmann,* del inefable Offenbach, puede seguir triunfando hoy en los teatros de ópera (lo explicaremos más adelante, y exhaustivamente, porque el asunto merece la pena). O cómo éstos siguen defendiendo a través de sus programadores piezas como, por ejemplo, *Faust,* de Gounod; *Le roi d´Ys,* de Édouard Lalo, o *Mignon,* de Thomas. Sólo es explicable partiendo de una idea que, para nosotros, es imperiosamente nociva: la reducción de la ópera al canto, puro y duro, pasando por encima de libretos o cualesquiera otras consideraciones. En este panorama, algunos siguen defendiendo la dulzura fin de siglo, el melodismo sencillo, la dramaturgia elemental de óperas de, por otro lado, más que aceptable factura como *Manon* o *Werther;* o de una *Sansón y Dalila* de Saint-Saëns de buenos e inspirados momentos canoros (el dúo de amor entre los protagonistas, «Mon cœur s´ouvre à ta voix» —«Mi corazón se abre a tu voz»—, dice Dalila, es una verdadera joya).

— 27 —
Debussy, la música difuminada

Pero esos defensores de la música fácil olvidan unas fechas cruciales: 1862 y 1918. Son las que marcan la existencia de Claude Debussy, un francés tan francés como todos esos, contemporáneo de Massenet y Saint-Saëns, que pone en cuestión no ya las maneras francesas sino las propias bases de las leyes de composición musical imperantes. Vía Wagner, vía Tristán (*Tristán e Isolda* es de tres años antes de que naciera Debussy), ya había comenzado la disolución de las reglas de la tonalidad y la armonía tradicionales. Y si Wagner lo había hecho por procedimientos dramáticos, Debussy lo ensaya a través de la música más abstracta, la instrumental, y en paralelo a un movimiento pictórico, el impresionismo (término creado a partir de un cuadro de Monet llamado *Impresión*), del cual su música hereda la misma condición genérica, aunque él, que sentía auténtica alergia a las etiquetas, se negara a admitirlo. El citado Monet, Degas, Renoir, etc. sueltan la espátula, liberan formas, color; Debussy libera reglas para la formación de acordes, creando una técnica absolutamente personal que nace de la propia esencia de la melodía y la armonía. Y con ciertos escritores franceses (Baudelaire, Rimbaud o Mallarmé), los que apuntan al modernismo y un declarado simbolismo, sucede lo mismo: la música de Debussy pasa por esa referencia. Lo que, directamente, implica una guerra frontal contra el realismo imaginado de los dioses wagnerianos. Hay pues mucho de revolución en la postura de Debussy, que si en la música instrumental y, sobre todo, el piano, se manifiesta con enorme crudeza sonora, en el campo de la ópera se encarna en un título absolutamente definitivo al respecto: *Pelléas et Mélisande,* con texto suyo y de Maurice Maeterlinck, un discípulo precisamente de Mallarmé. La obra supone para algunos —entre los que nos cuesta estar, a pesar de la veneración que guardamos hacia ella— el cenit de la ópera moderna. Volveremos a esta obra, pero dejemos ahora respirar al siglo XX, que algunas cosas dirá. *Pelléas* es sólo de 1901.

La marca impresionista se prolonga con Maurice Ravel (1875-1937), un músico que de alguna manera cierra un ciclo, porque es producto de una compleja síntesis. Ravel participa al cien por cien del impresionismo, pero lo comparte con la herencia orquestal del Romanticismo francés. Es por eso menos radical que Debussy, pero quizá también por esa impureza no alcanza su grandeza. En Ravel hay mucha mezcla; mucho de Debussy pero también de las corrientes maquinistas de la época; un permanente tono irónico que tiene que ver con Erik Satie (1866-1925), en todo caso un creador menos importante; un gusto por lo exótico —y por lo español: nació en Ciboure— y también por las corrientes jazzísticas que llegan más allá del Atlántico. Esa mezcla le hace muy atractivo, como únicas por su lenguaje escueto, entrañable e intimista son sus óperas *L´enfant et les sortilèges* (*El niño y los sortilegios*) y *L´heure spag-*

nole (*La hora española*), también, a su manera, pequeñas obras maestras de la orquestación, disciplina en la que Ravel destaca como un consumado maestro. Sirvan dos ejemplos: su propio *Bolero,* que como música no tiene nada de particular pero que como ejercicio orquestal es única; o el hecho de que la obra sinfónica más famosa de Modest Músorgski (1839-1881), *Cuadros de una exposición,* lo sea gracias a que es escuchada en una orquestación suya.

Claude Debussy retratado por Marcel André Baschet en 1884.
La pintura se encuentra en el Castillo de Versalles.

— 28 —
Las escuelas nacionalistas

De los truenos del Este hasta los periféricos rezagados, con Checoslovaquia a la cabeza. Un movimiento musical que da un juego enorme en todas las facetas de la música, y, que, por tratarse de lo que se trata, encuentra su mejor caldo de cultivo en la ópera. El triunfo de los nacionalismos, como resultado del fin de los imperios, y en particular del austriaco, o, simplemente, como afirmación ante regímenes políticos que se mantienen intactos desde la Edad Media, como pueda ser el caso de la Rusia de los zares, supone una auténtica explosión para la música. Cuyo desarrollo comienza, desde luego, por la ópera, aunque, una vez más, haya que recordar que las causas socio-políticas que mueven la invención musical son sólo eso, razones primeras, marcos, referencias, sin las que el desarrollo del arte musical no avanzaría, pero que caerían en saco roto de no ir acompañadas por razones puramente artísticas. En otras palabras y dicho de forma obvia: de la mucha música hecha como producto de la cosa política y social, hay un montón de la que nadie se acuerda, por ser simplemente mala. Puro panfleto. Y queda bastante claro que aquella que es más influyente como producto sociológico es precisamente la muy buena; la mejor.

Estos nacionalismos musicales avanzan con lentitud en la segunda mitad del siglo XIX; sólo lo harán sin premura ya en el siglo XX. Naturalmente, al principio son de corte romántico y sus logros estéticos habrán de ser encuadrados en las líneas centroeuropea e italiana, de las que, salvo en contadas ocasiones, recibirán una determinante influencia. Este desarrollo se produce en Rusia inscrito en un movimiento que centrifuga dos corrientes, las que llegan de Occidente y las autóctonas, y que funcionan en permanente tensión. La vida musical rusa en el siglo XVIII estuvo marcada por las continuas visitas de músicos alemanes e italianos, que dejaron su sello operístico, y que desde luego tiene un interés muy relativo. La creación operística comienza a moverse de verdad cuando se modifica el lenguaje de la música como consecuencia de la inmersión lingüística en el ruso y la elección de una temática realista e igualmente rusa. Es, así, una auténtica novedad *Zhizn za tsaryá* (*Una vida por el Zar*), la magnífica pieza de Mijáil Glinka (1804-1857), verdadero preludio de un nacionalismo incipiente finalmente encarnado en el Grupo de los Cinco: Mili Balákirev (1836-1910), César Cui (1835-1918), Alexandr Borodin (1833-1887), Nikoláí Rimski-Kórsakov (1844-1908) y Modest Músorgski. Todos ellos muestran un gran poderío ideológico, pero distinto interés musical. Así, los dos primeros están en revisión, pero es difícil que la musicología contemporánea les asigne un valor que vaya más allá de la pura iniciación de la corriente. Borodin tiene en su haber un interesante título, *Kniaz Ígor* (*Príncipe Igor*), ópera nada famosa en Occidente pero cuyas *Danzas polovtsianas* se cantan desde Madrid a Oslo, desde Lisboa a Praga día sí día también. Sucede que se trata de una música muy coloreada y de gran contenido épico que casa muy bien entre los viejos europeos. La ópera en su totalidad tiene mucho interés pero resulta algo ardua. Mucho más interesante resulta la figura de Rimski, no sólo como compositor de música sinfónica sino como operista. Títulos como *Skazka o Tsaré Saltane* (*El zar Saltán*), *Snegúrochka, Vesénnyaya Skazka* (*La doncella de la nieve*) o *Zolotói Petushok* (*El gallo de oro*) traspasan su condición de música nacionalista, aunque la pieza más interesante de las tres sea precisamente la más política. Se cumple la regla: sólo con una buena música se puede hacer una buena reivindicación política. La de *El gallo de oro* lo es en grado sumo, pero la causa hay que situarla en primer plano: un alegato antizarista tras la masacre del Domingo Rojo de 1905 en San Petersburgo. En la pluma de Rimski-Kórsakov, el cuento infantil de Alexandr Pushkin *El cuento del gallo de oro* se convierte en dinamita pura. Además de en una maravillosa ópera. Rimski trasciende, para inscribirse en una modernidad que desemboca en el compositor más importante del grupo. Y más distinto. Persona conflictiva y apartada de agasajos y honores, Modest Músorgski es quien mejor representa la ruptura del nacionalismo con el romanticismo europeísta. En realidad es el único que lo hace de manera radical. Y si eso sucede en la mayor parte de su música, en sus óperas con mayor fuerza, y especialmente en su obra maestra, *Borís Godunov,* una pieza plagada de música violenta y extrema, que muchas veces ha sido suavizada. Rimski y, más tarde, Dmitri Shostakóvich (1906-1975) escribieron nuevas orquestaciones, pensando en que su agresividad se debía a una falta de técnica en su escritura, una fama de músico poco académico que acompañó al alcohólico Músorgski hasta el fin de su vida. Nosotros tenemos claro que la orquestación original es la correcta. Volveremos a esta ópera. Un compositor ruso autor de al menos dos óperas de primera línea fue Piotr Chaikovski (1840-1893). Tachado en su país de germanista, o al menos situado lejos de la línea nacionalista, debe de ser considerado por sus *Yevgueni Oneguin* (*Eugene Oneguin*) y *Pikovaya dama* (*La dama de picas*), piezas de excelente contenido dramático y canoro, como veremos en otro capítulo.

Piotr Ilich Chaikovski en un retrato de Nikolai Kuznetsov que se encuentra expuesto en la Galería Tretiakov, de Moscú.

Checoslovaquia, especialmente la Bohemia de Praga, una ciudad que conoció los triunfos de Mozart, era a finales del siglo XIX un país de espléndida vida musical. Con compositores de enorme talento, como es el caso de Bedřich Smetana (1824-1884), autor de música instrumental de gran finura y empaque como pueda ser su ciclo de poemas sinfónicos *Má Vlast* (*Mi patria*), y un operista que se inscribe en la línea nacionalista con piezas como *Prodaná nevěsta* (*La novia vendida*) o *Dalibor.* Pero sin duda fue Antonin Dvořák (1841-1904) el que situó en el mapa a su país con sus tres últimas sinfonías, especialmente la última, conocida como *Del Nuevo Mundo.* Sin embargo, practicó un nacionalismo a medias, muy influido por la cultura alemana. Explotado por el editor de Brahms (Fritz Simrock), compositor al que veneró y a quien siempre quiso sustituir para la historia de la música romántica centroeuropea, Dvořák tuvo dificultades para emitir un juicio definitivo sobre la música checa. Aun así, este checo (y eslavo) de corazón lega una absoluta ópera maestra llamada *Rusalka,* a la que sólo muy recientemente se le ha hecho caso, sin duda por el idioma en que se expresa. Algo posterior a Dvořák es Leoš Janáček (1845-1928), importantísimo operista de su tiempo, del que algunas de sus obras se pueden calificar de páginas únicas en el género: *Jenůfa, Káťa Kabanova, Věc Makropulos* (*El caso Makropulos*), etc. En otra parte del libro nos volveremos a tropezar con este extraordinario autor.

Otros países hacen sus aportaciones, pero con menos impronta. Hungría hereda las tendencias de tipo nacionalista que Franz Liszt (1811-1886) defiende desde París, y que por cierto es autor de un título de tema español, *Sancho,* de poco recorrido. El país magiar aporta en ópera los trabajos de Ferenc Erkel (1810-1893) o de los más tardíos Ernest Dohnányi (1877-1960) y Zoltán Kodály (1882-1967), que dejó huella en la ópera *Háry János.* Como Béla Bartók (1881-1945), del que se hablará más adelante, y que con mucha más trascendencia estética interpretó el nacionalismo húngaro a través de la música popular.

Si Liszt fue el punto de partida para los húngaros, Frédéric Chopin (1810-1849), otro observador del nacionalismo de su país desde París, lo fue para los polacos. En Polonia hay que destacar la interesante figura de Stanislav Moniuszko (1819-1872), pero, como sucede con Bartók en Hungría, en Polonia habrá que esperar a un nacionalismo más tardío con la figura importantísima de Karol Szymanowski (1882-1937), al que volveremos al hablar de su ópera más relevante, *Król Roger* (*El rey Roger*). En los países escandinavos surge el nacionalismo con fuerza, aunque muy influido por las corrientes del romanticismo centroeuropeo, no en vano son países que pertenecen al área lingüística de su entorno. Ni Edvard Grieg (1843-1907) ni Jean Sibelius (1865-1957), descomunales autores por otro lado, dejan huella en el terreno de la ópera. Y un caso aislado para la ópera que es al menos conveniente nombrar es el de la opereta vienesa, que si bien copa teatros con melifluos títulos a veces da la campanada: es el caso de la extraordinaria *Die Fledermaus* (*El murciélago*), de Johann Strauss. Sedas de lujo. Vapores de suave erotismo. Excelente música.

— 29 —
Alemanes e ingleses entre siglos

Musicalmente (y como todo el mundo sabe, política y socialmente más) el mundo alemán bulle. Hablamos del período comprendido entre el triunfo del sinfonismo brahmsiano y bruckneriano y el wagnerismo hasta la Primera Guerra Mundial. Frente al viejo Imperio austriaco la nueva Prusia emerge con fuerza tras el último triunfo de la coalición franco-prusiana. Prusia reúne a los pequeños estados alemanes para definir una nueva causa nacional. Alemania ya es una potencia industrial, mientras que la reina Victoria en Inglaterra convierte a las islas en primera potencia política. Pero a pesar de esta aparente bonanza, una corriente pesimista recorre el continente; es un mundo típico de fin de siglo en el que se produce un choque de corrientes muy contrapuestas. En música todo esto se pone de manifiesto como si se reflejara en un espejo. Dos compositores como Richard Strauss y Gustav Mahler (1860-1911) recorren corrientes antagónicas, y si alguna vez se ha afirmado que son muestra del optimismo y el pesimismo solapados reinantes, ya es tiempo de revisar esa teoría. Strauss, además, asume una responsabilidad que Mahler ignora: expresarse operísticamente, y con las partituras de Wagner encima de su escritorio. El pesimista Mahler es un compositor fundamentalmente sinfónico, no escribe ni una sola nota de ópera, pero, a la postre, lega un mensaje mucho más limitado del que expande el *burgués* Richard Strauss, que, dígase de paso, partituras en mano, revela a un señor que sólo lo es a veces; la historiografía desarrollada sobre ellos es cada día más confusa. Se quiere ver una corriente basada en el realismo filosófico frente a un pesimismo puro que no los es, porque pronto queda instalado en un trascendentalismo de corte cristiano, en un auténtico choque que musicalmente es como una radiografía de la situación general. Todo va a desembocar en una catástrofe sin precedentes en el mundo moderno. La línea Hegel-Nietzsche-Schopenhauer, que va desde el idealismo a la autodestrucción pasando por un nihilismo vitalista marca parecida transición en los casos de Marx y Freud, cuya imagen musical se revela en un relato fuertemente posromántico que exige a sus principales protagonistas un comprometido papel. Desde el primitivo idealismo filosófico se pasa al pesimismo voluntarista, pero se está avanzando hacia un plano político en el que hace su presencia la fuerza del proletariado, o las ciencias de la mente, una dicotomía que todavía está esperando una explicación sociológica. En pintura, los Böcklin o Klimt o Schiele ponen sobre sus lienzos todo ese caos ideológico con una fuerza creativa desbordante, que en música desembocará en la figura inmensa de Richard Strauss, casi en solitario, hasta que el nuevo expresionismo austríaco arrase con todo.

Mahler fue un compositor de verano; durante buena parte de su vida sólo compuso durante las vacaciones. El caso de Strauss es mucho más singular; desarrolla una larga carrera porque nace a tiempo (en 1864) y vive lo suficiente (hasta 1949) para convertirse en espectador privilegiado. Su postura ante los grandes conflictos bélicos que vive Alemania es muchas veces ambigua; políticamente, además, se instala en esa clase de artistas que colaboraron con el régimen nazi y, a la vez, dan muestras de aborrecerlo. Según quien analice el asunto, Strauss fue un oportunista o un señor muy inteligente. En el mundo de la creación durante el período nacional-socialista se da mucho. Pero musicalmente, para nosotros no sólo debe de valorarse como uno de los más grandes músicos de ¡todo! el siglo XX sino, lejos de su fama de retrógrado, el último innovador antes de la ruptura de todo. Esto se pone de manifiesto de manera meridana en su obra, en sus poemas sinfónicos, en los *Lieder,* pero particularmente en sus óperas: *Salomé, Elektra, Der Rosenkavalier* (*El caballero de la rosa*), *Die Frau ohne Schatten* (*La mujer sin sombra*), *Ariadne auf Naxos, Arabella,* etc. En otros lugares de este libro volveremos a Strauss, no sin antes dejar de nombrar a un autor de esta área y de ópera única.

Retrato de Hans Pfitzner por Will Greiger, que se exhibe en la Städtische Galñerie im Lenbach-Haus, de Múnich.

Se trata de Hans Pfitzner (1869-1949), un alemán nacido por accidente en Moscú, como Mahler gran director de orquesta, que en 1915, en pleno fragor bélico escribe una ópera titulada *Palestrina.* Pfitzner, que luego sería adicto al régimen nazi, enseño sus cartas en esta obra, al desenterrar el conflicto que se planteó en el Concilio de Trento, acerca de la conveniencia o no de que la música permaneciera en los servicios religiosos. Obviamente se estaba expresando de manera convencional una postura religiosa. Pero la obra, que se aproxima peligrosamente al oratorio, se encarna a partir de una música de rica elaboración orquestal y vocal; es una pieza dura de roer que rara vez se representa, producto de una corriente creativa nada correcta políticamente para la Europa de la posguerra. Por eso ha sido muy ninguneada en los teatros y estudios de grabación. Que sepamos, sólo se grabó en disco una o dos veces. Este tipo de creación abre un debate acerca del arte nazi que es imposible abordar aquí. La arquitectura, e incluso el cine tienen ahí frentes abiertos desde la misma desaparición de Hitler.

La Inglaterra victoriana, por su parte, musicalmente vive las consecuencias de haberse antaño convertido en país de acogida para autores continentales. Haydn o Mendelsshon recalaron allí en su día, tras la figura del inmenso Haendel. Pero lo que se dice música puramente británica, desde finales del siglo XVIII, poca. Dvořák decía, quizá un tanto exageradamente, que «los ingleses no aman la música, simplemente la respetan». El cambio de las infraestructuras musicales, y no sólo en los teatros sino también las escuelas de música y de interpretación, propiciaron una nueva imagen del país, con buenos resultados. Un desarrollo hijo del cual es una buena música instrumental, con autores como Edward Elgar (1857-1934), Frederick Delius (1862-1934), Gustav Holst (1874-1934), Ralph Vaughan Williams (1872-1958) o William Walton (1902-1983). Y en ópera, la actividad es sorprendentemente pobre: en los primeros años de la horquilla temporal que estamos manejando sólo destaca Arthur Sullivan (1842-1900), autor de óperas ligeras, que a veces rozan la irrelevancia. Pero si esperamos unos pocos más nos encontramos con dos grandes autores de ópera: Benjamin

Britten, del que volveremos a ocuparnos, no en vano probablemente se trate del compositor británico de mayor enjundia desde los tiempos de Purcell, y Michael Tippett (1905-1998), como Britten otro homosexual y militante pacifista. El mundo conoce al Tippett de sus últimos años, es decir, al más vanguardista, pero hay otro más temprano que no debe perderse de vista. En realidad, Tippett comenzó bastante tarde a componer, y cuando cumplió los treinta hizo tabla rasa, enviando a la hoguera todo lo que había escrito hasta ese momento. A la par, comenzó a estudiar contrapunto. Compositor muy filósofo, un pensador nato, escribió cinco óperas, entre las que podríamos destacar *The Midsummer Marriage* (*Matrimonio del solsticio de verano*), una iniciática y esotérica historia de amores metafísicos y ascensos al cielo, datada en 1955.

— 30 —
España en clave nacional

La música nacionalista española merece un capítulo aparte. Para empezar, cabría preguntarse por qué tarda tanto en surgir una música de verdadera traza española. La respuesta es simple: el siglo XIX supuso para la música en nuestro país una auténtica invasión italiana. El público demandaba ese tipo de música, porque era el que estaba de moda, y los compositores no tuvieron la fuerza suficiente para enfrentarse a un mercado que les era absolutamente hostil. Y los que intentaron luchar con las propias armas de la ópera italiana fracasaron. Durante el siglo XIX, y dicho de forma muy genérica, y salvo las consabidas pero poco abundantes excepciones, España careció de una música sinfónica, y también de una ópera, que fueran autóctonas. La resurrección de la zarzuela, ya lo hemos visto, también careció de relevancia. ¿Qué sucede a finales de siglo para que las cosas cambien? Varias cosas, quizá de manera lateral, pero varias. La primera, que en Europa había surgido un fuerte movimiento nacionalista en todos los países periféricos, en muchas ocasiones frente a la cultura centroeuropea dominante. Aquello era un ejemplo a seguir. En segundo lugar, se produce un interesante camino de ida y vuelta musical, por el hecho de que en esas digamos nuevas músicas —al menos en espíritu— los compositores utilizaran el folclore español como punto de partida. Son legión los autores que se interesan por lo español, autores de diversas latitudes y procedencia, un fenómeno ante el que los propios compositores españoles reaccionan sintiéndose en la obligación de, al menos, fijarse en ello. Si Liszt, Glinka, Balákirev, Ravel, Debussy, Bizet, Chabrier y otros muchos no cesaban en fijarse en la música española, algo tenía que haber ahí que no había sido captado por los lugareños. Los autores españoles, así, cambian el método. En vez de mirar a Italia miran al folclore español. Y los frutos no se dejan esperar. Isaac Albéniz (1860-1909) y Enrique Granados (1867-1916), primero, y, algo más tarde, Manuel de Falla (1876-1946) deshacen entuertos que han sido históricos. Los dos primeros realizan una colosal aportación a la música para piano, aunque dejan escritos títulos de ópera como *Merlín* o *Pepita Jiménez,* el primero, y *Goyescas,* el segundo. Lo de Falla es mejor estudiarlo ligado a un cabo que se quedó suelto al hablar del nacionalismo húngaro.

— 31 —
Falla y Bartók

Partiendo de presupuestos teóricos similares, y a muchos quilómetros de distancia, Manuel de Falla y Béla Bartók llegan a, en principio, similares resultados. Los dos parten de un estudio exhaustivo de los respectivos folclores de sus áreas naturales, que en el caso de Falla se circunscribe a materiales de origen regional, mientras que en el de Bartók alcanza una superficie más grande. Pero el objetivo es el mismo: esa música popular ha de ser la base de composición para la nueva música, lo que implica una no utilización directa de los materiales del folclore sino el encuentro de su propio espíritu, para luego ser transformado mediante un lenguaje propio. Un lenguaje que en el caso de Falla nos llevará a respirar el perfume de La Alhambra y en el de Bartók el de la vida magiar de su entorno más próximo. No se debe establecer la importancia de cada uno con respecto a la del otro, pero a nosotros no nos costaría afirmar que Bartók tiene en algunos aspectos una especial —y seguramente mayor— trascendencia vital para la música del siglo XX, hecha de revoluciones obligadas, como pronto veremos. Por una razón importantísima: aunque, como en Falla, sus obras más representativas no abandonan la armonía tradicional, el sistema tonal que hereda de sus mayores, Bartók trasciende de manera más radical el sentimiento de lo local. En su música se pueden producir peligrosos meandros sobre la línea, se puede bordear la atonalidad sin hacerla patente, pero la base se mantiene, la tradición se mantiene, el espíritu del pasado se mantiene, aun encarnado en una sintaxis y un lenguaje nuevos, que sin embargo han abandonado totalmente cualquier arcaicismo o giro local. No es casualidad que su serie de seis cuartetos de cuerda enlace directamente y sin intermediarios con los últimos de Beethoven, para convertirse en la experiencia más interesante en el género desde aquéllos. Y la más moderna. El último de Beethoven es de 1826; el primero de la serie de Bartók, de 1909. No hay mucho tiempo de diferencia. O una eternidad, depende de cómo se mire.

Falla sólo escribió dos óperas, *La vida breve* y *El retablo de maese Pedro*. Bartók, una, *A kékszakállú herceg vára* (*El castillo de Barba Azul*). La mejor opinión que se nos puede ocurrir acerca de *La vida breve*, una página que contiene gran música y excelentes ideas dramáticas pero a la que le falta un hervor, es la contenida en una frase histórica de Gerardo Diego al referirse a determinadas obras juveniles del maestro: «Premanuel de Antefalla». Por lo que se refiere a la ópera de Bartók, es una partitura de relativa presencia en los teatros, pues su duración, una hora aproximadamente, obliga a darla en programa doble, con los problemas que ello pudiere causar al elegir la pareja. Basada en la famosa leyenda extraída de Perrault, Bartók nos somete a una auténtica tortura en la escucha, y en el visionado de su tétrico castillo con las siete puertas. Bartók experimenta con las tonalidades en función de la puerta, consiguiendo un relato lleno de horror y tensión emocional. Una pequeña, y terrible, obra maestra.

Cada vez está más extendida, y afianzada, la idea de que el compositor húngaro Béla Bartók supuso la cima de una gran parte de los géneros musicales del siglo XX.

— 32 —
El siglo XX: ¿etapa terminal?

Muchos autores a los que ya nos hemos referido participan directamente de la vida musical del siglo XX. Porque están enclavados en movimientos disjuntos pero que corren de manera paralela. Es por eso imposible establecer un orden cronológico en orden evolutivo. Unos autores aparecen antes y sin embargo hacen uso de una estética que parece posterior. Otros dan saltos atrás, a veces con fortuna, y, a veces, con pocas opciones, se estrellan estrepitosamente. Sin embargo, sí hay puntos de referencia generales que marcan direcciones comunes o movimientos estéticos de largo alcance. De esta guisa, los conflictos bélicos de la primera mitad de siglo lo condicionan todo en el arte de la época y la inmediatamente posterior. Sucede antes de 1914, durante la confrontación, después de 1918 y hasta 1939, y entre esta fecha y 1945, casi seis años de horror en los que pareció detenerse la vida. Aun así, es un tiempo en el que el pensamiento y la creatividad se multiplican; en el que se suceden las opciones creativas, acumulándose sobre una especie de ilimitado caleidoscopio. Los primeros lustros de la centuria marcan una serie de cambios que revelan el agotamiento del uso de determinadas herramientas creativas. En los materiales que se utilizan, en las formas que se emplean. Obras como *Salomé*, de Richard Strauss; *Pelléas et Mélisande*, de Claude Debussy, o *Iberia*, de Isaac Albéniz, están perfectamente dentro de la armonía tonal, pero no tienen una escucha cómoda; sus centros de tensión tonal son desasosegantes… Hay toda una sintomatología de ruptura, anunciada desde las últimas obras para piano de Liszt o el preludio del primer acto de *Tristán e Isolda*. Y da un poco la impresión de que todo va a ir ¡todavía! más rápido. ¿Se ve afectada la ópera?

— 33 —
Sí y no

Porque los autores que definen la modernidad no dejan de escribir óperas, pero ninguno de ellos es un operista en la medida que lo fueron Rossini, Verdi, Wagner o el rezagado Puccini. Hay mucho apelotonamiento en todo, y poner orden en el relato resulta difícil, porque el cruce de estilos es múltiple. Además, América, al norte y al sur, se despierta de un largo letargo, reclamando su pedazo de tarta, que cada día se hace más sabroso. Hasta 1945, el único movimiento musical autóctono e independiente se produce en Viena, como veremos en breve, pero antes, desde las primeras décadas del siglo han aparecido compositores que escribieron la historia de manera innovadora. Ya hemos hablado de Bartók, que muere precisamente en 1945, y que para muchos estudiosos marca la cumbre de la música del siglo XX. Para otros el nombre clave es el de Igor Stravinsky (1882-1971), un ruso que irrumpe en Francia como antítesis de Debussy y Wagner al mismo tiempo, lo que parece una paradoja. Sin embargo, Stravinsky la resuelve de manera salomónica, saliéndose a la vez del guion impresionista y del último sinfonismo alemán, tan amante de la estructura y la lógica discursiva. Para ello se centra en el estudio del ritmo, un aspecto en el que su música no sólo resulta distinta sino que, bajo un ropaje basado en la métrica, adquiere un valor nuevo. Stravinsky entra en el mundo musical francés con un vigor y una personalidad avasalladores, pero no lo hace de la mano ni de un nuevo sinfonismo ni por la vía del drama. Lo hace como siempre se hicieron las cosas en Francia: a través del ballet. Aunque mejor habría que decir desde una deconstrucción de las reglas de la danza, al añadir un nuevo componente: el folclore ruso. Su más terrible mazazo fue *Le sacre du Printemps* (*La consagración de la primavera*), un ballet tan salvajemente nuevo que el público destrozó el patio de butacas el día del estreno, en 1913. La obra de Stravinsky va evolucionando en las siguientes décadas, y es posible que perdiendo fuelle, hasta llegar a su ópera más importante, ya en 1951, *The Rake's Progress* (*La carrera del libertino*), tras títulos de menos contrastado interés, como *Mavra, Oedipus Rex* (*Edipo Rey*) o *Perséphone,* todos ellos anteriores.

Otro ruso de lujo fue Sergéi Prokófiev (1891-1953), que también probó suerte en París, donde se trasladó en 1918, y más tarde a EE.UU. Pero regresó a su país definitivamente, a la Unión Soviética, en 1933. Músico de extraordinario talento y acusada personalidad, triunfó en todos los géneros musicales, incluida la ópera. Piezas como *Lyubov' k tryom apel'sinam* (*El amor de las tres naranjas*), *Ógnenny ánguel* (*El ángel de fuego*) o la mastodóntica *Voiná i mir* (*Guerra y paz*) se pueden situar en el cenit de la producción operística rusa de su tiempo. Esta última, con libreto del compositor y su esposa, es una ópera que asusta por sus dimensiones, que recuerdan a las de los grandes *tochos* operísticos como *Los hugonotes* o *Los troyanos.* Basada en la obra homónima de Tolstói (que ya se necesita valor para ponerle música a algo así), fue escrita en un prólogo y cinco actos, para ser luego abreviada tras algún que otro fracaso, y entrar en la nómina pronto de óperas imposibles. Sin embargo, Prokófiev, que inicialmente la había pensado para ser representada en dos sesiones, no hizo ascos a seguir y seguir retocándola. En todo caso, el contenido final palidece en extensión al de la novela original. ¿Hay que reivindicar esta ópera de decenas de personajes y situaciones? Sí, por la música, absolutamente extraordinaria. Pero ser representada sigue siendo un problema. Como sucede con *Los troyanos,* de Berlioz, una imponente música.

No estamos nosotros, sin embargo, muy por la labor de situar a Dmitri Shostakóvich en el privilegiado lugar que ocupa hoy en las salas de concierto. Después de muchos años de asistir al estallido de su obra sinfónica en Occidente, y de participar en él con el alborozo propio del joven que confunde estética con política, y viceversa, nuestra aproximación crítica ha variado notablemente. Sin embargo, su ópera *Ledi Mákbet Mtsénskogo Uyezda* (*Lady Macbeth del distrito de Mtsensk*), una vez ya desposeída de sus muchas leyendas urbanas, entre otras la condena a que fue sometida por Stalin, nos sigue pareciendo un gran logro, una música muy sincera y una pieza dramática excelentemente armada. Volveremos a ella.

La reacción de Stravinsky hacia el impresionismo no se produce en solitario. Un grupo de jóvenes franceses también muestra sus críticas, oponiéndole una música en apariencia más sencilla, e incluso bienhumorada. Se fijan mucho en el singular Satie, que va absolutamente por libre, dentro del mundo surreal en el que se mueve, para hacer sus propuestas. Forman un grupo, el llamado De los Seis, en el que no todos dan muestra del mismo talento. De los autores de ese grupo nos quedamos con Francis Poulenc (1892-1955) y muy particularmente con su ópera *Dialogues des Carmélites* (*Diálogo de carmelitas*), una pieza que consideramos de gran altura y de la que hablaremos más adelante.

En Italia destacamos a un compositor, Ferruccio Busoni (1866-1924), que precisamente la mejor música que lega es una ópera: *Doktor Faust,* mientras que, en Alemania, Strauss compone sus últimas óperas ante la mirada de algunos que parecen esperar una reforma drástica. Paul Hindemith (1895-1963) escribe páginas como *Cardillac* o la más interesante *Mathis der Maler* (*Matías, el pintor*); y Alexander von Zemlinski, la excelente *Eine florentinische Tragödie* (*Una tragedia florentina*). Otros, como por ejemplo Carl Orff (1895-1982), ven pasar plácidamente su vida tras ese *pelotazo* auténtico llamado *Carmina Burana,* una de las obras más deleznables del siglo XX. No obstante, sí hay un autor de origen eslavo que hace carrera en el área alemana antes de exiliarse a EE.UU. que es necesario reseñar, y que al menos tiene una gran ópera. Se trata de Erich Wolfgang Korngold (1897-1967), y la ópera es *Die tote Stadt* (*La ciudad muerta*). Nos referiremos a ella en el siguiente capítulo.

Y aunque este libro se circunscribe exclusivamente a músicas occidentales, y más concretamente europeas, en este momento no podemos olvidar alguna aportación latinoamericana como es el caso de *Bomarzo,* del argentino Alberto Ginastera (1916-1983) o, más arriba, de un Leonard Bernstein (1918-1990): *Candide* y *A Quiet Place* (*Un lugar tranquilo*). Naturalmente no se nos olvida George Gershwin (1898-1937) y su *Porgy and Bess,* con la que nos extenderemos más adelante.

— 34 —
Escuela de Viena 2.0

¿En algún momento nos hemos sentido tentados a afirmar que las primeras óperas de Richard Strauss son las únicas consecuencias serias de Wagner, su única herencia? De haberlo hecho, es necesario ahora introducir importante matices.

Ya ha finalizado la Primera Guerra Mundial. El impresionismo francés, portador de una importante modernidad, no ha tenido luego mucho seguimiento. El último romanticismo alemán está muerto tras los últimos coletazos mahlerianos. Hay un músico que actúa con caparazón, que sobrevive a todo (Richard Strauss), y que nadie sabe hasta dónde puede llegar. Los periféricos siguen su curso, muy a contracorriente, porque los tiempos que corren les son adversos; emigran. Pero una esperanza surge en el horizonte alemán en el campo de la pintura y la literatura, el expresionismo, sin el cual es imposible entender la revolución que protagonizaría el creador de la Segunda Escuela de Viena, Arnold Schoenberg. La música expresionista rechaza tanto al impresionismo como al descriptivismo en general. En sus primeras obras, de un valor tan indiscutible como *Pelleas und Melisande*, *Verklärte Nacht* (*Noche transfigurada*) o *Gurrelieder* (*Canciones de Gurre*), Schoenberg acredita su puesto de heredero directo de Wagner y Richard Strauss; pero sumergiéndose en un tan feroz expresionismo que la línea estilística queda agotada muy rápidamente. Por ello su siguiente necesidad estética es romper definitivamente con las reglas que le han llevado ahí. E inventa un sistema, el dodecafonismo, que él piensa, erróneamente, que será la base para la música alemana del próximo siglo. Schoenberg trabajó con Alexander von Zemlinski (1871-1942), que luego se convertiría en su cuñado, pero fueron sus discípulos Alban Berg (1885-1935) y Anton von Webern (1883-1945) los que, con él, formaron la escuela. El maestro escribe una ópera fundamental, *Moses und Aron* (*Moisés y Aarón*); Berg, dos: *Wozzeck* y *Lulu*, ésta inacabada, y Webern, ninguna. En el capítulo siguiente nos volveremos a referir a algunas de estas óperas.

Retrato del compositor Anton Webern, pintado por Oskar Kokoschka (1914).

— 35 —
Tras 1945

Vértigo, eso es lo que producen las vanguardias musicales tras la Gran Guerra. Todo el mundo es respetuoso con los logros de la música tonal, pero nadie quiere saber nada de ella. Todo el mundo es respetuoso con los logros de los autores de la escuela vienesa, pero todos —o casi— huyen del método dodecafónico, que encorseta y coarta la libertad de las notas. Todo el mundo da por agotados los lenguajes musicales existentes, pero la capacidad para renovarlos no abunda. En general, al autor que más se mira es a Webern, el más sencillo pero a la vez el más radical. A todos les atrae su rigor constructivista. Sin embargo, inmediatamente después de la guerra surgen una serie de autores que mezclan los procedimientos en busca de una síntesis entre un dodecafonismo puro, el de Schoenberg, y otro más avanzado, o si se quiere abierto, el de su discípulo Webern. Ahí, en esa especie de limbo, encontramos a un Luigi Dallapiccola (1904-1975) que escribió óperas como *Il prigioniero* (*El prisionero*) o *Ulises;* a un Karl Amadeus Hartmann (1905-1963), que nos deja *Simplicius Simplicissimus;* a Goffredo Petrassi (1904-2003), con *Morte dell'aria* (*Muerte del aria*), o a Hans Werner Henze (1926-2012), con un buen catálogo operístico en el que destacan óperas triunfadoras como *Die junge Lord* (*El joven Lord*), *Die Bassariden* (*Las basárides*) o *L'Upupa und der Triumph der Sohnesliebe* (*La abubilla y el triunfo del amor filial*).

Sin embargo, la figura más destacada durante los últimos años de la guerra, una buena parte de la posguerra y en la consolidada posterior Europa es la del francés Olivier Messiaen (1908-1992), un mago del ritmo que inventa nuevos procedimientos. Su música genera una contagiosa plasticidad discursiva, cuyo atractivo más evidente es su inteligibilidad, su fuerza comunicativa, la facilidad para favorecer la comprensión de mensajes complejos. La obra de Messiaen es amplia y variada, y por lo que se refiere a la ópera, es autor del que probablemente sea el título más importante de la segunda mitad del siglo XX: *Saint François d'Assise* (*San Francisco de Asís*). En nuestro anterior libro dedicamos un capítulo a esta obra maestra absoluta. Pero todo avanza con una tan insólita como descontrolada rapidez. Esa falta de control se materializa en el poco tiempo que se da cada autor para asimilar lo dicho por sus inmediatos antecesores. Transcurre muy poco tiempo hasta que cada uno siente que ha superado lo dicho hace nada por sus colegas. Y también por una mezcla de desazón, curiosidad desatada y, sin duda, feroces ataques de fundamentalismo vanguardista. Hay quien ya hace tiempo muestra su decepción ante las maneras de toda una generación que hizo de la radicalidad su bandera, y algunas veces con serias acusaciones: más que avanzar, se pudo llegar a producir un estancamiento debido a la falta de propuestas reales válidas. El mundo de la creación estaba muy tocado por los acontecimientos sociales; no sabía adónde se dirigía, qué objetivos quería cubrir; hay un despiste generalizado. Y aunque es cierto que no dejan de surgir músicos de mucha talla, el concepto de escuela, de herencia, está por los suelos. En medio de la confusión se hace la luz con un autor como Pierre Boulez (1925-2016), que da comienzo a su carrera con una prodigiosa síntesis entre los resultados de la rítmica de Messiaen y el dodecafonismo de Schoenberg, para avanzar luego sobre la herencia de Webern en una línea que, siendo nueva, sí se fija en sus maestros. Se trata del Serialismo Integral, que amplía la idea básica que se maneja en la fórmula dodecafónica. Si en ésta la serie patrón se organiza sobre sólo un parámetro, el tono, siempre se puede ampliar la idea utilizando series aplicadas a los otros componentes del sonido, como por ejemplo al timbre. Todo es muy matemático ya, pero todavía menos matemático de lo que va a seguir siendo. Dentro de la vorágine general hay músicos de talento que ofrecen resultados razonablemente testados. Autores como Karlheinz Stockhausen (1928-2007), que entre 1977 y 2003 escribió un ciclo de siete óperas llamado *Licht* (*Luz*) para ser interpretadas en cada día de la semana —unas treinta horas de música—; Luciano Berio (1925-2003); Bruno Maderna (1920- 1973), que nos regala una interesante ópera, *Hyperion;* Luigi Nono (1924-1990), György Ligcti (1923 2006) o Witold Lutoslawski (1913-1994), un señor que saca petróleo de todo lo que toca, siendo ajeno al yugo del dodecafonismo de Schoenberg. Por su parte, su paisano Krzysztof Penderecki (1933), más famoso, desarrolla una muy directa línea dramática que resulta tan expeditiva que quizá esté al borde del efectismo. Muy interesante es la figura del ruso Edison Denisov (1929-1996).

Karlheinz Stockhausen en el Estudio de Música Electrónica de la Westdeutscher Rundfunk (Radiodifusión del Oeste de Alemania), de Colonia. La foto es de 1994.

Una corriente que dio mucho juego fue la iniciada por autores como Pierre Schaeffer (1910-1995) o Pierre Henry (1927-2017), que utilizan ruidos diversos como material básico (la corriente fue bautizada como música concreta), o la resultante del uso de sonidos producidos en el laboratorio (música electrónica), o ambas cosas a la vez, y con instrumentos tradicionales (música electroacústica). Mucha novedad. Pero todo queda pronto superado. Entra la década de los 60 del siglo pasado y nuevas fórmulas sirven no sólo para hacer nuevas músicas, sino para renegar de las inmediatamente anteriores. Las etapas se queman con inusitada rapidez. Y así, si el ataque al mundo del sonido tradicional a finales de la década de los 50 fue patente, ahora se mira fijamente hacia el intérprete. Hay que hacer una música que funcione sola. Y lo mejor es que no funcione.

Hablamos de la música aleatoria, que ofrece la posibilidad de que cada vez que se toca el resultado sea una música diferente. Claro que hay mucha gente que no se vuelve loca del todo y sigue buscando, incluso dentro del mundo aleatorio. Creemos que uno de los arriba nombrados, Ligeti, hace un manejo de las masas orquestales, por grandes bloques, que resulta particularmente atractivo. Y, en el otro sentido, entendemos menos la trascendencia de los *estilos matemáticos* puros de, por ejemplo, un Iannis Xenakis (1922-2001). Y quizá algo más el movimiento de los grafismos, liderados por Sylvano Bussotti (1931), o del teatro musical de Mauricio Kagel (1931-2008). Por cierto, en España hay un compositor *grafista* que es necesario nombrar. Se trata del alcarreño Jesús Villa-Rojo, nacido en 1940.

Se habrá podido apreciar que en el relato realizado sobre las vanguardias nacidas después de la Gran Guerra no ha habido demasiadas referencias a la ópera. Y es que, ciertamente, la figura del operista a partir de la segunda mitad de siglo se va devaluando, porque toma cuerpo la idea de que se trata de un género museístico, de otro tiempo, que está en decadencia, que ya ha dicho todo lo que tenía que decir. Quizá algo de esto haya, pero, en principio, no estamos muy de acuerdo. O nada de acuerdo. Es falso que hoy no se componga ópera. De 1950 para acá hay una verdadera inflación operística, con decenas de estrenos de nuevos títulos. Suceden varias cosas, sin embargo. Una: que se estrenan obras que nunca más se van a reponer, por lo que están condenadas al olvido en poquísimo tiempo. Dos: que la mayor parte de ellas van estilísticamente por libre, no recuerdan a nada ni a nadie, no están adscritas a nada ni a nadie, carecen de escuela, referencia o marca. Tres: que sólo muy de tarde en tarde encontramos obras que nos puedan parecer creaciones para un tiempo ilimitado; solemos tener la impresión de que lo escuchado (lo que vemos puede ser otra cosa) va a tener una vida muy corta. Y cuatro: por consiguiente, no resulta difícil —aunque sea terrible— poner losas a determinadas creaciones (?).

Observemos. De 1951 son *Billy Budd,* de Benjamin Britten, y *The Rake's Progress,* de Igor Stravinsky; de 1954, *El ángel de fuego,* de Serguéi Prokófiev; de 1957, *Diálogos de carmelitas,* de Francis

Poulenc; de 1964, *Hyperion,* de Bruno Maderna; de 1965, *Die Soldaten* (*Los soldados*), de Bernd Alois Zimmermann; de 1969, *Die Teufel von Loudun* (*Los demonios de Loudun*), de Krzysztof Penderecki; de 1972, *Taverner,* de Peter Maxwell Davies; de 1978, *Le Grand Macabre* (*El gran macabro*), de György Ligeti; *Lear,* de Aribert Reimann, y *Jacob Lenz,* de Wolfgang Rihm; de 1983, *San Francisco de Asís,* de Olivier Messiaen; de 1984, *Un re in ascolto* (*Un rey escucha*), de Luciano Berio, y *Prometeo,* de Luigi Nono; de 1986, *The Mask of Orpheus* (*La máscara de Orfeo*), de Harrison Birtwistle; de 1987, *A Night at the Chinnese Opera* (*Una noche en la ópera china*), de Judith Weir, y *Nixon en China,* de John Adams; de 1988, *El viajero indiscreto,* de Luis de Pablo; de 1991, *Gawain,* otra vez de Harrison Birtwistle; de 1994, *To be Sung* (*Ser cantado*),de Pascal Dusapin; de 1996, *Marco Polo,* de Tan Dun; de 1997, *The Country of the Blind* (*El país de los ciegos*), de Mark-Anthony Turnage, y *Divinas palabras,* de Antón García Abril; de 1999, *Don Quijote,* de Cristóbal Halffter; de 2000, *The Music Programme* (*El programa de* música), de Andrzej Panufnik; de 2003, *The Tempest* (*La tempestad*), de Thomas Adès; de 2004, *Shadowtime* (*Tiempos sombríos*), de Brian Ferneyhough; de 2005, *El caballero de la triste figura,* de Tomás Marco; de 2006, *Da gelo a gelo* (*De helada en helada*), de Salvatore Sciarrino; de 2007, *The Adventures of Pinocchio* (*Las aventuras de Pinocho*), de Jonathan Dove; de 2008, *Minotauro,* de Birtwistle; de 2011, *Anna Nicole,* de Turnage; de 2015, *El público,* de Mauricio Sotelo; de 2018, *Samuel Beckett: Fin de partie* (*Samuel Beckett: fin de fiesta*), de György Kurtág.

Ésta es una pequeñísima lista. Se podría multiplicar por diez para llegar al número de óperas representadas en nuestro planeta desde 1950. Pero todavía no estarían en ese apresurado censo todas las óperas que se han escrito desde entonces. En el momento de redactar este texto, la última creación importante —ya estrenada— de la que tenemos noticia, pero a cuya premier en Alemania, el nueve de marzo de 2019, no hemos podido asistir es *Babylon* (*Babilonia*), de Jörg Widmann. Este señor tiene cuarenta y cinco años. Es clarinetista, director de orquesta y compositor. Y es símbolo de un camino que las nuevas generaciones de operistas no deberían abandonar: Widmann inventa su música sin olvidar el pasado. No es difícil encontrar en su música alejados pero penetrantes perfumes beethovenianos o schumannianos. ¿Qué hace, entonces? Pues lo que siempre hicieron los que fueron muy buenos a la hora de crear algo nuevo y para siempre: mirar hacia sus mayores. Siempre fue el mejor camino para la invención. Y ahora sigue siéndolo.

El compositor y clarinestista Jörg Widmann es, seguramente, uno de los creadores más interesantes de la actualidad.

Primer acto: Elementos

La ópera es un género musical. Es muchas más cosas, pero hay una que nunca debe de perderse de vista y que lo determina todo: es música; una *clase* de música muy singular, pero música. (Es un error muy frecuente oír decir: «tal pieza no está cantada; sólo lleva música»). Si una ópera no funciona bien en el aspecto musical, cualquier otro *milagro* cualitativo que pueda producirse alrededor es una nadería. Sin un libreto no hay historia y, por extensión, ópera alguna. Pero sin una música que suene tras las palabras del texto que nos cuenta la historia, tampoco. Y la historia la ha de narrar/protagonizar alguien, pero no lo puede hacer como quien cuenta un cuento, recita una poesía o se transforma en un personaje teatral que habla. En ópera hay más: hay que cantar, lo que supone algo más que dar unas notas tras las que se dice un texto, como es fácilmente imaginable. ¿Se podría decir que se trata de algo parecido a la declamación en una pieza teatral? Pues sí y no: el parecido es todo el que pueda haber entre recitar y cantar, sin olvidar que lo uno y lo otro es mucho más que decir un texto o emitir las notas que acompañan a un texto.

Pero todas estas cosas, que quizá puedan sonar un poco a galimatías, nos van a llevar a tener que dar muchas explicaciones y ordenaciones previas al análisis de la morfología del género. Y de su sintaxis. Y de su naturaleza misma. Es posible que de esas pocas líneas anteriores con un poco de buena voluntad se haya podido sacar algo en limpio, pero más nos podrían parecer a nosotros palabras que incitan al enigma, si no a un lío pedante y en exceso adornado de altas intenciones; al lío palabrero.

Sin renunciar a ninguna de esas ideas, vamos a tratar de ponerlas en un cierto orden práctico. Procurando que se entienda lo que hay detrás, que es todo un mundo.

Los elementos que, en general y teóricamente, intervienen directamente en una ópera son:

a) El texto. Puede tener cualesquiera características. Un simple relato, más o menos dramatizado; o, algo más común, un texto poético. O incluso un conjunto de palabras de contenido y significado indeterminados, en busca de valores sonoros puros.
b) Una música, que interpretará un conjunto instrumental que puede ser de muy diversas características. Generalmente, una orquesta sinfónica, dando por entendido que este término va cambiando de significado a medida que transcurre el tiempo histórico.
c) El canto. Elemento esencial y determinante de la ópera. Los cantantes interpretan, como actores y como cantantes, el relato, la historia o, en general, el texto antes referido. A veces, muchas, hay un coro, que incluso en ocasiones puede llegar a convertirse en el verdadero protagonista de la historia.
d) El director musical.
e) El espacio escénico, la puesta en escena, el director de escena, la dirección de actores.

Tras cada uno de estos apartados laten realidades individuales muy diferentes, e incluso a veces en teoría poco miscibles, pero en una ópera no deben intervenir por separado; cada una de ellas sólo podrá alcanzar su sentido último dentro del todo cuando de manera coordinada con las demás acabe situándose al servicio de una idea común, o, lo que es lo mismo, de la propia ópera. Es obvio, sin embargo, que cada una está encuadrada en categorías creativas distintas, que, desde el primer momento, es indispensable ordenar por su importancia y determinación en la búsqueda del resultado final. En principio, lo primero es la palabra, el texto; todo lo demás vendrá luego. Como hablamos de una creación musical (canto y orquesta), es decir, un producto envuelto en unas cuantas subjetividades interpretativas y en distinto grado, una buena combinación de los elementos por sí sola tampoco determinará en su totalidad el fin deseado. Los encargados de encontrar la perfecta combinación final, sea más o menos aceptable, interesante, estupenda o auténticamente maravillosa, serán los intérpretes, al cabo los responsables de esa especie de juicio final que es la versión de la obra, aquí con el añadido de que hay, además del musical, otros valores susceptibles de ser valorados. Dicho de otra manera, la ópera es un género musical que exige una especie de *poliversión*, que recoge como elementos básicos el canto, la música instrumental o sinfónica, la escenografía, la plástica de los decorados y la puesta en escena de todo ello, pasando irremediablemente por la interpretación que de toda esa *multipartitura* puedan hacer los protagonistas: cantantes, instrumentistas, director musical y director de escena.

Porque, en ópera, como en todo producto musical, hemos de considerar dos estadios: la creación y la recreación interpretativa, esta última tanto más determinante para el observador cuanto más activa —y crítica— sea la contemplación que éste haga del resultado final. En la mayor parte de las composiciones musicales los aspectos subjetivos de una interpretación son más asequibles al orden para un juicio, para nuestro entendimiento crítico, ya que la ubicación de esos aspectos es mucho más unidireccional; la *colocación* de los resultados en nuestra mente resulta más sencilla, aun dentro de un grado de subjetividad extremo. En ópera ese orden en el juicio sufrirá las mismas subjetividades en la valoración de lo musical, pero estaremos más lejos de poder abordar una observación total del producto acabado sin hacernos más preguntas. En cuanto queramos entrar en un análisis más esclarecedor, o sencillamente enriquecedor, de la obra observada, nos daremos enseguida cuenta de que todo es más complejo, porque los diversos elementos, a su vez convenientemente expuestos, convierten el análisis y la propia comprensión en asunto de muchas caras. Percibirlas todas de una vez no nos va a resultar sencillo, si somos exigentes y queremos conseguir un grado de comprensión activo y crítico. Es decir, si aspiramos al disfrute pleno de lo que es, insistimos, complejo.

— 36 —
La palabra

Fue el origen de todo en el proceso de creación de una ópera. Por ello, al referirnos a los inicios de este espectáculo sólo podemos mirar hacia un lugar: la tragedia griega. La ópera en sus orígenes no es una creación hedonista, ni naturalista, ni contemplativa. Es una invención dramática, que se realiza en los conflictos producidos cuando las emociones que conviven en los seres humanos se ponen en valor, contrastan y enfrentan. Nos recuerda a la tragedia griega en los procedimientos, pero sobre todo en los objetivos: la provocación de sentimientos escondidos o inconfesables, como el miedo, la compasión o la nobleza, y particularmente en el enfrentamiento entre poderes y clases sociales, en la incomunicación entre personas que cometen errores, que se equivocan y que tienen el deber moral de dar solución a esos problemas o desaparecer para siempre. Sucede desde la que siempre se ha tenido como primera ópera de la historia, *Orfeo,* que se escribe sobre una historia de amor con condiciones. No se exalta en ella al amor como un sentimiento puro que conduce a los seres humanos a paraísos remotos, sino que se reflexiona sobre sus carencias, lo que produce inseguridad a los amantes, y hasta una clara imposibilidad de realización sin obstáculos. Eso se llama conflicto, o drama, si se quiere, aunque esta palabra encierre conceptos más complejos. Y eso estaba ya muy experimentado en su forma teatral antes de que la ópera empezara su andadura. La cuestión es que si al elemento dramático de la palabra hablada se añade otro —no menos dramático—, el musical, el hablar cantando puede llegar a multiplicar el efecto. Y ésa fue la idea que tuvieron los primeros operistas.

En principio, parece que no hay dudas. Primero, la palabra; después, la música. Era la manera en que Claudio Monteverdi, tras algunos escarceos anteriores que la historia ha enterrado, definió la nueva forma musical. La palabra se dice cantándola, y el canto añadido al valor propio de cada sílaba colorea su sonido, multiplica así su capacidad expresiva y consigue un discurso dramático más cercano, asumible y sencillo, porque explica aquello que todos llevamos dentro: las cuestiones que encarnan nuestras propias vidas cotidianas. Teatro cantado. Y música hablada. Tanto monta. Porque una cosa es poner notas tras unas palabras haciendo que los valores prosódicos formen la perfecta combinación, y otra dejar a la palabra expresarse a través de una ventana de sonidos; una cosa es convertir en un todo orgánico la combinación de la palabra y el sonido musical abstracto, y otra superponer música abstracta a un texto. Monteverdi fue el primero en ver que la ópera se debía desarrollar sobre esas dos ideas al mismo tiempo: la melodía que se entremezcla con el texto hasta la fusión de ambas en una sola cosa o la música que acompaña al texto, es decir, la música en abstracto que queda como ilustración del significado concreto del texto. Ambas combinaciones, que dan lugar al aria y al recitativo (reflexión y narración), son la base del género desde el primer momento.

Hay una idea básica: escribir un texto y añadirle una música. Tanto que es como una especie de principio ineluctable para una ópera. Sin embargo, no sólo de cómo se hagan cada una de esas dos cosas sino de cómo se combinen dependerá mucho que el resultado sea apropiado. En realidad puede ir (y de hecho ha ido a través de la historia) desde lo bueno a lo peor, pasando por el fraude. La razón principal por la que los últimos cuatrocientos años de historia están plagados de cientos de óperas malas y malísimas, y de numerosos intentos fallidos, muchas veces al borde de la trampa, es hacer una mala praxis de alguno de esos dos elementos, de los dos al mismo tiempo, o incluso de una mala relación entre ambos en la conjunción elegida. Y hay buenas razones para caer en esas malas maneras, comenzando por las que parecen más evidentes: ¿estamos hablando de que el autor de una ópera debe ser al mismo tiempo un gran músico y un gran escritor? ¿Es además necesario que sepa conjugar dos lenguajes tan diferentes para arribar a buen puerto? ¿Cómo imagina la música que ha de servir al texto, una vez escrito éste? ¿Imagina el texto sobre música ya imaginada? ¿Escribe antes la música y luego idea el texto, en una especie de versificación de los espacios musicales previamente existentes? ¿Lo hace todo al mismo tiempo? O ¿encarga el texto a otro? O

¿escoge un texto ya escrito, al que le adapta la música? O ¿escoge un texto ya existente y lo arregla para que funcione con la música añadida? Habría más preguntas, pero esas pocas nos meten ya en situación, como se suele decir en el teatro.

Con independencia de la procedencia y el proceso de realización del texto, al conjunto de versos (o al conjunto de la prosa) que conforma la base de una ópera se le llama libreto. Y, en teoría, y aunque la historia de las realizaciones operísticas esté plagada de buenos ejemplos para desmentirlo, si no hay libreto no hay ópera, y por consiguiente todo debe empezar por ahí. Y de hecho comienza por ahí casi siempre. Pero con matices. Un compositor de óperas lee libretos antes de decidir. O puede encargar uno al libretista en quien más confíe. O puede, si se siente capacitado para ello, escribirlo él mismo, huyendo de una subsidiariedad que para él pueda ser perniciosa. O puede querer un libreto basado en una obra de teatro ya existente. O sobre un hecho histórico real o personaje histórico verídico. Etcétera: en la historia del género se dan todas esas posibilidades, y más. Y no existe un elemento de juicio claro para decantarse por ninguna de ellas como posibilidad idónea. Refirámonos a algunas de ellas.

Creemos que Giuseppe Verdi y Richard Wagner, de los que ya se ha hablado en este libro y de los que, seguro, seguiremos hablando, por devoción y por necesidad, son, con toda probabilidad, los más importantes, y grandes, compositores de ópera en sus respectivas áreas lingüísticas. El primero no escribió nunca sus libretos; el alemán, siempre. ¿Quiere decir esto que las capacidades del segundo para inventar buenas óperas fueron superiores? En absoluto. La ópera nació en el siglo XVII con la vocación de aunar todas las artes —la música, la literatura, las artes plásticas y escénicas, etc.— , pero nadie como Wagner formuló ese principio de manera teórica y práctica, buscando una síntesis todavía más completa al aspirar a que el espacio escénico para sus dramas fuera también único. Hoy se sigue peregrinando a Bayreuth, al teatro que Luis II le financió, para ver sus óperas, lo que, dígase de paso, no es muy buena idea, dada la decadencia creativa a la que han llevado a ese teatro los herederos del propio Wagner, aunque compartan el mismo apellido. Éste habló de *Gesamtkunstwerk*, algo así como Obra de arte total, de manera que difícilmente podía permitir que nadie interviniera en la redacción de los libretos de las, por otro lado, pocas óperas que acabaría legando. Hay mucho escrito acerca de la calidad de los textos de las óperas de Wagner, de manera que no sabemos si merece la pena entrar en ese debate, por más que los traductores al castellano de los mismos que más confianza nos inspiran estén de acuerdo en la vieja idea de que si todo el tiempo que Wagner dedicó a hacer literatura, que fue mucho, lo hubiera dedicado a componer música, todos habríamos ganado bastante. Sin embargo, lo que podíamos denominar vieja guardia wagneriana defiende a capa y espada al poeta Wagner, situando en primer plano sus textos ante su música. Nosotros pensamos que muchos de sus libretos han perdido una, digamos, cierta vigencia moral, pero no somos en absoluto partidarios de desecharlos, y menos aún de modificarlos, caso de que tal cosa se pudiera hacer.

Edificio del *Bayreuther Festspiele* (*Festival de Bayreuth*), llamado *de la verde colina*, un teatro incómodo y caluroso, pero de perfecta sonoridad para las óperas de Wagner.

Por el contrario, si repasamos el catálogo de óperas de Verdi, a veces nos encontraremos con títulos como *Otello, Macbeth* o *Falstaff*, nombres que nos remiten a obras de teatro bien conocidas. Es decir, nos indican una manera de operar no ya distinta sino radicalmente distinta, porque ni siquiera la idea central en esas óperas se basa en libretos originales sino en obras de teatro ya existentes. Es necesario, pues, hacerse más preguntas. ¿Hay alguna relación entre las diferentes maneras de afrontar la elección de un libreto y el estilo de composición musical de cada autor? ¿Y entre esa elección y los objetivos dramáticos últimos perseguidos por el compositor? Y, todavía más: ¿entre las personalidades de cada uno, sus formas de vida, sus inquietudes, su manera de ser, de amar...?

La confrontación entre Verdi y Wagner es paradigmática. Verdi y Wagner, dos compositores de ópera absolutamente geniales. El agua y el aceite. La fuerza de la realidad y la ilusión de lo surreal. Vida vivida y vida imaginada. El rostro de la tierra y la vida sobrenatural. Hombre y Dios. Teatro y mito... y así podríamos continuar. Para Verdi el texto de sus óperas es el medio que le permite hablar de la realidad, que sublima con una música que entrelaza la tosquedad con el lirismo e, insistimos, ferozmente realista; para Wagner el texto es una declaración de principios sublimes que sublima con una música todavía más sublime; Verdi es la realidad, la fuerza descarnada de la realidad humana, imperfecta, agotadora, radicalmente emocionante, tremenda; Wagner habla de órdenes y desordenes no humanos, superiores, situados en un mundo virtual, donde la moral se mide no con actos tangibles sino a golpe de una particular —y a veces más que retórica— filosofía construida sobre la propia existencia. Verdi convence; Wagner enamora. Para Verdi, palabra y música se superponen en un mismo mensaje. Wagner no reniega del valor semántico de la palabra, pero la usa con distanciamiento de la realidad, como relato paralelo, pues la música es la verdadera encargada de explicar al mundo las pasiones, los anhelos, los códigos morales, los amores de sus criaturas. Todas esas diferencias, situadas en los extremos, nos permiten afirmar que bajo textos tan radicalmente distantes, las obras desarrolladas lo son en la misma medida. Pero no es que haya distancia entre las músicas de uno y otro, que la hay, sino que antes de eso, la auténtica distancia se ha marcado en la naturaleza y origen de los libretos. Éstos son los culpables de lo que luego sucederá al idear las músicas como expresión de esas ideas, situadas en las antípodas; como expresión de intenciones y voluntades emanadas de personalidades tan divergentes.

Y concretando, ¿cómo se mueven las temáticas escogidas por cada uno de ellos? Wagner no sólo escribió óperas. Dejó algunos chapurreos pianísticos y unas cuantas obras para orquesta. Pero su periplo compositivo recogió sobre todo óperas; trece títulos en total. Los dos primeros son piezas, si no olvidadas, sí aparcadas en ese limbo llamado obra de juventud que se suele aplicar a cualquier creador importante. Quizá incluso en un tono algo despectivo. Así si *Die Feen* (*Las hadas*), la primera de ellas, tiene un interés muy relativo, la segunda, *Das Liebesverbot* (*La prohibición de amar*), sería una creación mucho más celebrada si no estuviera firmada por él. Asunto que se hace todavía más evidente en su tercera ópera, *Rienzi, der Letzte der Tribunen* (*Rienzi, el último de los tribunos,* o simplemente *Rienzi*), una partitura excesiva escrita a rebufo de la moda parisina del momento, que dominaba un autor plagado de luces y sombras, el grandilocuente pero en ocasiones sorpresivo Giacomo Meyerbeer. Todas estas consideraciones, a las que musicólogos y críticos llevan dándole vueltas desde siempre, limitan el asunto a una producción reconocida y aceptada por todos de diez títulos: las óperas románticas *Der fliegende Holländer* (*El holandés errante,* también a veces conocida como *El buque fantasma,* traducción de *Le Vaisseau Fantôme,* título del fallido estreno en París), *Tannhäuser* y *Lohengrin;* los dramas *Der Ring des Nibelungen* (*El anillo del Nibelungo*), formada por un prólogo y tres jornadas: *Das Rheingold* (*El oro del Rin*), *Die Walküre* (*La valkiria*), *Siegfried* (*Sigfrido*) y *Götterdämmerung* (*El ocaso de los dioses*); *Tristan und Isolde* (*Tristán e Isolda*), *Die Meistersinger von Nürnberg* (*Los maestros cantores de Núremberg,* en realidad una comedia) y *Parsifal,* «obra escénica para la consagración de un festival», como la denominó el propio compositor. Wagner, escritor de sus libretos, renuncia desde el primer momento a mirar a su alrededor; a su propia realidad, en un tiempo y espacio escénicos que él encuentra políticamente nada favorables para la invención teatral. Tiempos de incertidumbre identitaria, de revoluciones, de enrarecido ambiente social. Y opta por mirar atrás, en un ejercicio de búsqueda que muchos identifican con un nacionalismo rancio, cuando no peligroso. Mira a las tradiciones del pasado, a la mitología alemana y nórdica, construyendo un universo político virtual que, ocioso es decirlo, es aprovechado por muchos para construir una ideología ultranacionalista, xenófoba, homófoba, antisemita, etc., etc. Sentimos muy poco interés por explicar, o siquiera tener en cuenta, la manera en que los libretos de Wagner influyeron en esas construcciones ideológicas, empezando por el nacionalsocialismo. Nos parece mucho mejor centrar los esfuerzos en tratar de descubrir cómo influyeron las temáticas escogidas en ese tipo de libretos en la propia música que Wagner escribió luego para que las palabras allí contenidas acabaran convirtiéndose en auténtica obra de arte. Sólo cuando se intenta analizar el contenido de esos libertos sin tener en cuenta para qué música fueron escritos uno se encuentra de bruces con realidades verdaderamente molestas. Es probable que tengamos que volver a esto en otra parte del libro.

Giuseppe Verdi compuso veintiséis óperas, el doble que Wagner, sin contar revisiones, segundas producciones, ampliaciones o reducciones. A diferencia de Wagner, cuenta con una importante obra independiente de su mundo operístico, con dos títulos importantísimos: una misa de réquiem y las *Quattro Pezzi Sacri* (*Cuatro piezas sacras*). Y también, a diferencia del alemán, tiene alguna que otra ópera fallida. Trabajó con más de diez libretistas distintos que escribieron para él sobre obras de Byron, Schiller, Hugo, Dumas, Voltaire, Shakespeare o los españoles Antonio García Gutiérrez (chiclanero, para más señas) y Ángel de Saavedra y Ramírez de Baquedano, es decir el Duque de Rivas, de cuyo *Don Álvaro o la fuerza del sino* salió el libreto de *La forza del destino.* Naturalmente, no toda la literatura vertida en todos los libretos de los que se ocupó Verdi para componer sus óperas alcanza la misma fortuna, pero hasta en los casos más flagrantemente flojos el músculo musical verdiano lo arregla todo: por ejemplo, en *Il trovatore,* ópera en la que los libretistas (Salvadore Cammarano y Leone Emanuele Bardare) quedaron vendidos ante la gruesa imaginación del mencionado Gutiérrez. Verdi, sin embargo, transforma en oro en el papel pautado aquello que sobre las páginas del libreto es puro enredo retórico, si no antiteatral por excesivamente novelesco. De los libretistas con los que colaboró habría que destacar en primer lugar a Temistocle Solera (empresario que estuvo un tiempo ligado al Teatro Real de Madrid y libretista en dos ocasiones de Emilio Arrieta), que escribió los libretos de *Oberto, conte di San Bonifacio* (la primera ópera de Verdi), *Nabucco, I Lombardi alla prima crociata (Los lombardos en la primera cruzada)* y *Attila,* títulos todos ellos de lo que podríamos denominar primer Verdi, y de los que el compositor habló como «obras de mis años de galeras». De la pluma de Salvadore Cammarano y Francesco Maria Piave, este último muy amigo de Verdi y, como él, ferviente defensor de la causa nacionalista italiana, salieron trece libretos. De los cuatro escritos por Cammarano *(Alzira, La bataglia di Legnano, Luisa Miller* e *Il trovatore)* los dos primeros fueron transformados en óperas pronto olvidadas; en los otros dos casos en piezas que dan el pistoletazo de salida a la auténtica ópera de personaje verdiana. Verdi trabajó junto a Piave desde el principio de su carrera (*Ernani, I due Foscari —Los dos Foscari—*, la primera versión de *Macbeth, Il corsaro, Stiffelio*), pero los éxitos llegaron a partir de *Rigoletto La traviata, Simon Boccanegra* y *La forza del destino.* Fue también el elegido para *Aida,* pero un ataque cardíaco le impidió trabajar en el proyecto. Con todo, el mejor libretista que encontró Verdi en su vida fue el también compositor Arrigo Boito, que escribió los textos para sus dos últimas óperas, ambas basadas en Shakespeare: *Otello* y *Falstaff,* esta última sobre *Henry IV* y *The Merry Wives of Windsor (Las alegres casadas de Windsor).*

Giuseppe Verdi y Richard Wagner representan dos maneras antitéticas de concebir el teatro en ópera. Pero al cabo, los dos nos hablan de lo mismo, de conflictos intergeneracionales; de padres que no entienden a sus hijos, de hijos que se alejan de sus padres… De la pura incomunicación, no importa que ésta se produzca entre seres reales o virtuales. En la foto, arriba, un óleo de Mariano Fortuny con la imagen de los gemelos Siglinda y Segismundo *(La walkiria)* en un abrazo de inusual pasión entre hermanos; abajo, un grabado de la escena final de *Il trovatore:* la gitana celebra la venganza; un fratricidio anunciado.

Pero no siempre los libretistas dan tanto juego. Hay autores —y autores importantes para la historia del género— que no manifiestan una postura intelectual tan decidida ante los libretos de sus óperas. Situados en el corazón del siglo XIX, cuando la ópera ya ha alcanzado su velocidad de crucero histórica, Verdi y Wagner, y algunos de sus seguidores —directos o indirectos—, y de sus posteriores detractores también, suponen el final de un cierto camino que, aun bifurcado, marca la meta. Pero antes de ellos dos, o al tiempo de ellos muchas veces, aparecen otros operistas que no se toman tan en serio —tan al pie de la letra, habría que decir— la relación entre el valor que ha de tener el libreto —tanto a título informativo como en el aspecto creativo— y la música que lo viste. Hay épocas en las que el público que consume la ópera hace reclamaciones más que discutibles acerca de otros elementos de la ópera: el canto, por ejemplo. Para este tipo de público (y que nadie se engañe; sigue existiendo, e incluso es legión) la prevalencia del canto sobre otras consideraciones en la ópera es total, y en ese sentido muestra una gran benevolencia a la hora de valorar determinados libretos. Hubo compositores que salieron de esa trampa con plena conciencia de lo que hacían, pero hubo otros, sin embargo, que mostraron una gran laxitud ante la cuestión, aunque el libreto de turno no ya es que pudiera ser malo, sino sencillamente mentiroso. Hay toda una franja operística desarrollada en casi todas las épocas en la que se aprecia especialmente esa falta de rigor: la ópera con personajes históricos reales. Las meteduras de pata o la simple irresponsabilidad de algunos compositores al aceptar escribir una música para desarrollar un libreto que narra hechos históricos de manera falsa es tenida por muchos como producto de una licencia aceptable por parte del autor del libreto para adaptar el asunto al formato operístico. Otros pensamos, como es lógico y natural, que no es así. Sirva como ejemplo lo que hizo Donizetti al escribir ópera sobre las reinas Tudor.

Gaetano Donizetti, avezado compositor de óperas donde los haya, escribió setenta y cicno óperas en poco más de diez años; Puccini y Wagner, juntos, necesitaron toda una vida para completar algo así como la tercera parte de esa producción. Esa creación en serie le fue posible por la extrema facilidad que tenía para repetir fórmulas, que por otro lado eran las que demandaba el público. Por supuesto, legó unos cuantos títulos de importancia, aunque probablemente no tanta como el público aficionado al bel canto se empeña en asignarle. Donizetti mostró un especial amor hacia lo inglés, aunque también pescó en otros caladeros no menos ricos en truculentas historias reales. Óperas como *Maria de Rohan, Gemma di Vergy* o *L'assedio di Calais* (*El asedio de Calais*) bucean en aguas francesas; o como *Linda de Chamounix,* que mira más hacia Centroeuropa; o como *Lucrecia Borgia, Marino Faliero* o *Parisina d'Este,* de temática italiana, conviven con piezas referidas directamente a las casas reales inglesa y escocesa: *Emilia di Liverpool, Il Castello di Kenilwooth, Rosmonda di Inghilterra o* la famosa *Lucia di Lammermoor.* Pero las Tudor fueron sus campeonas: tres óperas, *Anna Bolena, Maria Stuarda y Roberto Devereux,* que ahondan en los agitados reinados de la segunda esposa de Enrique VIII, María de Escocia e Isabel I de Inglaterra. Es cierto que se trata de personajes muy controvertidos, que han recibido juicios diversos, e incluso contrapuestos, por parte de los historiadores. Porque ¿fue o no Ana Bolena culpable de las acusaciones que le llevaron a su decapitación ¿Fue María de Escocia una mártir? Las respuestas a esas preguntas deben conducir al historiador al estudio y la investigación, pero ¿y al operista? Donizetti, y sobre todo sus libretistas, son una excelente muestra de lo poco que puede llegar a importar el rigor histórico en la aproximación operística. No importa que las óperas narren hechos históricos; sólo trascienden por el resultado musical, ya que el camino recorrido desde el escritor que adapta al personaje a su imaginario literario hasta el libretista, que simplifica el asunto todavía más, distorsiona los hechos de manera notable, en beneficio de la exaltación de los sentimientos, y sobre todo del soporte canoro, de las voces, y más concretamente de las voces femeninas; y, más todavía, del propio bel canto. En conclusión, hay que distinguir entre historia, historia novelada, libreto y resultado dramático y musical, cuando el final de la exposición histórica es una creación operística. No es seguro que a Donizetti y sus libretistas les preocupara mucho el asunto. ¿En qué basaron, fundamentalmente, su trabajo?

Gaetano Donizetti mostró una gran prodigalidad en su producción operística histórica. Pero quizá no siempre con igual fortuna.

Ana Bolena no era guapa, pero sedujo a Enrique VIII, hay quien ha dicho que más por lo que guardaba que por lo que mostraba. No fue una reina popular, ni siquiera una buena reina, pero, a lo largo de los casi cinco siglos transcurridos desde su ejecución, su imagen ha ido ganando casi al mismo tiempo que la de su marido ha ido suscitando antipatía. Así que cuando el personaje llega a Felice Romani, libretista de Donizetti (y que también lo fue de Verdi en su segunda ópera, *Un giorno di regno* [*Un día de reinado*], con tal éxito que no volvió a escribir una palabra para él), lo trata con una empatía que roza la benevolencia histórica. Ciertamente, ambos no sólo miraron hacia otro lado al trazar ciertos contornos del personaje, así como los de quienes lo rodearon, sino que cambiaron la realidad histórica en su beneficio. Quisieron una Anna Bolena que muriera con la fortaleza moral del inocente, sin ni siquiera plantearse su parte política más sórdida e intrigante. Romani, cuya fuente de inspiración para su libreto fue bastante polivalente, desistió de la idea de que la reina fuera decapitada en escena, dejando caer el telón sobre una Anna Bolena postrada. El compositor aceptó la línea de su libretista, pero como dueño de la música que iba a dar vida al personaje, lo dotó de hermosa delicadeza y sutil elegancia, algo para lo que poseía el mejor de los oficios en el tratamiento de las voces femeninas, pero también de una endiablada energía y un tono pasional irresistibles. El trabajo de Donizetti, en ese sentido, es decir, en el aspecto musical, no sólo matiza al de su libretista, sino que lo supera con mucho. Quizá Romani no lograra penetrar del todo sicológicamente en el personaje porque guardó hacia él un respeto tan grande que rozó el miedo a enfrentarse a su compleja traza humana. O dicho de otra manera, en esta ópera, al final lo que tenemos es una música aceptable para un libreto que se aleja de ella. Una grandiosa contradicción entre partes, producto de una escandalosa disfunción entre fondo y forma.

Romani no escribió el libreto para *Maria Stuarda.* El libretista de esta ópera, Giuseppe Bardari, el mismo que, ya mayorcito, trabajaría luego con Cammarano en el desaliño de *Il trovatore* verdiano, dispuso de bastante más material literario para adentrarse en el personaje, por otro lado de una complejidad histórica y sicológica de, todavía, mayor envergadura. María fue evocada por Walter Scott en su famosa balada de la dama del lago, pero en manos de Schiller (cuya *Maria Stuart* es la base de la ópera de Donizetti) ascendió unos cuantos peldaños dramáticos. El dramaturgo alemán habló de la Estuarda en sus últimos momentos, inscribiéndola en un fogoso drama romántico; el autor de *Los bandidos,* una década más tarde, diseña un drama cuyo punto culminante es el encuentro de María e Isabel, las dos reinas que nunca se vieron, pero que el escritor enfrenta en el tercer acto de su obra, haciendo saltar chispas en escena. El libreto para *Maria Stuarda* lo escribió un Bardari de diecisiete años, que, claro, no tenía muchos méritos literarios (años después participaría en la traducción que de *Los bandidos* realizara Andrea Maffei para *I masnadieri —Los bandidos—*, de

Verdi). Desbordado por el largo original de Schiller, tuvo que hacer unos cuantos e importantes recortes. Desde el punto de vista histórico, la trama es tan anacrónica como la que presenta la obra de Schiller, pero resulta mucho más endeble y menos creíble en lo teatral. Por todo ello, limpio ya el libreto de argumentos paralelos y ramificaciones políticas, en Donizetti lo que realmente queda es la confrontación de las dos reinas, un hecho histórico que hoy calificaríamos de auténtica *fake news*, pero que los aficionados a la ópera aceptan como algo perfectamente natural.

Pero como en ópera nada acaba siendo lo que parece, hay autores que, desafiando a la historia, a los hechos, son capaces de construir obras que acaban seduciéndonos. Nos hemos ya referido a determinadas óperas con argumento histórico, abundando en los importantes problemas que crean a la dramaturgia del resultado. Pero hay títulos que se resisten a esa crítica, o al menos son acreedores de un comprensivo perdón. Es el caso de *Don Carlo,* de Verdi, una pieza que sigue planteando dudosas interpretaciones valorativas en el tratamiento histórico de los personajes, pero ante la cual tomamos un partido más que benevolente: la vemos como una obra maestra. Verdi, al recibir el encargo de la Ópera de París, trabajó sobre un libreto de Joseph Méry, un ardiente poeta francés que falleció antes de concluir su trabajo. Lo completó Camille du Locle, director de teatro y personaje público que llegó a tener puestos de responsabilidad en la Ópera de París y la Opéra-Comique. El libreto se basó en la obra teatral de Friedrich Schiller *Dom Karlos, Infant von Spanien* (*Don Carlos, infante de España*), un drama producto de la mejor marca Sturm und Drang, y, en general, inspirado en bastantes aspectos de la Leyenda Negra española. Verdi centrifugó esta compleja mezcla bajo su experta mano de hombre de ópera, para firmar su última obra de corte romántico puro, y el final de un camino estilístico que comienza en *Rigoletto* y prosigue con *Il trovatore, La traviata, Simon Boccanegra, Un ballo in maschera, La forza del destino* y *Macbeth.* Después de *Don Carlo* llegarían *Aida, Otello* y *Falstaff.* Las tres, por unas razones u otras, productos situados fuera de la línea romántica imperante y, en el caso de las dos últimas, auténticos saltos a la modernidad.

El argumento de la obra de Schiller gira en torno a las relaciones cruzadas entre el rey Felipe II, su hijo Don Carlos y la princesa Isabel de Valois, convertida en reina tras contraer matrimonio con el rey, al que dio cinco hijas de las que solo sobrevivieron dos. Y ello enclavado en un 'paisaje natural' dominado por el poder de la iglesia, en el drama encarnado en la figura del Gran Inquisidor. Naturalmente, los libretistas de Verdi, luego, cortaron y añadieron lo necesario para convertir los textos de los cinco actos de la obra de Schiller en un poema cantable. Prescindieron de algunos personajes, como los del Duque de Alba o la tercera hija que Isabel de Valois dio a Felipe II, la infanta Isabel Clara Eugenia, y cambiando el peso y el carácter de algunos roles, como los de la propia Isabel y el Marqués de Posa. Los libretistas también omitieron la parte del texto que Schiller puso en boca de Felipe II al referirse a la derrota de su Armada. Hicieron bien: la debacle marítima se produjo mucho después de la muerte de Carlos.

Don Carlos (con *ese* en el original, que perdió al ser la ópera traducida al italiano) fue hijo de la primera esposa de Felipe II, su prima María Manuela de Portugal. Esta murió a los cuatro días de nacer el niño, que al crecer se convirtió en un ser endeble que nada tiene que ver ni con el héroe que nos entrega Schiller ni con el personaje de Verdi, pues fue un hombre de escaso atractivo físico , un poco lunático y un inútil para los asuntos de Estado. Fue muy maltratado por su padre por las simpatías que sentía por los rebeldes flamencos, y aunque es muy probable que ello influyera en su muerte, no hay constancia de que ésta se produjera por voluntad directa del rey. Schiller no carga tintas en el personaje de Felipe II, al contrario de lo que hace con el Inquisidor, pero lo sitúa al en el epicentro de la Leyenda Negra. En cuanto a la relación del rey con la princesa, en Schiller pasa inadvertida, por obvia: es evidente que Felipe II estaba totalmente *colado* por esa mujer, y que los amoríos entre ella y su hijo Carlos envenenaron su vida. El meollo del drama del escritor alemán no está en ese triángulo (que Verdi sitúa en primer plano en su ópera), sino en la figura de Rodrigo, marqués de Posa, hombre de ideales libertarios, pero políticamente retórico y populista. Más Leyenda Negra. La reina

Isabel es en Schiller un personaje político de una pieza, y menos la mujer enamorada en que la convierten los libretistas de Verdi. Y en fin, en Schiller al final Don Carlos es entregado a la Inquisición por su padre para ser ejecutado, un asunto que vuelve a situarse en el centro de la corriente histórica que todos conocemos. ¿Qué postura adoptan Verdi y sus libretistas ante todo eso?

Pues dicho en pocas palabras, la de unos creadores de ópera; no la de unos historiadores. Verdi simpatizó con los presupuestos políticos planteados por Schiller, pero cambió muchas cosas. Por ejemplo, dio un tono más femenino a la princesa (ahora Elisabetta) y un carácter dominante a su dama, la princesa de Éboli; es decir, puso en marcha a la soprano y la mezzosoprano. Acercó ideológicamente los personajes de Don Carlo y Posa (tenor y barítono), situando en primer plano el carácter viril propio del revolucionario, y dignificando sus respectivas personalidades para acentuar su humanidad. Sin discutir el despotismo de Felipe II (un bajo, con lo que ya están en escena las cinco cuerdas vocales de la gran ópera), lo suavizó descargando tintas en el Inquisidor (otro bajo: el *alter ego* de Felipe), y, sobre todo, salvando a su hijo. En la ópera Don Carlo no muere; ni siquiera se especula sobre eso; simplemente huye, acción resuelta teatralmente mediante una argucia operística muy discutible, por endeble, eso sí.

Ni históricamente de manera fehaciente ni siquiera en el drama de Schiller con total claridad, ni mucho menos en la ópera de Verdi, se constata que Felipe II entregara a la Inquisición a su hijo para ser ejecutado. Sin embargo, hay directores de escena que han entrado en esa polémica adoptando decisiones que no atienden a las directrices del libreto de la ópera. Prácticamente en máquinas este libro, el Teatro Real, de Madrid, ha abierto su temporada operística con un montaje para *Don Carlo* firmado por David McVicar, un respetado y muy inteligente director de escena británico. Su decisión: la ópera se cierra no con la huida de Don Carlo sino con su muerte, en un apuñalamiento por parte de la guardia real en presencia del rey y el Gran Inquisidor. Como explicaremos en otro lugar del libro, estos dos han tenido un terrible enfrentamiento en un maravilloso (¡tremendo!) dúo, una verdadera pelea de gallos para delimitar quien verdaderamente manda: el poder político o el poder religioso. Y Verdi pone ahí en boca de Felipe II su negativa a acabar con su hijo cuando el Inquisidor se lo exige. Lo llama fraile, y lo manda fuera del recinto. Y claro, no se trata (o debería de tratarse) de que históricamente eso sea o no cierto. De lo que se trata es que Verdi defiende con muchísimo fundamento operístico su decisión, y ello sin bajar la guardia en sus odios por el dictador. En ese dúo Verdi viene de mostrarnos los puntos débiles del rey en una famosa aria, en la que el monarca aparece vencido por su incapacidad para conseguir que su esposa deje de amar a su hijo. Es decir, Verdi no duda en hacer bajar a la tierra al hombre más poderoso del planeta. Y aunque hay documentos reveladores de la aversión que Verdi sentía por Felipe II, sin duda alentada por la expansión de la Leyenda Negra durante el siglo XIX, no deja de tomar la decisión que toma: salvar a Don Carlo. Si no estaría bien condenar la actitud de McVicar por haber tomado la suya al hacer exactamente lo contrario, al menos es lícito preguntarse por qué lo hace en un país en el que todavía está muy reciente la polémica planteada por la profesora María Elvira Roca Barea en su muy difundido libro *Imperiofobia y leyenda negra: Roma, Rusia, Estados Unidos y el Imperio español,* es decir, lo último de lo último en materia de Leyenda Negra. Seguro que McVicar conoce este texto, y por ello es legítima su interpretación. Pero hay una cuestión que no queda salvada: saber si el ámbito de la literatura, del ensayo histórico, de la opinión de cualquier índole puede desembarcar a orillas de la ópera para cuestionar la propia naturaleza de la libertad del creador frente a la del intérprete. Libertad de creación frente a libertad de expresión. Obviamente es un asunto apasionante que adquiere una excitante realidad en el mundo de la ópera de hoy.

Otros, sin embargo, orean ese tipo de problemas de manera mucho más elegante. Por ejemplo, yendo directo al asunto, aunque también haya mucho dramatizado de antemano. Richard Strauss dio un inmenso salto en su carrera operística al escribir su ópera *Salomé,* con texto de Oscar Wilde. Y si nos ha sido fácil criticar a Donizetti en su tránsito por temáticas intrincadas, y para colmo falseadas, deberíamos al menos ser cautos al hacer valoraciones ante el hecho de que Strauss (que desde luego está a años luz de Donizetti en todo) recalara en la figura de Salomé como asunto para su ópera del mismo nombre. Sí; *Salomé* nos puede gustar más que todo Donizetti junto, pero sin perder de vista que cuando el personaje de la perturbadora muchacha cae en manos de Strauss ya ha pasado por muchas otras, y además lo que le llega de él está bastante deformado. Los evangelios de Mateo y Marcos hacen referencia a la conocida historia de la decapitación de Juan el Bautista como premio para una bailarina que había hecho las delicias del libidinoso Herodes, desnudándose en una frenética danza en la que se iba desposeyendo de la ropa. No consta en ninguno de los dos el nombre de la chica, y sólo se tiene noticias de ella mucho después, pero como una mujer felizmente casada y madre de familia. Una imagen alejada de la joven adolescente bailarina que nos entrega Wilde, enamorada de Juan el Bautista, del que se venga al ser despreciada por él, reclamando su cabeza en una bandeja de plata. El personaje fue evolucionando literariamente en manos de otros escritores, desde el poeta François Villon («Dejó Herodes —¡cómo sudaba!— que la cabeza de Juan rodara por Salomé, que le bailaba. ¡Feliz de aquel que a Amor no cede!», de su poema *Doble balada*), hasta Flaubert, que, fascinado por el áureo abigarramiento de los cuadros en los que Gustave Moreau retrata a Salomé, sitúa la danza en el centro de su último cuento, *Herodías*. Pasando por el poeta alemán Heinrich Heine, que en su poema *Atta Troll* hace aparecer la figura de Herodías cabalgando con la cabeza del profeta Juan (en realidad una Salomé transmutada en Herodías). Hasta llegar a Wilde, con el que Richard Strauss se entusiasma hasta el extremo de utilizar como libreto para su ópera la traducción al alemán del original (de Hedwig Lachmann, traductora también de Poe y Tagore). O sea, sin especular más, yendo al grano que más trigo guarda. Richard Strauss cortó algo, eliminó algún personaje, y nada más. De manera que *Salomé*, su primera ópera importante, es una obra basada en un Wilde puro; un inquietante Wilde que convierte en protagonista de la obra a la joven hija de Herodías y renombra al profeta Juan (Jokanaán), incidiendo en su condición de enemigo político de Herodes. Salomé pide la cabeza de Jokanaán para vengarse por el rechazo a que éste la somete: «No quisiste dejarme besar tu boca; ahora yo besaré la tuya; la morderé con mis dientes como a un fruto maduro», le susurra a la cabeza del profeta, yerta sobre la bandeja. Naturalmente tras una sesión de danza que siempre perturba a los directores de escena, obligados a pedir que se desnude a la soprano de turno, algo que pocas están dispuestas a hacer. *Salomé,* de Richard Strauss, es una obra maestra de la historia del género desde el mismo libreto, cosa nada común en una forma musical, la ópera, en el que la tensión entre palabra y sonido ha ido creciendo a medida que han ido pasando los años, los siglos. De manera que la figura del libretista se hace primordial para esos avances, aunque el consumidor de hoy, cuando paga su entrada y se sienta en su butaca, caiga continuamente en la tentación de poner más en valor otros aspectos del espectáculo. Volveremos a esto más adelante, pero no sin antes hacernos otra pregunta: ¿qué pasó con Strauss tras *Salomé?* ¿Encontró a su libretista ideal? ¿Escribió él mismo los libretos para sus óperas? La pregunta es pertinente, pues dado por sentado que fue un compositor nada heredero del *verdismo* sí, en cambio, y por pura lógica, tuvo mucho que ver con el *wagnerismo* después de Wagner.

Hugo von Hofmannsthal. Ése fue el nombre del escritor llamado a cambiar el rumbo del Strauss operista tras el soberano esfuerzo realizado en *Salomé.* Strauss había dicho a sus amigos que después de esa ópera había quedado agotada su capacidad para hacer tragedia. Pero su primera colaboración con Hofmannsthal fue *Elektra,* una obra mucho más radical y, literalmente, salvaje. Y seguidas, tras *Elektra,* vieron la luz *El caballero de la rosa, Ariadne auf Naxos* y *La mujer sin sombra,* todas ellas con ese mismo libretista. El siguiente título fue *Intermezzo,* en la que el propio Strauss se encargaría del libreto, para que Hofmannsthal volviera a trabajar con él en sus dos siguientes partituras operísticas, *Die ägyptische Helena* (*Elena Egipciaca*) y *Arabella.* En la siguiente producción, *Die schweigsame Frau* (*La mujer silenciosa*), entró como libretista Stefan Zweig, y los textos de sus últimas cuatro óperas fueron escritos por Joseph Gregor (*Frie-*

denstag —Día de Paz—, Daphne, Die Liebe der Danae —El amor de Danae—) y, junto al propio compositor y sobre un texto inicial de Stefan Zweig, por el mencionado Gregor y el director de orquesta Clemens Krauss, *Capriccio.*

Strauss no quería volver a la radicalidad tras *Salomé,* pero lo hizo porque se quedó fascinado con lo que vio, cuando en el otoño de 1905 asistió a una función, dirigida por Max Reinhardt, en la que se representaba una adaptación de *Electra,* la tragedia de Sófocles, escrita por Hofmannsthal. Se dio cuenta enseguida Strauss que aquello era realmente algo nuevo; que su enamoramiento de la palabra de Wilde tenía que pasar a un segundo plano, en favor del movimiento, del gesto, de la expresión corporal del teatro. Se corrigió. Se impuso llevar ese texto a una ópera, olvidándose del cansancio trágico en que le había dejado sumido la elaboración de *Salomé.* Aplazó así su proyecto de composición de una comedia, que era lo que en ese momento quería, y se adentró en su ópera orquestalmente más tremenda, sicológicamente más espesa y visualmente más violenta (véase nuestro anterior libro). Pero no se le fue de la cabeza poner música a una comedia, y con más motivo ahora que había descubierto a un libretista en quien confiar. Para Strauss trabajar con un escritor de tanto porte literario y, a la vez, demostrada independencia, era una garantía, así que le planteó la idea, en principio, de escribir algo sobre Casanova. Pero Hofmannsthal, tan gran artista como personaje complejo, aceptó con la condición de que primero escribiría una obra de teatro y, después de ser representada, un libreto para la ópera. El choque de trenes estaba servido. Pero a pesar de éste, y algunos más, la colaboración entre ambos continuó. Casanova quedó en barbecho, primero, y fue sustituido por otra idea mucho más interesante: «Tiene dos grandes papeles, uno para barítono y otro para una chica encantadora disfrazada de hombre...», le decía Hofmannsthal a Strauss en una carta fechada el 11 de febrero de 1909. Éste fue el principio de la que acabaría convirtiéndose en la ópera más famosa (¿mejor?) del tándem Strauss-Hofmannsthal: *El caballero de la rosa.* En otra parte del libro volveremos a ella. Como seguramente también a alguna otra de Strauss.

Prosigamos con ejemplos vistosos en el mundo de los libretos de ópera, ciñéndonos ahora a un par de casos en el área francesa. Strauss acudió a Wilde, pero tocando poco de Wilde. Eso ocurrió en 1905. No había costumbre de hacer algo así en la época, todos recurrían a libretos «basados en». Así, cuarenta y seis años antes (¡sólo!), el compositor francés Charles Gounod escogió a otro gigante de la literatura para escribir una ópera, *Faust.* Y para más inri, su obra más grande. Nos referimos a *Faust,* de Johann Wolfgang von Goethe. Y con independencia del resultado musical, altamente discutible, estamos ante una de esas óperas en las que el libretista (libretistas: Jules Barbier y Michel Carré) no son capaces de desplegar los elementos indispensables para, antes de contar la historia, definir el espíritu del original. Nunca se sabrá qué habría sucedido si Gounod, como hizo Strauss en *Salomé,* se hubiera decidido por el texto original de Goethe, o parte de él al menos, para su ópera. Poca cosa, a juzgar por lo que musicalmente acabó siendo la obra, un cúmulo de escenas sin sentido, entre las que, de vez en cuando, se puede escuchar una bonita aria. Y es que demandar un libreto sobre una obra literaria tan compleja como ésta puede fácilmente convertirse en una especie de suicidio anunciado (seguro que nos volveremos a referir a este asunto más adelante). Esta ópera (quizá con *Roméo et Juliette)* es la única de Gounod que se ha mantenido en repertorio, pero de manera harto insólita. Hay, por el contrario, óperas que resultan cruciales para el género. Casi siempre por razones musicales. Pero es muy probable que unas cuantas no hubiesen alcanzado esas alturas si sus libretos no hubieran venido firmados por determinados escritores.

Otro ejemplo, que merece una especial atención por tratarse de un libreto de muy singular recorrido para una ópera de complicado proceso creativo, es el de *Los cuentos de Hoffmann.* Jacques Offenbach, el autor de su música, ni se llamaba Jacques (sino Jakob) ni Offenbach (sino Eberts). Hijo de un director musical en una sinagoga de Colonia, éste adoptó el apellido del nombre de la ciudad donde naciera, Offenbach am Main, y Jakob hizo lo propio al poco tiempo de llegar a París —apenas cumplidos los catorce años— con su hermano Julius en busca de fortuna musical. Offenbach se preocupó de perfeccionar su francés desde el primer momento, pero no perdió el acento alemán en toda su vida, lo que le vino bien para vender su producto, pues lo dotaba así de un cierto tono *exótico*. En la capital francesa vivió y triunfó, escalando puestos desde su inicial empleo como violonchelista en la Orquesta de la Opéra-Comique, quizás gracias al *gusanillo* lírico que por aquel entonces le introdujo en el cuerpo el compositor y pronto consejero y amigo Fromental Halévy. Trabajó en diversos teatros, hasta que la Exposición de 1855 le ofreció su primera gran oportunidad: Offenbach alquiló el Teatro Marigny de los Campos Elíseos y allí abrió la primera temporada de una ocurrencia llamada Bouffes Parisiens. El que acabaría siendo el compositor de operetas más famoso de su tiempo comenzaba a abrirse paso. En un París donde Luis Napoleón había restaurado el Imperio, las operetas de Offenbach no sólo compitieron con fundamento con la ópera grande, sino que de alguna manera abocaron a sus más egregios representantes a probar suerte en el género, lo que acarreó una notable competencia: Meyerbeer triunfa con la pesadísima *L'Etoile du Nord*, mientras que Offenbach depura su lenguaje para llegar a éxitos tan reconocidos como *Orphée aux enfers* (*Orfeo en los infiernos*), que contiene el cancán más famoso de la historia, o *La belle Hélène*, una estimable página. Y en esa guerra abierta entre estilistas de la *opéra-comique* (la oficial) y Offenbach es evidente que a éste se le negó el pan y la sal. He aquí la primera razón por la que, más tarde, aun en condiciones deplorables, pues los ataques de gota que siempre padeció le estaban causando ya estragos en su cuerpo, se empeñó en sacar adelante una ópera. Pura vergüenza torera, que a la postre dio vida a una de las óperas francesas más populares, aunque nuestras dudas acerca de su calidad musical cada vez sean más grandes. De esos desplazamientos estilísticos nacieron, por ejemplo, las ya referidas *Faust*, de Gounod, o, del mismo autor, *Roméo et Juliette*, esta vez mirando hacia Shakespeare. Las salas parisinas más operativas fueron la Favart, de la Opéra-Comique, y el Théâtre Lyrique, del Châtelet. La primera conoció el estreno de las dos piezas de Gounod, pero para la segunda nacieron *Carmen*, de Bizet, esta *Los cuentos de Hoffmann* y, años después, *Pelléas et Mélisande* de Debussy, para nuestra forma de ver, junto con *Carmen* las dos únicas óperas francesas de la época que merecen de verdad la pena. Pero quizá hubo alguna razón más para que Offenbach, con fe de hierro, se lanzara a una piscina de aguas tan turbias para él como la ópera cómica: a la caída de Napoleón III la opereta dejó de ser moneda de cambio social, pues ya no se veía bien un género tan liviano ante los vientos republicanos que soplaban. Offenbach, de hecho, y según la prensa de entonces (la Asamblea depuso al emperador en 1870) «un hombre del Imperio», estaba a punto de llegar a su opereta número 100 y las cosas ya no le funcionaban bien. Razón de más, pues, para verse obligado a dar una vuelta de tuerca importante a su carrera; tenía que entrar en el selecto círculo de la Opéra-Comique, y aunque no llegó a verlo con sus propios ojos, acabó consiguiéndolo con *Los cuentos de Hoffmann*.

E.T.A. Hoffmann, en un dibujo a lápiz de Wilhelm Hensel.
Hensel era cuñado de Mendelssohn y muy amigo del escritor.
El dibujo se realizó un año antes de la muerte de Hoffmann.
Acred.: Nationalgalerie, Staatliche Museen Preussischer Kulturbesitz, Berlín.

Unas palabras sobre Ernst Theodor Wilhelm Hoffmann, o sea E.T.A. Hoffmann. Este individuo, que cambió su tercer nombre por el de Amadeus, tal era su devoción por la música de Mozart, murió en 1822, antes de cumplir los cincuenta y cuando Offenbach tenía tres años. Fue hombre de leyes, político, pintor, dibujante, caricaturista, crítico, compositor, director de orquesta, hasta tramoyista, y, por supuesto, el poeta y escritor que todos conocemos. No fue un músico genial, pero sus once óperas (de las que una, *Undine —Ondina—*, ha resistido el paso del tiempo) unen la tradición lírica alemana inaugurada por Gluck y Mozart con el camino abierto por Weber y Marschner hasta llegar a Wagner. Sus cuentos y relatos cortos son de carácter fantástico, a veces; otras cómico-grotescos, pero siempre calurosamente poéticos y, en casi todas las ocasiones, historias de amor, directas o indirectas, en las que las situaciones y los personajes se ven envueltos en misterios que suelen rozar lo irreal. Producto del primer romanticismo alemán, Hoffmann fue heredero directo del *Sturm und Drang*, pero también de las primeras corrientes nacionalistas y antisistema opuestas a la primera revolución industrial, con el consiguiente corolario: echar una mirada hacia atrás en busca del mundo medieval. Y los libretistas de *Los cuentos de Hoffmann,* Barbier y Michel Carré, los que también firmaron *Faust,* de Gounod, fueron, pruebas de ello no faltan, dos franceses preocupados por lo germano de cuyo *francesismo* no se puede dudar (no hay más que leer su contorneado y un tanto bajo en calorías libreto para la ya mencionada *Faust* de Gounod), y que seguramente dieron mucho más de sí cuando se fijaron en la literatura alemana. El ejemplo más preclaro de ello fue la idea de escribir una comedia de *literatura dentro de la literatura,* tomando como base varios cuentos de Hoffmann y convirtiendo al propio autor, Hoffmann, en protagonista. La obra, *Les contes fantastiques d'Hoffmann,* fue estrenada en París, en el Teatro Odeón, en 1851, y, con toda lógica, al entonces inexperto Offenbach, que asistió en primera fila a la función, le gustó para convertirla en ópera, aunque, con buen sentido, ni lo intentó. Sólo veinticinco años después, muerto ya Carré, Offenbach recuperó la pieza para abordar su ópera.

Barbier y Carré recurrieron para su comedia a tres cuentos de Hoffmann: *El hombre de arena, El violín de Cremona,* que ha sido muchas veces publicado con los nombres de *El Consejero Krespel, Antonia canta* o *El canto de Antonia;* y *La aventura de la Noche de San Silvestre* (también conocido como *El reflejo perdido*). *El hombre de arena* narra el amor imposible del joven Nataniel por la muñeca animada Olimpia, construida por un óptico que practica el oficio de vendedor de barómetros y un físico de gran ilustración tecnológica. Nataniel, que tiene una novia formal, se desespera cuando Coppelius y Spalanzani, en una cruda discusión acerca de la autoría de la construcción de la autómata, acaban destrozándola. La cuestión de fondo es si los ojos, la mirada de la muñeca, son más importantes que su físico. Al cabo de esta, en fin, disquisición metafísica sobre cuerpo y alma, el final no puede ser otro: el inseguro Nataniel se quedará sin novia y sin muñeca.

En el segundo cuento Hoffmann relata a sus amigos, los miembros del ínclito Club Serapion, en una noche de viento y nieve, de humo de pipas y una considerable cantidad de alcohol, la historia de un coleccionista (¡y desmontador!) de violines, el consejero Krespel. El narrador nos informa de la desdichada vida que Krespel comparte con su hija Antonia, habida de su matrimonio con una voluptuosa cantante italiana. Antonia, como su madre cantante sublime, enamora al joven músico Teodoro, del que se ve obligada a separarse a la muerte de su progenitora y tener que viajar desde Italia a Alemania para vivir junto a su padre. La tragedia sobreviene cuando Antonia canta ante éste. El esfuerzo la desvanece y el diagnóstico pronto se hace realidad: cantar la mata. De manera que la elección es sencilla: o la gloria artística o una vida tranquila con marido y padre. Y Antonia elige: seducida por el sonido de uno de los violines de su padre (¡su propia voz!), canta y, claro, junto al violín de Cremona, esta vez sin desmontar, muere. La conclusión de Hoffmann aquí también es clara: entre vivir como uno quiera o como a uno le dejen, es preferible lo primero.

El tercer relato se compone de cuatro partes, un prólogo y un *post-scriptum*, según una técnica muchas veces utilizada por E.T.A. Hoffmann para descolocar al lector y plantearle dudas, es decir, eso que más tarde se conocerá como *suspense*, un juego calculado entre realidad y fantasía mediante el buen uso de la agógica visual. En el cuento es el mismo autor quien se dirige al lector (en boca del protagonista, Spikher), en un encendido relato de amor en el cual aparece la bella y sensual Julia como paradigma de virtudes espirituales, pero también como codiciado objeto de deseo carnal, que confiere a la proclama una magnífica tensión erótica. Hay después una tertulia en una taberna, donde los hombres no tienen sombra, seguramente perdidas por arte de inconfesables trueques amorosos patrocinados por el diablo. Y más tarde se presenta el sueño alucinado de Erasmo (otra cara del mismo Hoffmann), una provocación de la tremendamente bella y deseada Julia (en realidad la cara dulce del demonio Doctor Dapertutto) para que Erasmo abandone a su esposa y a su hijo a cambio del disfrute eterno de las artes amorosas de Julia. Otra vez la indecisión del protagonista le conduce a la soledad. Moraleja: más vale matrimonio en mano que mil amores de fábula volando.

Está bastante claro que Offenbach se metió en un buen lío aceptando poner música a un libreto escrito bajo semejantes premisas. Como en tantas ocasiones sucede con la ópera del área francesa, hay latente en la planificación literaria de la obra una especie de autocensura por razones comerciales, marcadas éstas por unos gustos del público, para qué engañarnos, francamente pobres. Barbier, fallecido ya Carré, tuvo que reescribir la historia, pero para un compositor de operetas que quería despedirse del mundo con una ópera seria, o lo que es lo mismo, transformar la obra que había escrito con el ya desparecido Carré dos décadas y media antes en pleno ataque germanófilo de juventud, en un texto que no perdiera ese espíritu pero que pudiera *sonar en francés*, menos oscuro, más moralista y al estilo *opéra comique*. Y con una música con la que Offenbach debería perfumar el gótico catedralicio de su Colonia natal, aun sin perder la marca, las maneras que le habían hecho famoso en Francia. En cierta manera era una aspiración nunca hecha efectiva para el alemán afincado en la ciudad del Sena y, desde luego, de mucha mano derecha habría de servirse —él, pero también el libretista— para no decepcionar, o sea, para, otra vez, triunfar. Y así fue, hubo triunfo (cien funciones tras el estreno) y lo ha seguido habiendo hasta hoy, por más que el precio a pagar por sus autores tuviera que ser la ambigüedad estilística que recorre la partitura, aunque, a la postre, la responsable de la magnífica popularidad de que goza la pieza.

Offenbach comenzó a trabajar en la partitura en 1877 sin perder la esperanza de que sus operetas todavía le funcionaran; de hecho, al mismo tiempo que escribía para los *Cuentos* estuvo poniendo notas a *La fille du Tambour-Major* (*La hija del tambor mayor*). Por primera vez no trabajaba a contrarreloj; ahora su partitura avanzaba muy lentamente, escribiendo y repasando con minuciosidad, y también disfrutando de un trabajo que hacía ya tiempo se había convertido en fastidioso oficio. La composición se prolongó durante todo 1878, año de la siguiente Exposición Internacional de París, para la cual, cómo no, el compositor, sin la suerte que tuvo en la de 1855, ofreció sus servicios. Pero todavía hubieron de transcurrir varios meses para que la partitura quedara preparada. El 18 de mayo de 1879 Offenbach organizó una audición privada con «tres o cuatro trozos terminados», según rezaba la invitación cursada a los más de trescientos invitados, entre los que se encontraban los posibles encargados de la futura puesta en escena; naturalmente el gato se lo llevaría al agua el director de la Opéra-Comique, Léon Carvalho, a quien Offenbach prometió enviarle la partitura acabada en octubre de ese año. Pero la orquestación de *Le fille du Tambour-Major*, por un lado (la opereta se estrenó en diciembre) y el durísimo invierno de 1879-1880, con temperaturas de hasta quince grados bajo cero, no le permitieron, molido por el reuma, avanzar demasiado en sus *Cuentos*. Durante el verano, y quizá por primera vez en su vida, fue extraordinariamente poco productivo (su médico decía que del cuerpo de Offenbach ya no quedaba casi nada: ¡imagínense, nada en un cuerpo del que se comentaba era el más delgado de París!), pero Carvalho, que quería para la obra una puesta en escena por todo lo alto, le presionaba recordándole que el estreno estaba programado para el invierno. A trancas y barrancas, Offenbach dio por concluida la partitura para piano, pero no había orquestado ni una nota. En septiembre, a pesar de su debilidad, trabajó mejor; prácticamente no comía, alimentándose de ponche caliente. Llegaba la hora de la verdad, y él se daba cuenta por momentos de que, efectivamente, en su escritorio estaba su testamento musical; el 4 de octubre pidió el manuscrito de la obra, y todavía hizo correcciones. De pronto, en pleno trabajo, se echó la mano al corazón, y con un hilillo de voz dijo: «Me duele». Aguantó hasta las tres y media de la madrugada entre quejidos, y a esa hora murió. La obra de su vida quedaba inacabada. ¿Qué dejó hecho y qué no hecho?

Jacques Offenbach fue un melodista muy dotado y refinado orquestador que supo jugar bien esas bazas; pero quizá como compositor de óperas esté sobrevalorado.

Los puntos musicales *débiles* de *Los cuentos de Hoffmann,* que los tiene, no los encontraremos en relación con el género al que pertenezca o deje de pertenecer, sino a la en más de un momento laxa relación existente entre lo que suena y la palabra que acompaña a la música. Digámoslo ya: el libreto de esta ópera está más y mejor elaborado que la música. Offenbach, que escribía con propiedad, naturalidad y oficio, y poseía la gran virtud de la comunicatividad, en *Los cuentos de Hoffmann* mostró una especial ambición para desplegar sus mejores dotes de melodista y refinado orquestador, cualidades que supo poner al servicio del teatro. Pero a la hora de tirar del hilo discursivo de un texto *de contenido* —como es el caso aquí—, tendía a divagar, y le costaba bastante resistir la presión de la palabra sobre la nota musical. ¿Por qué entonces seduce *Los cuentos de Hoffmann?* Es la gran pregunta, cuya respuesta es seguramente compleja, pero lo que sí se puede asegurar es que su halo de ópera inacabada le dio en sus muchas recomposiciones posteriores un gran empaque comercial. Dos palabras sobre esto.

Fallecido Offenbach, la decisión de representar *Los cuentos de Hoffmann* corrió a cargo de los hijos del compositor, pero con los *arreglos* pertinentes, ya que los materiales recibidos del autor se encontraban en un *prodigioso desorden.* Recurrieron a un *experto* para que completara la orquestación y transformara las partes habladas en recitativos, por más que nunca se sabrá a ciencia cierta si es verdad que los familiares adujeran la posibilidad de que el propio Offenbach tuviera pensado hacerlo, para facilitar su estreno en la Opéra-Comique, un lugar en el que o se hablaba o no había ópera que valiese. Sea como fuere, los herederos de los derechos de la obra decidieron prescindir de uno de los actos, el llamado veneciano (Giulietta), pues pensaban que la ópera era demasiado larga, aunque no de la «Barcarola» (una música que Offenbach tomó de una opereta fantástica sin éxito que él sin embargo estimaba bastante, *Les ondines du Rhin —Las ondinas del Rin—),* que situaron en otro de los actos, el llamado muniqués; evidentemente no se podía desperdiciar tal joya melódica aun a costa de hacer circular las góndolas por las amplias plazas de la capital bávara. Obviamente, los típicos disparates póstumos.

La segunda edición de la partitura utilizada en el estreno trató de deshacer el entuerto, pero en parte complicó más las cosas, pues sí, restauraba el acto de Giulietta, pero en posición distinta; sucedía en 1904, en la Ópera de Monte-Carlo. La obra quedaba ahora así: Prólogo, tres actos (Olympia, Giulietta y Antonia) y Epílogo. La duda que recorre esta versión es más sustancial: ¿por qué ese cambio en el orden de los actos? Pues es bien difícil de entender; desde luego la coherencia en la evolución de las tres mujeres en una queda hecha añicos: no es lo mismo que tras el ideal de Olympia —ésta sí necesariamente en primer lugar—, se manifieste antes la fuerza del arte que la del sexo. De manera que es muy celebrable que todas las versiones posteriores hayan prescindido de esta idea y hayan dado por buena la secuencia Olympia-Antonia-Giulietta. Salvo alguna que otra excentricidad, como la de por entonces —1974— un joven y rompedor Patrice Chéreau que montó la obra en el orden Giulietta-Olympia-Antonia.

Tuvieron que pasar tres años para que apareciera en papeles la versión que funcionaría a partir de entonces en todos los teatros durante décadas, es decir, la edición que Choudens realizó basándose en la anterior de Monte-Carlo y que, entre otros, fue utilizada por el meticuloso Gustav Mahler, aunque sin partes habladas. Pero tras un rodaje de la misma de medio siglo, Felsenstein (1958) y Bonynge (1972) cortaron por lo sano y volvieron a la versión original. De la primera poco se ha sabido, pero sí de la segunda, por el hecho de haber sido la utilizada por el director australiano para llevar al disco el primer Hoffmann de Plácido Domingo; como es natural, con la cuádruple intervención de su esposísima, *La Stupenda* (una Joan Sutherland a la que, como era habitual en ella, no se le entiende nada de lo que canta), en Olympia, Giulietta, Antonia, más la Stella del epílogo, o sea la síntesis de las tres. Tras este experimento, ciertamente frustrante por no haber resuelto nada, ya en 1978 el musicólogo Fritz Oeser realizó su edición crítica de la partitura para la editorial Alkor, de Kassel, eso sí, siguiendo de cerca la de Choudens, necesariamente una referencia hasta nuestros días, y con el añadido de las páginas encontradas por el director de orquesta y estudioso de Offenbach Antonio de Almeida. ¿Qué le movió a ello? Hasta entonces todas las tentativas para recuperar el espíritu del original habían fracasado por la misma razón: la falta de materiales. Algunos originales se quemaron en el incendio que tuvo lugar en el Ringtheater de Viena, originado una hora antes de que comenzara la segunda función tras el estreno en la capital austriaca, y el manuscrito original de Offenbach corrió similar suerte, cuando ardió la Opéra-Comique, de París, seis años más tarde. O sea, hasta entonces sin la edición de Choudens, reiteramos, no se podía ir a ninguna parte. Oeser tuvo un buen motivo para intentar la recomposición, pues Almeida había encontrado entre los papeles de los hijos del compositor nada más y nada menos que mil seiscientas páginas autógrafas, aunque, todo hay que decirlo, con toda probabilidad desechadas por el propio compositor. Giulietta regresa a su lugar natural, con lo que queda claro que con esta versión se avanzó lo suyo. Pero no acaba ahí la historia, aunque nosotros la detengamos aquí por puro aburrimiento. Durante toda la década de los 80 del siglo pasado siguieron apareciendo nuevas perspectivas, nuevos materiales, nuevos arreglos… tras los que seguían grabándose más discos y haciéndose más representaciones de la pieza. Olió mucho a comercio todo esto. Y con serias dudas de que la popularidad adquirida por la obra no estuviera a la par que su verdadero interés musical y dramático.

Son bastantes los libretistas de calidad que pueblan el repertorio, pero hay uno en el que merece la pena detenerse; aunque sólo sea por haber firmado tres de la treintena larga de libretos de ópera que dejó escritos. Lorenzo da Ponte (1749-1838), cuyo nombre era en realidad Emanuele Conegliano, fue sacerdote (de familia judía), masón, amigo de farras de Casanova en Venecia, un disoluto libertino hasta el extremo de ser expulsado de la república de Venecia, hermano de la misma logia que Mozart y triunfador en la corte de José II, con el que alcanzó el título de poeta oficial de la corte. Entre otras cosas. Hasta la muerte del emperador, cuando sus múltiples enemigos, o sea, todos aquellos a los que había embaucado, le obligaron a *exiliarse* en Nueva York, donde acabó sus días tras publicar unas enjundiosas memorias. Da Ponte fue eso y muchas cosas más: también un talento innato para la escritura de comedias de situación, y en particular para la comedia dramática, un género poco valorado en su tiempo, cuando las clases sociales consumidoras de ópera todavía andaban postrándose ante espantosos libretos de corte histórico que desarrollaban farragosos relatos cortesanos. De esa guisa, y, por supuesto, asociándose a todo el mundo, compositores de más o menos oficio, compositores más o menos famosos, conoció a Mozart, para el que escribió libretos para tres de sus óperas, *Las bodas de Fígaro* (1786), *Don Giovanni* (1787) y *Così fan tutte* (*Así hacen todas,*1790). Pero también hizo buenas migas con el poderoso Antonio Salieri y con el español triunfante en Viena Vicente Martín y Soler, que Mozart nombra en *Don Giovanni* al pedir que se interprete en la cena a la que invita al Comendador *Una cosa rara,* ópera del español muy apreciada en Viena en aquel tiempo; para ambos, Salieri y el valenciano Martín y Soler, escribió unos cuantos libretos de óperas que se siguen escuchando hoy alguna que otra vez. Pero la juntura milagrosa fue otra muy distinta. Da Ponte y Mozart formaron una sociedad creativa que, en poco más de cuatro años, revolucionó la ópera de su tiempo. Por irreverentes, por rompedores, porque decidieron verles las enaguas a un género que, bien había caído en la vulgaridad, bien se empeñaba en seguir mirando al pasado. Musicalmente son la cumbre italiana de su autor, y dramáticamente un salto definitivo hacia el futuro en las formas de plantear un género que había comenzado a agonizar, debatiéndose entre dos ideas que los compositores de la época (salvo alguna excepción puntual) consideraban como únicas opciones: o se es cómico, o se es serio. Bajo este desolador panorama, que italianos y franceses llevaron al límite, surgió la figura de un libretista y un músico cuya heterodoxia al respecto ponía todo patas arriba. La primera colaboración, *Las bodas de Fígaro,* estuvo basada en la obra que Beaumarchais había concebido para, amablemente, cargarse el Antiguo Régimen desde el interior de las bambalinas (lo explicamos en nuestro anterior libro). El dúo Da Ponte-Mozart se confabuló para colocar delante de las narices de toda la corte, con el emperador al frente, una ópera de piel limpia, fina y amable, pero de negro corazón subversivo; un auténtico atentado a la Nobleza, a la que la pieza deja en continua evidencia, aun envuelta en maravillosas melodías y aparentemente inocentes y divertidos recitativos. Fue una comedia de enredos. Así la tuvieron que defender sus autores, y Mozart en particular, para que, aun sin entender nada acerca del recorrido real del magistral libreto de Da Ponte, los censores mayores del lugar miraran hacia otro lado.

Las bodas de Fígaro sirvió a Mozart y Da Ponte de ensayo para algo de mayor envergadura, y nada vendible como divertimento. Ellos habían definido sus *Bodas* como *opera buffa,* y ahora, en su segundo trabajo en equipo, *Don Giovanni,* lo que presentaban era un *dramma giocoso.* Y si en las *Bodas* se presentaba un trasfondo político entre las figuras del conde Almaviva y el criado Fígaro, el asunto de base escogido ahora para *Don Giovanni* también se desarrollaría alrededor de un amo y un criado, si bien en un contexto bien distinto. Para escribir el libreto, Da Ponte se fijó en una ópera que se acababa de estrenar en el Teatro San Moisè de Venecia, y que atendía al título de *Don Giovanni Tenorio,* con libreto y música de dos ilustres olvidados: Giovanni Bertati, un señor que llegó a escribir más de setenta libretos, entre otros el que regaló a Domenico Cimarosa para la deliciosa *Il matrimonio segreto* (*El matrimonio secreto*); y Giuseppe Gazzaniga (1743-1818), autor de más de cincuenta óperas, todas ellas sepultadas bajo el frío, grueso y pesado mármol de la historia. Con toda justicia, por supuesto: circula por mercados más o menos exóticos una grabación discográfica de ese *Don Giovanni,* que es su pieza más famosa, y la verdad es que no encierra mucho interés. En todo caso, una observación rápida del libreto revela la grandeza de la transformación a que Da Ponte somete el texto. En dos palabras: en la ópera de Gazzaniga todo es muy divertido y cómico; en la de Mozart los planos dramáticos que ocupan Don Giovanni y Leporello (éste es el nombre del criado ahora) están construidos bajo la idea de que el dueño del amor y el que aspira a conseguirlo sin fortuna se superponen en una especie de desdoblamiento sobre una misma naturaleza. Uno es *alter ego* del otro y viceversa, para el goce y las miserias, para la fortuna y la pobreza, para el amor y el sexo. Y después, alrededor de la dicotomía que definen esos dos personajes, que también tiene su punto político, giran los demás, que son bastantes, y siempre delineados con una precisión literaria y una finura musical admirables. En lo lírico y en lo dramático; en lo serio y en lo grotesco. Más adelante entraremos en más detalles sobre esta crucial ópera.

Hay un antes y un después de Lorenzo da Ponte en el mundo de los libretistas. Y desde luego, del binomio Mozart-Da Ponte.

Pero donde seguramente echó el resto Da Ponte fue en el tercero de los libretos que preparó para Mozart, y esta vez sin ninguna influencia, salido directamente de su cabeza y trasladado luego a su propia pluma. Es de esperar que ningún movimiento feminista contemporáneo ponga sus ojos sobre *Così fan tutte*, una ópera maravillosa y única, alertando al mundo acerca de su solapado machismo interior y merecedor de una inmediata prohibición en cualesquiera teatros de ópera del mundo civilizado. La broma es: dos señoritas muy monas, perfectamente ennoviadas, muy llenas de amor, viven con su criada y en una armonía que comparten con sus chicos, guapos y varoniles, buenos partidos, indiscutibles dueños de sus actos. En una de sus discusiones filosóficas acerca de la vida y el amor llegan a la conclusión de que no existe la mujer fiel; cualquiera de ese género puede ser seducida si las cosas se hacen bien, y al decir cualquiera se incluye a sus propias parejas. Se plantean, así, un curioso reto: engañarlas. ¿Cómo? Seduciéndolas de nuevo baja una identidad fingida. Para ello contarán con la complicidad de Despina, la criada, y Don Alfonso, un viejete liante y sabio que pasaba por allí. Lo consiguen, con lo que al final, tras una pronta reconciliación, después de tan arduo ejercicio antropológico, queda demostrado que: así lo hacen todas. Desarrollaremos este asunto más adelante con mayor detalle.

Così fan tutte es la comedia más fina y poliédrica escrita durante la Ilustración, cuyas formas y maneras morales se salta a la torera sin el más mínimo pudor. Y una muestra del mejor prerromanticismo que acecha Europa, a cuyos nobles preceptos morales supera de lejos. Es contemporánea de la Revolución francesa. Pero deja atrás a los deslenguados ideólogos del terror que estaban por llegar. Su fresca amoralidad, su desparpajo ético y su capacidad para la provocación podrían situarla mucho más allá de su tiempo. Una idea como ésta habría sido engullida por las reglas morales de la época si no hubiera sido por la inagotable capacidad que tenía Mozart para escudriñar el alma femenina. Y masculina. Naturalmente. Porque es muy probable que la música no tenga sexo, particularmente cuando es capaz de alcanzar grados de belleza que van más allá de la misma universalidad de los sentimientos más primarios del hombre. Y de la mujer, claro. Mozart hace aquí algo sublime: convierte en auténtica exaltación del amor, y de todos los sentimientos que unen a los corazones, lo que literariamente es una coloreada *boutade*. Mozart ahonda de tal manera en todo eso que cualquier posible análisis del asunto, de todas esas cosas, es absolutamente inútil. Pero nada de eso habría sido posible sin la pluma de Da Ponte. Sin haber podido contar con un libreto de tal clarividencia e imaginación. Lo que nos lleva al terreno que buscábamos: no otro que el de la reivindicación de la palabra en un género que, por desgracia, cada vez se escora más hacia otros aspectos del espectáculo operístico.

Un nuevo ejemplo. Otro paradigma. Permítasenos, antes de pasar a otros puntos, un breve comentario sobre un autor que guardó una curiosa relación con sus libretistas por un comportamiento al borde de la paranoia a la hora de decidirse en la elección del libreto de turno para sus óperas. Giacomo Puccini no dejó una obra voluminosa, pero seguramente algunas de sus óperas han acabado convirtiéndose en las más representadas en todos los teatros del mundo. Hombre refinado y amante de la buena vida, tuvo, sin embargo, una vida sentimental plagada de episodios desagradables, y que con toda probabilidad lo alejaron muchas veces de la tranquilidad que necesitaba para escribir música. Su obra está repleta de un perfeccionismo sonoro extraño en el mundo de la ópera italiana, en general mucho más escorado hacia el canto como expresión básica para el relato de las historias. Hombre de teatro obsesivo, y en ocasiones compulsivo, dio a los libretos de sus óperas una importancia extrema, y por eso casi siempre creó alrededor de sus libretistas un ambiente de trabajo enrarecido, cuando no sencillamente violento. Normalmente cuando ya estaba trabajando sobre un libreto examinaba al mismo tiempo otros, pues sentía una inseguridad malsana ante sus libretistas, alrededor de los cuales creaba un desagradable ambiente de desconfianza. Le sucedió casi siempre en las trece óperas que dejó escritas, pero sirva como botón de muestra cómo se gestó su primer gran título, *Manon Lescaut*.

Giulio Ricordi, editor, mentor y amigo de Puccini, lo tuvo como su favorito desde el estreno de *Edgar,* primera ópera del compositor. En su afán de que Puccini escribiera óperas para su empresa, encargaba libretos aquí y allá para entregárselos y abrirle el apetito de la creación. Uno de esos encargos fue realizado al dramaturgo Giuseppe Giacosa (con el tiempo el más paciente y probablemente mejor libretista de Puccini), que, al presentar a Puccini la idea, fue rechazada por éste con toda vehemencia. La vio poco poética, oscura, triste. A la par, rechazó igualmente otro texto del autor teatral Marco Praga, basado en Shakespeare, la verdad es que una idea nada buena para vendérsela a Puccini. Para él, la fórmula Shakespeare estaba agotada tras *Otello* de Verdi, estrenada un par de años antes. Ricordi lo volvió a intentar entregando a Ruggiero Leoncavallo (operista igualmente y autor de éxito, con posterioridad autor de *I Pagliacci,* título popular donde los haya) una novela firmada por Antoine François Prévost d´Exiles, más conocido como el abate Prévost, que recaló en varias órdenes religiosas —y también en el ejército— y desarrolló una poliédrica carrera de escritor, cura y diplomático. Se trataba de un texto con mucho recorrido, pues ya había servido a otro compositor, Jules Massenet, para su ópera *Manon.* Ricordi encargó a Leoncavallo el libreto para Puccini, quien, una vez redactado, lo leyó y, rápidamente, lo tiró a la papelera: el tratamiento del personaje central no iba con su carácter, según expresó a su amigo Ricordi. Pero le quedó el gusanillo del tema en el cuerpo, y él mismo solicitó al ya mencionado Marco Praga un libreto sobre el mismo asunto. Este buen hombre se quedó impresionado por el encargo; nunca había escrito un libreto, pero por pura admiración hacia Puccini se tiró a la piscina sin pensar en el lío en que se estaba metiendo. Puccini le instó a que olvidara la ópera de Massenet, incluso a marcar distancias, y se zambullera en la novela. Praga no sabía escribir en verso, de manera que tuvo que buscarse un ayudante. Lo encontró, y Puccini lo aceptó, porque Domenico Oliva, que así se llamaba, acababa de obtener un importante premio en un concurso de poesía y Puccini miraba mucho esas cosas. El libreto quedó listo en pocos meses, y Ricordi y Puccini se mostraron entusiasmados por el resultado. Puccini, retirado en el campo, empezó a escribir la música, y, nada más idear las primeras notas, empezaron a surgir los problemas. Empezó a insultar al personal: «El libreto, que he hecho rehacer varias veces, me lleva al desánimo. ¿Es que no puede encontrarse hoy un solo poeta que produzca algo bueno?». Praga no admitió esos cambios e hizo mutis; Oliva (según Puccini, «más comprensivo») continuó el trabajo él solo, o, mejor dicho, bajo la agobiante supervisión de Puccini. Pero Oliva, naturalmente, no tardó en caer en desgracia ante el maestro, con lo que, harto de la tiranía de su jefe, que además había recurrido a Ricordi para que tomara cartas en el asunto (es decir, le despidiera), abandonó la nave. ¿A quién recurrió Ricordi para que la *Manon Lescaut* de su adorado Puccini no descarrilara definitivamente? Pues de nuevo a Giacosa, que, al serle sugerida la idea de que «reformara los defectos» del libreto de Praga y Oliva, se negó y sugirió que se contratara a un joven dramaturgo llamado Luigi Illica. (Illica acabaría formando pareja con Giacosa en la elaboración de las futuras *La bohème —La bohemia—, Tosca* y *Madama Butterfly*, nada menos). Praga y Oliva se enfadaron, pero no pudieron hacer nada ante la determinación de Giacosa, un hombre razonable y discreto, en el que confiaba plenamente el *socio capitalista*, es decir, un Ricordi ya cansado de tanta peregrinación entre unos y otros. Illica realizó un gran trabajo, pues se tuvo que adaptar a una música ya compuesta, que, obviamente, Puccini no quiso desechar. ¿Se acabaron los problemas? Bueno, con Puccini todo era cuestión de tiempo. Efectivamente, unos meses después éste inició de nuevo la carga, es decir, volvió a intentar convertirse en libretista de sí mismo. El conflicto con Illica estaba servido, y Ricordi tuvo que recurrir de nuevo a Giacosa para que pusiera paz. La obra, en fin, fue concluida tras más de tres años de trabajo. Y miles de problemas con el texto. Eran tantas las manos que habían intervenido en la redacción del libreto, incluidas las de Ricordi y el mismo Puccini, que en su primera publicación nadie se atrevió a escribir en la primera página de la partitura que el libreto había sido escrito por tanta gente; se publicó sin autoría reseñada. Ah: y Puccini prosiguió con esos métodos de trabajo toda su vida.

Y así podríamos seguir con mil historias más acaecidas alrededor de la gestación de los libretos, sin duda la verdadera madre del cordero de la ópera. En la historia del género hay inflación de lo que podríamos llamar óperas imposibles. Bien porque los libretos se convierten en *tochos* intratables, bien porque la fantasía del compositor no tenga límites, bien porque el autor se exceda en la medida. O bien, igualmente, por la misma demanda de un público que muchas veces, con sus gustos fuera de límites razonables, pedía obras de desorbitada planta. Sucedió algo así, por ejemplo, con el grandilocuente Giacomo Meyerbeer, un alemán que triunfó en Francia con la ya nombrada *Los hugonotes,* una interminable pieza en cinco actos que sin embargo últimamente es reivindicada para, al menos, ser escuchada en versión de concierto.

— 37 —
La música

El espectáculo que más se puede parecer a una ópera es el teatro. En el teatro nos encontramos muchas veces con añadidos musicales a los textos, en busca de una contextualización diferente a la original. O por pura ornamentación. Y también suele recurrirse a ubicaciones espaciotemporales diferentes a las marcadas en el original. O a la pura modernización según los deseos o los criterios de directores y dramaturgos. Por otro lado, hay todo un capítulo histórico dedicado a la música incidental en el que se combina música, palabra y drama. Pero poco tiene que ver todo esto con la ópera, una forma musical que, con independencia de los añadidos a los que se haya visto sometido el género desde sus inicios, nace y persiste bajo una misma idea constructora básica, y, si no sencilla, sí muy clara: tomar un texto dramático (en principio) y exponerlo y desarrollarlo bajo un paraguas musical que comprenda una línea de canto mediante la voz humana, sobre otra de acompañamiento instrumental que corra en paralelo o se superponga o tenga una vida independiente o complementaria, etc. Perdónesenos la repetición de esta idea, pero es tan determinante que bien merece el repaso. Se comprenderá, en fin, que con unos materiales de partida tan ricos, poderosos y amplios, los resultados pueden llegar a ser de una multiplicidad impresionante. Lo han sido y lo siguen siendo.

Ya hemos visto que el elemento primordial es el texto. Y veremos tras este capítulo que el otro, no menos primordial, es el canto. Pero antes de entrar en éste vemos necesario hacer una breve referencia al papel que ha jugado en la ópera el desarrollo de la música instrumental. En realidad se produce un proceso evolutivo paralelo entre la orquesta para la música sinfónica y la del foso de ópera; es una especie de camino de ida sin retorno: desde el puro acompañamiento a la voz hasta alcanzar un grado de importancia en el contexto que llegue a ser tan determinante como aquélla, que es la que marca el texto y, por consiguiente, dueña de la historia que se cuenta. Y parece incluso que ese camino coincide con el propio devenir de la modernidad: cuanto más importante llega a ser la parte orquestal de una ópera, más vanguardia puede parecer que hay en ella. En períodos en los que el protagonismo de la voz es más capital, por el contrario, la música de los acompañamientos nos puede parecer más inocua dramáticamente, cuando no sencillamente ininteresante (salvo las, afortunadamente, consabidas excepciones). Veamos casos concretos, pues ese desarrollo en busca de la realidad dramática de la música de una ópera no ha sido lineal. O dicho de otra manera: es perfectamente posible encontrar mayor y mejor expresión operística en piezas con instrumentaciones arcaicas que en otras con grandes, modernos, y ruidosos acompañamientos orquestales. O al contrario, por supuesto. En este sentido, es muy elocuente fijarse en óperas extremas entre sí. Pensemos, por ejemplo, en dos óperas como *Orfeo*, de Monteverdi, y *Die Soldaten*, de Bernd Alois Zimmermann. Fueron estrenadas en Mantua, la primera, el 25 de febrero de 1607, y en Colonia, la otra, el 15 de agosto de 1965. Ambas son dos obras maestras del género. Las crónicas del estreno de *Orfeo* hablan del atrevimiento de Monteverdi, pues, según los comentaristas, utilizó un inusitado número de los más modernos instrumentos entonces: violas y violines, flautas, cornetas, trombones, claves, arpas y dos pequeños órganos... Una instrumentación que hoy resultaría escasa, y muy lejos de la requerida por los compositores del siglo XIX, y no digamos de nuestro tiempo. Por ejemplo, Zimmermann en su *Los Soldados,* exigió —sin éxito— para estrenarla una orquesta de más de ciento veinte instrumentos ordenados en varios grupos, percusionistas de diversa naturaleza, un combo de jazz y aparatos electrónicos, todo ello dividido en secciones a los que ha de atender el director del foso simultáneamente. La pregunta sería: ¿es mejor o más interesante ésta que la de Monteverdi por gozar de unos medios mucho más evolucionados? Asunto peregrino. Mejor haríamos si concentráramos nuestros esfuerzos en buscar las razones por las que los medios orquestales que se utilizan en una ópera pueden llegar a ser su salvación expresiva o una rémora insoportable. Con independencia de la abundancia de medios o el grado de desarrollo de los propios instrumentos. Hay, incluso en nuestro tiempo, muy buenas óperas de cámara, piezas pequeñas con grandes resultados.

En los tres siglos y medio transcurridos entre *Orfeo* y *Die Soldaten* (más o menos la historia de la ópera misma) las músicas para la ópera evolucionan al mismo ritmo que lo hacen las que se expresan en otros géneros musicales, con lo que la evolución de los instrumentos es similar para una sinfonía que para una ópera. Las orquestas tal y como las conocemos hoy establecen su plantilla alrededor de 1700, cuando el género ha cumplido su primera centuria. Los antiguos grupos instrumentales como los que había utilizado Monteverdi, aun en un alarde de modernidad, adquieren el estatus de orquesta. Pero todavía tendrá que transcurrir un siglo y medio más para que la fórmula alcance una cierta estabilidad. A partir de 1850 el grupo como orquesta se puede dar por cerrado, y las posteriores evoluciones sucederán por acumulación de nuevos y más perfectos instrumentos sobre una base que constituirá la norma. Un norma que queda ordenada en tres grupos de instrumentos, los de cuerda, los de viento y los de percusión. El aspecto que más cambia de cara en todo ese tiempo es el de la propia naturaleza del músico de orquesta. Durante el siglo XVIII los profesores de la orquesta actúan con mentalidad de solistas; las orquestas son sumas de grandes intérpretes. Y sólo a partir del siglo siguiente, y bien entrado, surge la idea de orquesta como bloque sonoro, sin individualidades. Por lo que se refiere a sus competencias, las orquestas tardan bastante tiempo en profesionalizarse; son en principio agrupaciones que pertenecen a las grandes casas, y que se utilizan para los servicios religiosos y la música cortesana, tanto para interpretar una sinfonía como una ópera. No protagonizaban conciertos propiamente sino espectáculos musicales para la distracción de nobles y cortesanos. Trabajando, además, muy precariamente: el concepto de ensayo, tan importante a la hora de preparar una obra, apenas existía, o se hacía muy caro. De 1750 a 1800 los compositores que más aportan a la producción musical general, y operística en particular, tiran del carro musical con inusitada fuerza, pues escriben sinfonías, conciertos y óperas cuyo grado de exigencia dramática se multiplica, y esa exigencia en los medios marca la evolución en las orquestas. En el siglo XIX, y aunque lentamente y durante las primeras décadas con una todavía importante inmersión en el ámbito cortesano, a la que además no se niegan los compositores por pura supervivencia, comienza una liberación que conduce a una mayor autonomía de los músicos y, por consiguiente, de las orquestas. Pero ¿todo esto es asumido por todos los creadores en la misma medida? ¿Este cambio en los medios técnicos es utilizado por todos ellos en la misma medida, y con independencia de sus capacidades y talentos? No necesariamente, por más que a algunos géneros les cueste más que a otros entrar en esa modernidad. En el de la ópera, y por lo que se refiere a los aspectos orquestales, durante la segunda mitad del siglo XVIII y el XIX se va a producir una auténtica revolución que sin embargo arroja unos resultados más bien parciales. Todo esto sería objeto de otro estudio; aquí procede ahora hablar sólo del papel de la orquesta en la ópera del Clasicismo y los siglos posteriores.

Lo dejamos entrever antes: si el canto adquiere demasiado protagonismo en la obra, es muy probable que los valores musicales de los acompañamientos se resientan. Sucedió claramente en el período que dominaron la escena los *castrati*, que se hicieron los auténticos amos del espectáculo. Y aunque hoy hay más de un movimiento de recuperación de las óperas con las que hicieron su particular agosto, no acabamos de verle el interés al asunto. Nos parecen en la mayor parte de los casos músicas superficiales para obras dramáticas cuyos farragosos desarrollos no conducen a nada. Salvo al posible placer que el consumidor pudiera sentir al escuchar a un cantante determinados prodigios canoros. El compositor que mejor escribió este tipo de óperas fue Haendel, para nosotros una auténtica excepción en medio de una agobiante mediocridad, por la pura inspiración y el enorme talento que el autor alemán afincado en Londres desplegó sobre el pentagrama. Pero, como los demás, tuvo que plegarse a la moda, escribiendo obras de larga duración y un valor dramático relativo. La ópera barroca inglesa personificada en la figura de Haendel es el ejemplo más claro y excepcional de cómo una música muchas veces al borde de lo sublime puede ser abortada por unos textos y una dramaturgia continuamente encallados en la nada.

George Friedrich Haendel vivió durante casi cuarenta años en Inglaterra, donde prácticamente hizo su carrera. En la foto, un óleo de Thomas Hudson. Acred.: National Gallery, Londres.

La derivación más obvia de todo este camino de arena roja y grava es lo que históricamente se ha dado por llamar bel canto, que es el género *vacío* por antonomasia. En absoluto negamos el valor creativo, la capacidad expresiva y el arte de emocionar que pueda tener una melodía bellísima soberanamente cantada. Las hay por decenas, y son legión los cantantes que nos han llevado al paroxismo en el disfrute del arte del canto. Pero nos parece una broma llamar ópera a una representación en la que unas cuantas maravillosas melodías soberbiamente cantadas nos hagan olvidar no ya el propio texto cantado —demasiadas veces una pequeña tontería— sino el contenido musical general de la obra, del que deberían ser subsidiarias esas melodías como una parte del todo. Pues no; en las óperas belcantistas en general, las orquestaciones suelen ser pedestres, cuando no de un flagrante mal gusto. ¿Excepciones? Por supuesto, y como en todo, las hay.

Se suelen nombrar obras como *L´elisir d´amore* (*El elixir de amor*), *Don Pasquale,* ambas de Donizetti, o *Norma,* de Bellini, como óperas belcantistas de alto voltaje. U óperas de Rossini, que también participó de la misma idea. Aunque no convenga meter todo ello en la misma cesta. Ni Donizetti hasta en sus títulos más celebrados ni Bellini en algunos de sus *hits* fueron músicos especialmente finos en sus orquestaciones. El oficio dramático es evidente; la *cantabilidad,* la envolvente y contagiosa *italianidad,* en suma, les salva de más de un compromiso con la orquesta que, por ejemplo, los alemanes de la misma época tienen más en cuenta. Pero nunca firmaron ninguna genialidad orquestal como sí hiciera Rossini, y en más de una ocasión. Hay un dato que explica esto bastante bien: los discos de Rossini más vendidos en la historia del fonógrafo son los grabados con las oberturas de sus óperas. Pura música. Músicas chispeantes, imaginativas, escritas bajo fórmulas personalísimas, plagadas de melodías que se nos escapan de nuestra mente como el rápido ratón que corre delante de la escoba; carreras de notas que parecen elevarse hasta el estallido, combinaciones tímbricas únicas, etc. Rossini fue, como los demás belcantistas importantes, un autor de óperas. Pero además, un músico excepcional, la otra cara de Beethoven, a quien superó en fama porque, sencillamente, se encontró más a gusto en el mundo de la charada y la ironía sin límite que en el del pensamiento puro. Pues estupendo. Pero ¿en qué mundo estaban los de su alrededor? Nadie en su tiempo fue más comercial que Rossini. Pero ninguno de los belcantistas más famosos desplegó tal vena musical.

Un grabado de época del Teatro an der Wien. Allí Beethoven estrenó *Fidelio* el 20 de noviembre de 1805.

Frente a los belcantistas hubo también casos exactamente contrarios: músicas de otro mundo para textos demasiado de éste. Sin ir más lejos, Beethoven, la antítesis de Rossini. *Fidelio,* de nombre original *Leonore,* es el caso más típico de esto último en la primera mitad del siglo XIX. La única ópera que Beethoven dejó escrita es musicalmente una joya en bruto, vocalmente un empeño que sólo un autor como él pudo tener la osadía de escribir, melódicamente un chorro de notas... pero todo ello al servicio de un libreto y una idea dramática que más parece un chiste: un señor está injustamente encarcelado y su esposa, disfrazada de hombre, descenderá a las mazmorras para salvarlo. Todo lo que sucede en cada fase, en cada momento de esta ópera es absurdo e inverosímil. Pero todo lo que suena, desde la primera nota de la obertura, es de una elevación moral, una talla intelectual, una perfección técnica, una emoción y una luz que es imposible no plegarse ante tanta verdad. Y no deja de ser un misterio que una manifestación tan abstracta como la música pueda explicar con mayor propiedad los contenidos de una historia que el propio texto. En este caso es el Beethoven posnapoleónico el que nos habla; un hombre con una extrañísima capacidad para convertir en sonido determinados aspectos de la vida del ser humano; de la, por ejemplo, nobleza que puede llegar a anidar en su alma. Ha habido, y sigue habiéndolos, estudiosos que desprecian esta obra. Nosotros la situaríamos en una cumbre especial, porque su imperfección dramática resulta anecdótica frente a su poder de persuasión emocional. No es, desde luego, un modelo para el género. Pero es que muy probablemente tampoco Beethoven es un modelo musical. Para nada. Para nadie.

Carl Maria von Weber tiene otras connotaciones. Sus méritos históricos se fundamentan en el hecho de ser el más claro precursor de Wagner, sirviendo de alguna manera de puente entre el Mozart alemán de *La flauta mágica* y el mundo onírico de las primeras partituras del autor de *Tristán e Isolda*. Sin embargo queremos ahora resaltar el valor musical de sus partituras, manifestado en su excelente impronta sinfónica. Weber, como hará luego Wagner, bucea en las leyendas medievales alemanas a las que regala una música de extraordinario poder sonoro y trazado melódico. En óperas como *Der Freischütz* o *Euryanthe* u *Oberon* la música llega a sobrepasar los contenidos dramáticos (quizá con menos nitidez en la primera) propios de la ópera, cuyo devenir aparece trufado de pasajes orquestales de extraordinaria planta sonora. Las oberturas de esas tres óperas suenan como auténticos poemas sinfónicos, algo que también puede suceder con la de la ya mencionada *Las alegres casadas de Windsor,* del también alemán Otto Nicolai, una ópera en modo *Singspiel* basada en la comedia de Shakespeare *The Merry Wives of Windsor.*

Situémonos ahora en un plano bien distinto; en un ejemplo palmario de disfuncionalidad entre el significado de un libreto y la música que le da vida. Muestra gloriosa de cómo contenido dramático y música pueden confluir en un concepto tan radicalmente tramposo, pero, lo que es muchísimo peor, y bastante lamentable, indiscutible. Hablamos de la última ópera de Richard Wagner, *Parsifal.*

Parsifal es un joven un tanto rudo, despistado e irreflexivo que va por la vida cazando animales sagrados. Su inocencia y sublimada moralidad interior contrapuntean con la elevada misión que le ha sido encomendada: rescatar la lanza sagrada de Jesús, robada al rey por el mago Klingsor, destructor de la comunidad del Grial, pues no fue admitido en ella por Titurel, el antiguo rey. Autocastrado para expiar su lujuria, construyó un jardín de excitantes mujeres donde habita ejerciendo la magia negra. Es inmoral, un pecador nato y tiene una desmedida ambición de poder. Se vale de la bella Kundry para sus propósitos, es decir, ya en posesión de la lanza, apoderarse también del cáliz sagrado. Para ello sugestiona a Kundry para que seduzca a Parsifal, quien está a punto de sucumbir a sus irresistibles y salvajes bellezas. El rubio y lustroso muchacho está a punto de caer en los brazos de Kundry, una mujer oscura, compleja, aristada, de perfiles síquicos y físicos extremos, una especie de María Magdalena, hembra de feroz y larvada sexualidad. Pero Parsifal renuncia al placer al descubrir los males que está sufriendo el actual rey de los caballeros, Amfortas, que vive arrastrando sufrimientos y dolores que se manifiestan terriblemente cada vez que se le abre la herida que Klingsor le propinó en el costado, y por la que expía su más horrible pecado: desear a una mujer hermosa. Ese acto sangrante tiene lugar cada vez que ha de oficiar ante el cáliz del Grial. Parsifal, renunciando a los placeres de la carne, logrará vencer a Klingsor y recuperar la lanza, para que Amfortas sane, pueda seguir celebrando misa y los caballeros no mueran de inanición espiritual. Todo ello ante la atenta mirada del maestro de ceremonias, Gurnemanz, caballero del Santo Grial, un verdadero pensador, filósofo y defensor de la causa, que ha comprendido como nadie que Parsifal ha de ser el elegido para recuperar la lanza de Cristo. A la media hora de comenzar la ópera nos explica toda la historia en su famoso monólogo («Titurel, der fromme Held» —«Titurel, el héroe piadoso»—) de diez minutos de duración. Nos ilustra muy elocuentemente, pero o bien el bajo que canta nos lo hace creer o pronto podemos estar presos de Morfeo. Mientras tanto, en fin, el anciano padre de Amfortas, Titurel, aguarda su inminente muerte. Fue él quien un día recibió el cáliz sagrado de la última cena, el llamado Grial, y la lanza con que fue castigado el costado de Cristo, piezas portadoras de la auténtica, universal y única espiritualidad religiosa, y con las que la Orden de los Caballeros del Grial se dedicarán a salvar a los oprimidos.

Una ilustración de Ferdinand Leeke para el tercer acto de un muy militante *Parsifal*.
Acred.: Colección privada.

Ésta es la historia que nos cuenta Wagner en su última ópera. Obra maestra y última del más militante de los wagnerismos, se desarrolla sobre dos ejes: uno, el disparate que supone tal texto, una especie de abolición reglada de la práctica del sexo en cualquiera de sus acepciones, unido a una enloquecida apología de los más sagrados valores cristianos; y, el otro, la invención de una de las músicas de mayor contenido espiritual y más sublimes de cuantas se hayan escrito nunca. Lo que nos conduce de cabeza a una contradicción en concepto difícilmente salvable. ¿Merece o no la pena olvidarse del argumento —¡de los textos!— de *Parsifal* para disfrutar únicamente de su maravillosísima música? O es caer en la trampa de revocar al propio género operístico transformando la escucha en una reconversión activa, una especie de transformación de una ópera de grandes dimensiones en una sinfonía de proporciones desorbitadas... Seguramente no debe hacerse esto, por pura higiene humana, esa que se consigue lavando los cuerpos con agua y jabón, y no con inútiles sermoneos intolerantes e irrespetuosos con los derechos de los discrepantes, de pensamiento y de obra. Pensamos que la obra de arte es indivisible, y que es necesario aceptarla —caso de querer hacerlo— como es, sin acomodar sus partes oscuras a nuestra propia luz. *Parsifal* es lo que es, la obra de un genio terminal, una locura de última hora; una especie de declaración de arrepentimiento de un señor de dudosa catadura moral, pero hecha bajo el prisma de un músico que ha alcanzado su cenit. Es necesario, musicalmente, desmitificar algunas ideas que durante mucho tiempo han circulado alrededor de *Parsifal*. Tienen que ver con el tópico, una vez más; con la duración de la pieza, por un lado, y con la temática de que trata, por otro. Sobre el segundo aspecto ya nos hemos manifestado. Con respecto al primero, hemos de decir que *Parsifal* es la obra más limpia del wagnerismo maduro; y que cuando uno decide dejar de lado su fama de pieza inacabable, agotadora e imposible dramáticamente, se llega a dar cuenta de esa sencillez. Creemos que el asunto tiene que ver con la madurez alcanzada por la técnica compositiva de Wagner: los motivos conductores que utiliza, que en *El anillo del Nibelungo* se pueden contar por decenas, aquí son pocos, y su manejo, el justo. Todo fluye así con gran naturalidad y, desde luego, sobre uno de los entramados sonoros más hermosos que nunca nadie haya sido capaz de idear (¡cómo son las partes corales!, ¡qué maravilla la escena de la transformación del bosque en la sala de los caballeros!, etc.). Musicalmente es, sencillamente, indiscutible. Es, pues, ejemplo de una ópera en la que la parte musical lo inunda todo, sin merecer, desde luego, haber sido ideada para un texto tan solemnemente retrógrado.

— 38 —
El canto

En nuestro anterior libro, *Eso no estaba en mi libro de Historia de la Música,* dedicamos un amplio espacio al mundo de los cantantes. No vamos, pues, a repetir ahora muchos de los conceptos allí vertidos, salvo aquellos que sean imprescindibles cuando el canto se circunscribe al área de la ópera.

La ópera es teatro cantado, con todo lo que ello conlleva. Hemos considerado como motor de arranque el texto, es decir, el libreto, que es puesto en marcha a través de una música, que, digámoslo ya, caracterizaremos como aquello que no sucede en el escenario sino en un espacio anexo al mismo y que está situado debajo de él: el foso. Normalmente es así, a menos que el autor de la obra pueda decidir que los espacios sean otros, por razones de diversa índole. Y a veces los fosos, que están a menor altura de la escena pero son visibles, pueden también *enterrarse*: es el caso del teatro conocido como *de la verde colina,* en Bayreuth, donde, dicen, se oficia el wagnerismo más puro, a todas luces un lugar en decadencia debido —repetimos— a la mala gestión y luchas intestinas de los herederos del compositor, como se explica en otra parte de este libro; allí el foso está totalmente escondido, debajo del escenario, por deseo expreso de Wagner, y para que la masa orquestal que requieren sus óperas no aplasten las voces de los cantantes. Gran hallazgo. Soberbia decisión. Pero lo sustantivo, en estos u otros modelos de escena —que hoy son múltiples—, es que nos movemos sobre dos elementos operísticos primordiales para que una obra de teatro deje de serlo y pase a ser una ópera: texto y música.

El tercer elemento, que para muchos sería igual de primordial, es el canto, las voces. Tienen mucha razón quienes detestan los numerosos simulacros de ópera que se experimentan hoy en día en muchos teatros cuando, claramente, se trata de un espectáculo dramático en el que el canto se ha sustituido por algo parecido, sea una declamación aparentemente musical o cualquier otra fórmula salida de ciertas calenturientas mentes vanguardistas (¿). Nosotros adquirimos el compromiso de considerar que si no hay canto, si no se canta, no hay ópera; como también que el mundo de la escena, con o sin música, con o sin texto, con más o menos canto, con los mil y un añadidos o sustituciones que se puedan idear, es un poliedro de un número indeterminado de caras, iguales o desiguales, que puede dar lugar a un sinfín de espectáculos paralelos a la ópera perfectamente lógicos, disfrutables y válidos. Faltaría más. Pero no óperas. Sin embargo, si texto y música nos parecen una base esencial, la parte cantada de una ópera entraría en otra categoría. Vemos al canto en la ópera más como la herramienta necesaria para dar vida a las otras dos. Porque lo que es invención pura en el caso de los textos y la música, es dicho por la voz, por el canto, en un acto de, por supuesto, creatividad absoluta, pero de pura sumisión a las necesidades de palabra y música. O dicho de otra manera, texto y partitura musical son el punto de partida indispensable para que se pueda comenzar la interpretación de la obra. Esa interpretación se iniciará a partir de ahí, aunque la siguiente herramienta que se tendrá que poner en marcha, el canto, tampoco será la última, y tampoco podrá tener una vida independiente de las siguientes, como vamos a ir comprobando. Surge así la necesidad de concretar, e incluso corregir si fuera necesario, el verdadero significado de algunos términos que quizá manejemos con demasiada soltura. Porque los conceptos que encierran son más complejos. Por ejemplo: aplicados a la praxis de una ópera debemos distinguir entre voz, canto y cantante; y entre canto y canto dramatizado; y quizá entre canto dramatizado e interpretación. No podremos avanzar sin, antes, fundamentar estas afirmaciones.

La voz es un regalo de la Naturaleza. Pero no a fondo perdido. Como un rostro agradable, que lo será más con un buen cuidado de la piel, o un bonito cuerpo que se podrá modelar mediante un ejercicio físico adecuado. Son éstos, en todo caso, asuntos cargados de relatividad, aunque en lo que a la voz respecta, los matices habrían de ser mayores. Para calificar una voz, habríamos de hablar de lo que canónicamente entendemos por voz bonita o fea. Se puede hablar de voces más o menos timbradas (entendiendo por tal aquellas cuya emisión está cargada de los adecuados sonidos armónicos), e incluso, como hace todo el mundo, usar adjetivos para distinguirlas. Pero eso es poco científico, además de inútil, porque el color final de la voz puede no sólo depender de su naturaleza física sino de otros factores, más técnicos, y que tienen que ver con la manera de emitir el sonido. En cualquier caso, en lo que nos interesa fijarnos ahora es adónde puede llevar todo eso; qué consecuencias pueden traer todas esas cosas a la hora de comprender el canto como parte de una representación operística, para que ese entendimiento suponga un mayor disfrute de la obra de turno. Partamos de que la voz es, nada más —y nada menos— que la herramienta básica del canto.

La emisión vocal, como la de todos los sonidos y como modelo primigenio para todos ellos, se materializa a través del volumen, color o timbre y tesitura (rango tonal, es decir, la diferencia entre la nota más grave y la más aguda que puede alcanzar) del sonido emitido. En principio puede parecer que volumen y timbre son características naturales, o al menos más naturales que la tesitura, que se puede trabajar más técnicamente. Pues no. Las tres guardan una relación constante en la vida de un cantante. Hay, desde luego, mucho de natural en ellas, pero, de la misma manera que el cuerpo humano se transforma con el tiempo, a la voz le sucede lo mismo. A lo largo de una vida, a un cantante le puede descender la tesitura por compensación del aumento de la *anchura* o del *cuerpo* de la voz, términos estos que los profesionales utilizan con profusión para decidir en cada momento de su carrera qué papeles operísticos pueden (deben) cantar y cuáles no. Y normalmente, el avance de la edad, con esos cambios de volumen y tesitura, puede suponer igualmente un deterioro del color. Así que, a diferencia de un instrumento artificial (un violín, un piano), que siempre será el mismo, la voz es un instrumento cambiante que tiene, además, fecha de caducidad.

La ópera se sirve del canto como su medio de expresión indiscutible. Y el compositor escoge a los cantantes como a las herramientas que se seleccionan en cualquier proceso de construcción. Los cantantes, pues, son eso, el medio, pero no la propia construcción, a la que habría que referirse con toda propiedad como canto. Un paso más. Y aunque no es posible hablar de cantante sin canto, éste ha de ser bien definido en el conjunto de objetivos que se pretende cubrir antes de escoger los medios para ello, es decir a tal o cual tipo de cantante. El canto es un medio de expresión que se vale de la voz, y por consiguiente del cantante, pero no es, en sí mismo el cantante, ni mucho menos la voz. Hay pues que dar los pasos en orden. El compositor de una obra vocal, y muy en particular de una ópera, ha de saber por su carácter dramático qué canto quiere antes de pensar en el cantante idóneo. Por ejemplo, si el libreto requiere que aparezca en escena un personaje frágil, la voz que se escoja habrá de serlo; pero no será suficiente: habrá de ser un cantante que sea capaz de conseguir el efecto dramático de la fragilidad. De manera que la elección de las tipologías vocales por parte del compositor para escribir su ópera habrá de basarse en no pocos factores, y ello sin pensar en nombres concretos, sino en la pura vocalidad teórica que requiere el rol correspondiente en la ópera que esté escribiendo. Ha habido compositores, no obstante, que han llegado a idear papeles para personajes de sus óperas pensando en cantantes de carne y hueso concretos. No es, sin embargo, lo común.

El compositor ha de pensar en muchas cosas a la hora de definir las partes cantadas de su ópera; a la hora de elegir las tipologías canoras para los cantantes. Ha de tener en cuenta un punto de partida técnico (dicción adecuada al idioma en el que se canta, adecuación de la línea de canto al contexto dramático, volumen requerido para la caracterización del personaje, color ideal para la expresión del contenido, etc.), y otras cuestiones que serán consecuencia directa del carácter dramático concreto del personaje en cuestión. Así que en ópera habremos de hablar de canto dramatizado, que no tiene por qué guardar las mismas características que el canto perseguido en la composición de una canción, por ejemplo. Dramatizar conlleva añadir claves y subtextos a los diferentes textos, y utilizar los medios y procedimientos adecuados para que el resultado de esa música cantada sea algo más que un canto puro a la belleza; para que pueda llegar a protagonizar la parte del conflicto que le corresponda en la historia que se está desarrollando. Y eso con cada personaje-cantante. Para encarnar todo ello en un contexto de contrastes y diversas realidades sonoras, el compositor cuenta con un enorme listado de medios. Tiene a la orquesta. Y tiene a los cantantes del texto. Lo que quiere decir que maneja dos mundos bien opuestos: el de la abstracción sonora que le proporciona la primera y el mundo real cuyo relato está en manos de los cantantes. Ya sabemos de qué instrumentos dispone en una orquesta, que además en cada época atenderá a un estándar casi fijo. Pero ¿y los cantantes? ¿Forman también parte de una orquesta más o menos fija? Obviamente, en absoluto.

¿En qué se va a fijar el compositor para repartir roles dramáticos a sus cantantes? Recordemos: volumen, color, tesitura. A lo que ahora habría que añadir algo tan obvio como: hombre o mujer. Personajes masculinos o femeninos. Parece un poco obvio que volumen y timbre tendrán que guardar una relación directa con el rol correspondiente. Pero ¿y la tesitura? ¿Guarda la tesitura especial relación con cada rol? En los hombres hay para escoger —de agudo a grave— entre tenores, barítonos o bajos. En las mujeres, entre sopranos y contraltos, con gradaciones que por ejemplo en los hombres pueden ir desde la voz del *tenorino* o ligero hasta la del bajo profundo (más tarde precisaremos más). Parece que con todo esto se abre un auténtico campo de batalla en la composición de óperas; la elección de la tesitura de cada personaje, efectivamente, condiciona totalmente el discurso final. Po eso los libros de ópera están llenos de clasificaciones vocales como tenor rossiniano, *Heldentenor* (tenor heroico wagneriano), barítono verdiano (los *malos*, generalmente y salvo alguna excepción notable, como es el caso del protagonista de *Falstaff*), o, más ampliamente, cantante mozartiano o belliniano, etc. Cuando no referencias a aspectos técnicos o tímbricos como soprano de coloratura, para referirse a la capacidad de explorar notas altas sin texto: «O, zittre nicht, mein lieber Sohn!» («¡Oh, no tiembles, mi querido hijo!»)

y «Der Hölle Rache kocht in meinem Herzen» («¡La venganza del infierno bulle en mi corazón!») , las arias de La Reina de la Noche en *La flauta mágica* de Mozart, son ejemplos particularmente paradigmáticos al respecto.

Arriba, la soprano berlinesa Anja Silja protagoniza el melodrama de Schoenberg, *Erwartung* (*La espera*), en un montaje de Robert Wilson, en la Ópera Estatal de Berlín, en 2004. Abajo, en *Salomé,* treinta años antes. Acred.: Monika Rittershaus (foto superior).

Pero lo más interesante —y seguramente determinante— en las elecciones de cada rol vocal es la relación entre volumen, timbre, tesitura y los aspectos sicológicos de los personajes. Y a veces hay obras en las que a los compositores se les quedan cortos los medios que tienen a su alcance. Por ejemplo, en una ópera hay un personaje femenino que evoluciona a través de los tres actos en que se desarrolla la historia. En el primero es una jovencita que anda haciendo locuras de amor a destajo. En el segundo, una señora instalada en la todopoderosa sociedad aristocrática del lugar. Y en el tercero, una olvidada del mundo, muerta de frío en una humilde buhardilla. Seguro que el compositor sentirá la tentación de que en el primero cante una soprano ligera, en el segundo una soprano lírica y en el tercero, una dramática. Vale. Él así lo escribe, y así quedará en la partitura; si después hay sopranos que lo puedan hacer será otra cuestión. Pero cuando la obra se tenga que representar el empresario de turno tendrá que encontrar una soprano que se comporte vocalmente así, es decir, como tres voces diferentes. No la encontrará. Y lo que sucederá, salvo que se produzca el milagro y efectivamente se pueda hallar a esa *multisoprano*, es que si la soprano elegida interpreta muy bien en el primer acto, lo hará muy mal en el segundo y el tercero. Si hace un muy buen segundo acto, estará aceptable en el tercero y mal en el primero. Y si triunfa en el tercero, el más dramático, estará de desastre en el primero y discreta en el segundo. Así es la ópera.

El mundo de los cantantes está cargado de paradojas, logros y fracasos inexplicables. No nos proponemos indagar sobre los últimos, aunque sí diremos que son demasiados (y demasiadas) cantantes los (las) que, sin saber por qué, un buen día amanecen habiendo perdido sus facultades vocales. Hay una fatiga natural en las voces que no se manifiesta con la misma fuerza en todos (y todas), y por consiguiente indefinible e intratable. Pero también casos de una milagrosa longevidad. Conocemos, así, cantantes que, con setenta y bastantes años todavía suben a escena, mientras que otros no han podido superar la década de los cuarenta. Y después están los casos intermedios de *fatiga técnica*, señores y señoras que cantan más de lo que sus cuerdas vocales puedan resistir, y han de tirar la toalla antes de tiempo, cuando no teniendo que conformarse con arrastrar el cuerpo por teatros de última fila tras una inesperadamente corta carrera en los teatros del *top*. Los ejemplos a veces pueden llegar a ser extremos. La gran soprano alemana Anja Silja cantó a los quince años de edad los roles de Rossina (una mezzosoprano) de *Il barbiere di Siviglia* (*El barbero de Sevilla*), de Rossini, y Zerbinetta (una soprano de coloratura con una de las arias más complejas del repertorio de todas las épocas, con trinos, agilidades y sobreagudos por decenas), de *Ariadne auf Naxos*, de Richard Strauss. Y tres años después, con dieciocho, Leonora (soprano dramática de coloratura), de *Il trovatore* verdiano y La Reina de la Noche (soprano lírica otra vez con tremenda coloratura), de *La flauta mágica* de Mozart. Es decir, papeles que van desde la soprano lírica con coloratura hasta la soprano dramática y la mezzosoprano. ¿Le sentó mal hacer estas *pequeñas* barbaridades? Pues no. Siguió su carrera tranquilamente, pues a los veinte debutó en Bayreuth haciendo Senta (una dramática wagneriana de fuste, con notas altísimas en su famosa Balada, «Traft ihr das Schiff im Meere an» —«¿Encontrasteis el barco en el mar?»—), la protagonista femenina de *El holandés errante*. Y fueron pasando los años y siguió cantando todos los roles más duros de Wagner. Y de Richard Strauss. Y muchos de Verdi, como la Desdémona, de *Otello*. Y más Richard Strauss, y Alban Berg, y Schoenberg. Y así hasta los sesenta y muchos años. Conclusión: no hay reglas. Los cantantes son una raza aparte.

Todas estas consideraciones nos llevan a profundizar un poco en las maneras en que un compositor debe elegir las voces para sus creaciones. Tratemos de hacerlo con ejemplos concretos, que además aclararán términos antes utilizados. Comenzando por las mujeres, el rango vocal disponible iría desde las sopranos ligeras, las sopranos lírico-ligeras, las sopranos líricas y las sopranos dramáticas hasta las mezzosopranos y las contraltos, en una clasificación de más agudo a más grave. En el caso de los hombres, y siguiendo la misma secuencia, tendríamos como cuerdas principales las de tenor, barítono y bajo, con las consiguientes subdivisiones: tenores ligeros, tenores líricos, tenores *spinto*, tenores lírico-*spinto*, tenores dramáticos y el *Heldentenor* o tenor heroico; para luego pasar a los barítonos líricos y los barítonos dramáticos, el bajo-barítono o los bajos, que podrán ser *serios* (llamados *bajos-cantantes*) o *bufos* (cómicos). Por último, nos encontraríamos con el bajo profundo. Cada uno de estos tipos, que llamaremos cuerdas, tiene características técnicas que emparentan con las necesidades de caracterización dramática de los personajes de una ópera. La sopranos ligeras son capaces de alcanzar grandes alturas tonales (notas más altas), y son voces muy livianas, de gran agilidad, capaces de emitir escalas a gran velocidad, y por consiguiente de manejar altas coloraturas (lo que no quiere decir que el compositor requiera a veces voces de mayor peso también con coloratura). Las líricas, en cambio, poseen mayor capacidad expresiva y una mayor facilidad para expandir sentimientos y emociones. Las dramáticas, por su parte, son avasalladoras y dueñas de las situaciones, que manejan con extraordinario control y un empuje creativo que las convierte en el centro de todo. La cuerda de la lírico-*spinto* es intermedia, con lo que comulga con las otras dos, diferenciándose de ellas por una relación más amplia entre el tono y el caudal sonoro. Entre las dramáticas también hay matices, llegando a las superdramáticas que requieren ciertas óperas de Wagner u otros autores posteriores: Brunilda, como ejemplo wagneriano paradigmático, pero también Salomé o Elektra, en las óperas de Strauss del mismo nombre. Y después estarían las mezzosopranos —líricas y dramáticas— y las contraltos, voces corpulentas y voluminosas de color muy fuerte, y por ello adecuadas para roles de carácter intenso: mujeres maduras, reinas atormentadas, madres diversas, personajes retorcidos, malvadas de todas las especies, etc. Con los hombres sucede algo similar. Comenzando por los más livianos, los ligeros y los bufos, capaces de inflexiones rápidas y una notable agilidad, aun con no mucho volumen y un cuerpo vocal escaso, para pasar a los líricos y luego a los *spinto* o a la cuerda intermedia del lírico-*spinto,* voces todas ellas de gran belleza canónica y largo recorrido en la línea de canto. Entre los tenores dramáticos destacan nuevamente los roles verdianos, nobles y elevados, y wagnerianos, de carácter épico. Lo mismo sucede con los barítonos, hasta el extremo de poder hablar, como ya hemos dicho, de barítono verdiano como cuerda única y diferenciada, no ya tanto por las notas que puedan o deban dar, sino por el carácter —y la resistencia— que se les exige (Nabucco, Macbeth, Rigoletto, Boccanegra... de timbre tan rural y pasmoso músculo). Hay también, claro está, barítonos cómicos y barítonos malvados, como Yago o Scarpia, en, respectivamente, *Otello* y *Tosca*, de Puccini y Verdi, o venerables y sabios hombres maduros que lanzan sus mensajes de amor al mundo, como hace el zapatero Hans Sachs en *Los maestros cantores de Núremberg*, o reyes atormentados como Boris Godunov (en la ópera del mismo nombre de Músorgski) o el mencionado Simon Boccanegra, en la ópera homónima de Verdi, o sacerdotes venerables y moralistas como el Sarastro de *La flauta mágica* de Mozart, etc. Roles para tenor como el de Tannhäuser, Tristán o Sigfrido, éste en las dos últimas óperas de *El anillo del Nibelungo*, están destinados a auténticos titanes del canto; y quizá del atletismo, tendríamos que añadir. El papel de Otello, por ejemplo, es igual o más terrible que el más exigente tenor wagneriano. Y, por último, están los bajos, ideales para personajes nobles de mucho empaque ético y moral, verdaderos ejemplos de rectitud, y justos por naturaleza, o padres de familia ejemplares que tratan de llevar a los suyos por el buen camino. El rey Marke en *Tristán e Isolda* o Boris en *Borís Godunov* son ejemplos de roles muy complejos en esta cuerda. En fin, la tipología es infinita.

Ha habido, y seguirán naciendo, cantantes de ópera de todos los perfiles, estilos y características. Más completos o limitados. Más centrados en el repertorio o más eclécticos para la elección. Más frágiles físicamente o más atléticos. Y... más o menos ambiciosos. Pero todos, casi sin excepción, comparten una erótica por la escena que les puede conducir hasta olimpos lejanos o hundir en la más triste miseria. La mayor parte de ellos no son conscientes de que su voz va a apagarse alguna vez, y como, además, en muchas ocasiones eso no se puede saber con antelación; como la mayor parte de los cantantes no saben qué día van a salir a un escenario, abrir la boca y que sus cuerdas vocales dejen de funcionar, se eternizan en su trabajo hasta minutos antes de que se produzca la tragedia. Éste es un auténtico golpe de fuerza en el gremio: se perpetúan. Pero, al avanzar la edad, no es sólo ése el problema que se les plantea a más de uno y una: siguen saliendo a escena pero se les olvida el texto, pues con tanto repertorio cantado en tan larga vida, las palabras y los sonidos se agolpan en la cansada mente. Y musitan los sonidos, envueltos en palabras inexistentes. Y más: la voz cambia, ya lo hemos dicho, con lo que un personaje con una determinada tesitura deja de poder ser cantado por el mismo cantante cuando éste ha llegado a una cierta edad. Pero lo sigue cantando. Etcétera.

Claro que todas estas miserias, puramente humanas, perfectamente comprensibles, quedan a veces confrontadas con algo llamado talento, creación, que se sigue manifestando en algunos cantantes a pesar de su envejecida voz. La voz es el instrumento; pero sólo eso. El cantante, cantar, es otra cosa, no nos cansaremos de repetir. Y así, hay en la historia casos absolutamente ejemplares de cantantes que arrastraron su voz hasta el final de sus días pero que siguieron conmoviendo a los aficionados hasta el último momento. Casos como el del barítono alemán Dietrich Fischer-Dieskau (1925-2012), que lo cantó todo durante una larga carrera plagada de asombrosas creaciones personales. Fischer-Dieskau, que además ha sido el más grande liederista de su tiempo, acumuló un formidable repertorio operístico, que fue desde Haendel, Gluck y Cimarosa hasta Leoncavallo, Giordano y Puccini, pasando por Mozart, Beethoven, Rossini, Bizet, Gounod, Verdi y Wagner. Son cantantes imprescindibles, inolvidables, verdaderos casos únicos en la historia. Fischer-Dieskau nos dejó mucha ópera filmada, lo que revela su otra portentosa faceta: era un actor de primerísima clase. Creaciones como la del barrigudo Falstaff, dirigido escénicamente por Luchino Visconti y musicalmente por Leonard Bernstein; o su conde de Almaviva de *Las bodas de Fígaro* de Mozart, bajo la dirección escénica de Jean-Pierre Ponnelle y musical de Karl Böhm, o su Lear, de la ópera del mismo nombre de Aribert Reimann, también con Ponnelle, marcaron un antes y un después en la historia de los grandes cantantes-actores.

Otro cantante que también merece un lugar de honor en los anales de la ópera es Maria Callas (1923-1977), una voz canónicamente imperfecta que sin embargo sirvió a la soprano de origen griego para hipnotizar al personal con sus creaciones maravillosas. En el caso de la Callas, hay además un plus de popularidad que envuelve su figura, un poco a mitad de camino entre la diva irredenta y la mujer frágil. Maria Callas trascendió el rol de cantante para convertirse en símbolo. Y por consiguiente un personaje de cuyo trabajo todo el mundo opinaba aun desde posturas absolutamente ignorantes. La Callas poseía una vocalidad difícil de definir. Frente a ella, su gran competidora, Renata Tebaldi, tenía un chorro de voz, y de hermosísima voz. Muy fácil calificar a Tebaldi; no había mucho más en ella a destacar; sencillamente tenía una voz prodigiosamente hermosa, que lanzaba a los cuatro vientos cuando se subía al escenario, siempre, cantara lo que cantara. Lo de la Callas era otra cosa. Cuando salía a escena su sola presencia lo llenaba todo, con un magnetismo que sólo conocen los actores de verdad. No tenía una voz muy grande, no tenía una voz bonita, ni siquiera está claro que cantara canónicamente bien. Pero su poder escénico nunca tuvo límites; su credibilidad dramática funcionaba a la perfección. Era una auténtica fuerza de la naturaleza, ante la que no existía otra posibilidad que sucumbir. Una señora nacida en Nueva York pero de caliente sangre griega, cuyo talento único puso a prueba todos los cánones del canto, comenzando por el más primordial: el discutible pero real esmalte que tenía su metálica voz, un timbre que a muchos les sigue horrorizando y que sin embargo a nosotros nos parece de una belleza clásica suprema.

Coincidió Maria Callas con la soprano alemana Elisabeth Schwarzkopf cantando *Turandot,* la ópera incompleta de Puccini. Schwarzkopf, mujer de muy distintos mimbres, fue sin embargo otra voz poco *bonita* que sin embargo se manifestó con inusitada personalidad interpretativa. Liederista reputada, hizo una magnífica carrera como operista. La traemos aquí como ejemplo de cómo la personalidad de un cantante puede situarse por encima de los elementos vocales objetivos; de cómo la manera de *decir* el canto puede superar las barreras que pueda crear una voz no agraciada. He aquí a una cantante que arrastraba, y no por su voz, sino por su capacidad de aplicar la técnica canora para explicar los resortes más íntimos del alma humana. Schwarzkopf practicó el canto desde la interioridad, buscando la verdad en el corazón de los sentimientos, huyendo del divismo, de la superficialidad y los gestos externos. Tuvo todo lo necesario para trascender su propia condición de cantante, convirtiéndose en una auténtica analista del espíritu. Algo seguramente irrepetible.

Maria Callas y Elisabeth Schwarzkopf fotografiadas en una sesión de grabación de la ópera *Turandot,* de Puccini. ¿Es posible más belleza junta? Una síntesis entre las bellezas aria y mediterránea. Acred.: EMI.

Como lo ha sido, como lo es, un fenómeno más cercano a nosotros, el de un Plácido Domingo que, tras unas cuantas décadas cantando el repertorio italiano, alemán, francés y ¡ruso!, de tenor, naturalmente, aborda ahora papeles de barítono. Como es lógico, recibe muchas críticas por ello. Por el inevitable deterioro de sus facultades vocales naturales. Pero son pocos los que se atreven a afirmar que sus facultades interpretativas estén mermadas. Sus encarnaciones de papeles baritonales no tienen el color requerido por el compositor. Pero intelectualmente obtienen una inmejorable respuesta interpretativa. Hay en sus versiones un problema de timbre, pero no de concepto dramático, con lo que, a pesar del problema, es difícil discutirlas. La voz, además, carece de la frescura de antaño, pero siempre hay que volver a lo mismo: el arte de la interpretación está por encima de la naturaleza física; en arte, la mente, el pensamiento, la reflexión ocupan siempre la cúspide de la pirámide. Por lo demás, analizar su repertorio es espeluznante. Por citar los dos grandes: de Verdi: *Nabucco, La traviata* (*La descarriada*), *Il trovatore, Rigoletto, Macbeth, Luisa Miller, Un ballo in maschera* (*Baile de máscaras*), *Don Carlo, Aida, Otello…*; y de Wagner: *Tannhäuser, Lohengrin, La valkiria, Los maestros cantores de Núremberg, Tristán e Isolda* o *Parsifal.* Pero también ha hecho Puccini: *Manon Lescaut, Madama Butterfly, La fanciulla del West* (*La chica del Oeste*), *Tosca, Turandot;* o *Los cuentos de Hoffmann,* de Offenbach; o la *Carmen,* de Bizet; y otras de Donizetti, Berlioz, Massenet, Saint-Saëns, Meyerbeer, Gounod o Chaikovski. En todos los casos, los roles del tenor principal, antes de que, ahora, esté experimentando los barítonos.

Para acabar este apartado, en fin, proponemos un ejercicio para precisar muchas de las ideas expuestas, refiriéndonos al modo de operar de un compositor concreto, para unos roles concretos en una ópera concreta, buscando las razones por las que el autor escoge cada tesitura, para luego asignarla a cada personaje. También a los posibles resultados interpretativos a que todo ello interpela y que deben constituir el último elemento crucial en la búsqueda y la elección. Tomemos como punto de partida *Don Giovanni* (*Don Juan*), de Mozart, de la trilogía de Da Ponte a la que ya nos hemos referido anteriormente y seguiremos refiriéndonos en el capítulo siguiente, y una de las óperas más importantes y mejores de la historia del género.

Don Giovanni es un noble que hace de la vida un arte. Está casado con Donna Elvira. Cuando intenta seducir a Donna Anna, el novio de ésta, Don Ottavio, sale en su defensa, pero es el padre de Donna Anna, el Comendador, quien la defiende, muriendo en el intento a manos del propio ultrajador. Leporello es el criado de Don Giovanni. Alardea de las conquistas de su amo, como si fueran propias, aceptando las mentiras y humillaciones de aquél con resignación. Es muy cínico, y se siente a gusto como confidente de Don Giovanni, en su papel de ayuda de cámara. Cuando Donna Anna es violada (?) por Don Giovanni, ésta se apoya en su prometido, que se lo toma como una ofensa cantando a las estrellas sus penas. Donna Anna, en cambio, muestra su ira con el furor propio del despecho. Pero, en el fondo, con el deseo de ser seducida. Frente a ella está Donna Elvira, española de España, el lugar en que, según relata Leporello, más conquistas contabiliza su amo. A ella también la sedujo, pero sólo después de aceptarla en matrimonio: Donna Elvira es toda una mujer; Don Giovanni, todo un impostor. La coqueta Zerlina y el rudo Masetto forman una pareja de campesinos que se ve involucrada en la trama, por obra y gracia de Don Giovanni: se van a casar, pero no antes de que Don Giovanni les dé su permiso, que naturalmente habrá de pasar por la alcoba de la chica. Por último, el Comendador protagoniza la famosa escena del cementerio: el muerto viviente es invitado a cenar a casa de Don Giovanni, una escena ésta que ha pasado a la historia del género como un formidable hito del teatro cantado. Un libreto de Lorenzo da Ponte, en fin, al que no le sobra ni una coma, y para el que Mozart monta un banquete operístico de auténtico lujo.

Mozart —bajo la atenta mirada de Da Ponte— escogió las tesituras para los cantantes de *Don Giovanni* de modo que los personajes hubieran de funcionar en grupo, para poder poner de manifiesto sus subtextos de forma inteligente: dos barítonos (o bajos-barítonos) reservados para Don Giovanni y Leporello, o sea para una misma idea del desprecio por lo ajeno, pero practicado desde el punto de vista del que lo tiene todo o —desde el más terrible de los conservadurismos— del que ha de guardar lo poquísimo que posee; y dos sopranos líricas (no es verdad que por tesitura Donna Anna sea más dramática que Donna Elvira ni que sea adecuado que de ésta se pueda encargar una lírico-ligera, como a veces se ha afirmado) para las dos damas, que en realidad desarrollan discursos acerca del amor bastante complementarios. A lo que habría que añadir que Zerlina alcanza el mismo extremo vocal que las dos anteriores, sin llegar por abajo a los de aquéllas, con lo que pasaría al grupo de las chicas con todos los honores, aunque para defender puntos de vista acerca de las artes amorosas, su disfrute y sus problemas bastante menos mediatizados por las convenciones sociales, y por ello más elementales y veraces. Con el bajo-bajo que es el Comendador, Mozart monta una especie de homenaje a su propio padre muerto y al que seguramente en más de una ocasión soñaría así, como a un resucitado que regresa a pedir más y más explicaciones acerca de ciertos comportamientos humanos y, por supuesto, con la escopeta a mano para exigir el más radical castigo; es una máscara, una anécdota vocal en medio de un mar de opciones, pero que dramáticamente es necesario para desatar la fuerza de la venganza que domina toda la pieza. Masetto y Don Ottavio, en fin, dan poco de sí como personajes, pero si la vocalidad del primero se suma sin pena ni gloria a las de Don Giovanni y Leporello (baja y sube en su tesitura menos que éstos) al soso y desangelado Don Ottavio Mozart reserva una música de ensueño.

Don Giovanni es el centro de gravedad de la obra, aunque basculando continuamente para dirimir ese honor con el personaje de Donna Anna. Ambos aparecen en el historial lírico mozartiano tras *Fígaro* y como antesala de las chicas del *Così,* dos títulos que comparten con *Don Giovanni* la categoría de comedia. Sin embargo, en ninguna de estas dos óperas, ejemplos de digresión política y desesperanza donde los haya, la agonía, el pesimismo, el sufrimiento y el dolor se hacen tan carnales. La venganza y la muerte recorren la historia de *Don Giovanni* convirtiéndose en su auténtica columna vertebral, y salidas ambas de la disgregadora personalidad de Don Giovanni, un individuo que, más allá del desconocimiento de normas y preceptos del que puede llegar a presumir el amoral puro, controla y organiza esa ruptura, atacando a la base, a todo modelo organizativo que pueda implicar vida en colectividad; Don Giovanni no sólo no respeta reglas, las rompe a conciencia, a cuya destrucción se aplica con vehemente violencia en presunta defensa de su concepto de libertad. De «joven extremadamente licencioso» es calificado por Mozart; de provocador y brillante director del desastre que va organizando a su alrededor allá por donde pasa se nos ocurriría hablar ahora, no más que recordando las relaciones que establece —que decide establecer— con los demás personajes de la historia. Cada una de sus apariciones en cada secuencia induce a que cada elemento que maneja se hunda en su propia e inevitable negación, en un tremendo desarraigo de lo común, de lo compartido, de lo normal. Don Giovanni es como un vendaval que lo arrasa y lo destruye todo, sin motivo aparente, sin objetivo observable. Es un hombre rico, que tiene tierras y podemos suponer que una buena casa; pero siempre anda por ahí, en todos los lugares y en ninguno, luchando a brazo partido con el tiempo, que para él no significa nada; que no va más allá de protagonizar un cambio permanente sin la más mínima perdurabilidad para las cosas o los sentimientos. Podemos pensar, en fin, en calculadores, dominadores, mentirosos, malvados de todas las especies, desde el Wotan del *Anillo* wagneriano al malvadísimo Yago de *Otello,* de Verdi, pasando por Kaspar, de *El cazador furtivo,* de Weber, pero nunca hallaremos nada parecido, pues, al fin y al cabo, es un hombre atractivo que basa todo su desafío a los fundamentos de las relaciones sociales en la promiscuidad, es decir, nada más que en un laxo concepto acerca del amor. Y el sexo no debería ser motivo de tanta destrucción en una sociedad sensata...

Para semejante perfil sicológico Mozart no se arredra y escribe el papel masculino de su vida. La extensión vocal de sus intervenciones abarca un rango tonal al que pueda enfrentarse desde un barítono lírico hasta un bajo de zona aguda generosa, o sea, lo que viene a ser un bajo-barítono o bajo-cantante, o incluso un barítono verdiano que posea el estilo. De hecho, en el estreno praguense de la obra lo hizo un lírico, un tal Luigi Bassi. Hoy la tendencia es otra; lo han cantado, efectivamente, barítonos de tono claro como Bernard Weikl, pero hace tiempo que se prefiere a un bajo tipo Cesare Siepi. Sin olvidarnos de que se han enfrentado a él bajos casi bajos-barítonos como Nicolai Ghiaurov, bajos de fuste como George London o Ruggero Raimondi y barítonos verdianos con buen conocimiento del estilo, tipo Carlos Álvarez. En su momento pudo haber razones para desear a un lírico, una voz clara para dar mejor al joven conquistador, y ofrecer así mayor contraste con el resto, pero hoy es ésta una idea superada, entre otras razones porque el modelo de maduro joven imperante así lo indica. Sea como fuere, por tesitura no estamos ante un papel complicado; los problemas los marca el carácter, cuya variabilidad y complejidad requieren características muy concretas. Don Giovanni necesita una voz de timbre hermoso pero no redondo, mejor anguloso que limpio, eso que podríamos llamar varonil; y de una línea que sea capaz de hacer volar la melodía con generosidad («Là ci darem la mano» —«Allá me darás tú la mano»—, «Deh vieni alla finestra» —«¡Oh!, ven a la ventana»—); ágil y en cierta medida ligera para el «Fin ch´han dal vino» («Ahora que del vino»), y versátil en el matiz sicológico para «Metà di voi qua vadano» («Una mitad se va por aquí»). Y todo ello acatando los requerimientos interpretativos de cada caso, siempre distintos, y una expresividad y locuacidad fuera de lo común en los extraordinarios conjuntos —¡y recitativos!— que Mozart regala al personaje. Por todo ello, la conclusión final es que, por encima de todo, el rol de Don Giovanni requiere, con independencia de la técnica necesaria, una extraordinaria dosis de inteligencia interpretativa.

El gran Ezio Pinza, caracterizado para *Don Giovanni*. Un histórico. Pinza triunfó en el Metropolitan de Nueva York cantando este rol entre los años 1926 y 1948.

La en un desconocido y dudoso grado seducida Donna Anna constituye una de las más gloriosas muestras de personaje perdido, descolocado, de la historia de la ópera. Aparece en la acción de manera violenta y desubicada, fuera de su noble ámbito natural de acción, es decir, fuera de la casa del padre, en plena calle, reivindicando venganza contra no se sabe bien qué, si un intento de seducción, una violación consumada o ni lo uno ni lo otro, sino todo lo contrario. Personaje de difícil valoración, Mozart la hace hablar musicalmente con la elocuencia que provoca el despecho y el desprecio; y la hace hablar con tal clarividencia en las notas de sus bellísimas arias, que no es de extrañar que acabemos pensando que su pena no procede de ese despecho sino de su propia incapacidad para aceptar que ama a su seductor. En realidad, Donna Anna es la cara femenina de Don Giovanni, o sea, su contrafuerza: si él provoca el drama, es ella quien lo va a mover todo para vengarse. Por eso puede ser considerada como *el otro* protagonista de la obra, formando con Don Giovanni un eje polar en cuyos extremos caerán los demás como abejas pegadas a la miel. Para poner sobre escena a semejante fuerza de la naturaleza, mezcla de odio, amor reprimido y ternura femenina, Mozart necesita pertrecharse de una soprano lírica que dé notas en «Or sai chi l´onore» («Ahora ya sabes quién el honor»), en el primer acto y cual carta de presentación, con hasta catorce notas altas, es decir, en la primera de las dos arias que tiene asignadas, y que cante dulce en la otra, ya en el segundo, en «Non mi dir» («No me digas»). Donna Anna es un papel vocal de armas tomar, si se acomete como es debido desde la caracterización sicológica del personaje, una mujer a la que le han matado al padre y que al sentimiento de desolación debe añadir la fuerza de la venganza y el deseo amoroso reprimido. Un auténtico mar de sentimientos y sensibilidades, sumergido en un volcán de irrefrenables fuerzas naturales. Para expresar toda esta continua contradicción se requiere una voz de importante densidad tímbrica, buen cuerpo y de fácil y bien entendida coloratura en sus numerosos ascensos tonales.

Leporello forma la típica pareja de comedia napolitana con Don Giovanni, aunque nosotros nos inclinamos más por valorar al personaje como un *alter ego* negativo de su patrón. Es como un bufón bien informado, listo, deseoso de ser como el amo —igual de guapo, igual de rico, igual de conquistador— y muy protestón, aunque sin intenciones reales de abandonar el barco, a pesar de la mala vida a que le somete el capitán; sin el concurso de éste, la naturaleza de Leporello sería la misma, la que percibimos al lado de su señor, y hay que dudar seriamente de su voluntad para cambiar de vida, para ser independiente. Y como el bufón, no sólo está bien capacitado para divertir al personal, sino perfectamente concienciado para llegar a ser el más cruel de los mortales a la hora de hacer publicidad de su señor. Porque, ¿existe un aria de contenido más desconsoladoramente tremendo e insultante que «Madamina, il catalogo è questo» («Mi joven señora, he aquí la relación»), un parlamento que el criado arroja a la cara de la mil veces engañada Elvira mientras ésta no tiene más remedio que, callada, aguantar el chaparrón de las mil conquistas de su marido? Vocalmente es también un papel relativamente cómodo para un bajo cantante o un barítono, aunque transite una zona algo más grave que la de Don Giovanni. Nos parece que el cantante ideal para Leporello es un bajo bufo con control de los aspectos histriónicos del personaje (un Carlos Chausson, por ejemplo), que, en todo caso, Mozart no dejó de asignarle: aliteraciones, exclamaciones, respuestas *inteligentes* e irónicas a las propuestas ingeniosas del patrón, etc. deben ser graduadas con mesura pero con buena expresión cómica. Y en cuanto al timbre, no nos parece adecuado —como sucede en los escenarios con frecuencia— que Leporello y Don Giovanni aporten un color vocal similar; la exposición de los caracteres, como en la orquesta que les apoya, dependen mucho del sonido, y en ese sentido conviene para Leporello una voz más oscura y de timbre menos noble, erguido y caballeresco que la que se asigne a Don Giovanni. Como es lógico, a no ser que —como planteó hace ya años Joseph Losey en su *film*— el director de escena pretenda un desdoblamiento explícito de un personaje virtual en los dos de Don Giovanni y Leporello.

Francisco d'Andrade y Lilli Lehmann, dos clásicos en los roles de Don Giovanni y Donna Anna.

Donna Elvira es, como mínimo, una mujer tan engañada como Donna Anna. Pero de otra manera y, por eso, con distintas consecuencias en su evolución. Es un personaje obsesivo, pues en ella se ceba especialmente —por reiteración no menos obsesiva— el engaño donjuanesco como el dardo que busca siempre la diana. Donna Elvira exhibe un lacerante patetismo, es continuamente humillada y, sin embargo, cae y recae una y otra vez en la misma enfermedad: un amor crónico que roza lo enfermizo y que resulta absolutamente resistente al más agotador desaliento. Si Donna Anna, en fin, enarbola su dignidad femenina para luchar por su venganza, sola, sin poder apoyarse con esperanzas en el lado masculino de Don Ottavio, Donna Elvira, que no desea ni necesita venganza sino que su amado la quiera como a ella le parece que se ha de querer a una mujer, es decir bajo un influjo único y monógamo, acabará sublimando su amor no a través de la violencia, sino pacíficamente, agotada, y dispuesta a que su amor sirva a la redención. Retirada en un convento. Se trata de un rol vocal que exige una voz y una cantante fuera de lo común. Una voz con personalidad, que dé aspecto de mujer curtida y experta aun en el fracaso; una voz oscura de timbre y con ricos matices en los fuertes colores que exhibe, y una cantante de depurada técnica y gran resistencia física. Lo que quizá no se deduzca exactamente de su tesitura, similar a la de Donna Anna en la zona aguda, pero dos notas más graves por abajo. Es nuevamente el carácter el factor decisivo: a Donna Elvira la han cantado *mezzos* como Christa Ludwig o sopranos wagnerianas como Waltraud Meier, por no hablar de sopranos como Pilar Lorengar o Julia Varady, o sea liricas anchas, *spinto*, de materia compacta pero muy estratificada, dado el tipo de escritura que Mozart ensaya para conseguir esos resultados: saltos exagerados, respiración abrupta, coloratura intempestiva, y todo ello al servicio de una expresión que en algún momento («Mi tradi» —«Me traicionó»—, por ejemplo) podemos calificar de límite.

En la historia de la ópera, y de manera repetida y persistente, se dan con los papeles para tenor situaciones al borde del surrealismo. Partes esenciales de las historias que se cuentan encuentran en los personajes trazados bajo esta cuerda vocal elementos de reacción, cuando no de pura regresión, que se entenderían bien si estuvieran apoyados por musiquitas para pasar el rato. Pero no; al lelo, al bobo, al *guaperas* de turno los compositores asignan una música sublime, cuando su cometido dramático resulta, en el mejor de los casos, odioso. Don Ottavio es paradigma de todo eso. Amigo del Comendador, por ello un conservador de los pies a la cabeza, seguramente algo entrado en años, y con toda probabilidad no precisamente un individuo atractivo, corre tras Donna Anna utilizando el dolor y la ira de ésta para hacerse fuerte en su aspiración a convertirla en esposa, pero con tal desfachatez que ni se priva de llamarla así en más de una ocasión, por supuesto sin serlo. Su perspectiva masculina ante su propio enamoramiento de Donna Anna es ridícula, hasta el punto de defender sin pudor alguno que amigo, padre y esposo son tres lazos ejercibles de manera natural por una misma persona —y al mismo tiempo— hacia la amada; como es lógico, Donna Anna no está por semejante integral labor y el calabazazo es de aúpa, eso sí con la nueva aquiescencia de su omnicomprensivo aprendiz de novio, que no alcanza a explicarse ciertos complejos designios femeninos de la mujer moderna: Donna Anna se quiere vengar, pero preferiblemente sola, sin ayuda de mano masculina protectora alguna. Pero para tal latazo de personaje, sin embargo, Mozart escribe una música de ángeles en sus dos excelsas arias, la original del estreno en Praga y la que tuvo que escribir luego para el de Viena por no encontrar un cantante capacitado, hasta el extremo de transformar al personaje de arriba abajo, para pasar de un ser blando, melifluo y breve a un hombre elegante, sensible, seguro de sus posibilidades y con un mundo interno plagado de sentimientos sinceros y sentidos, llenos de ansia y alejados de lo formal y lo establecido. «Dalla sua pace» («De su paz») e «Il mio tesoro», las referidas arias, encuentran acomodo hoy en la mayoría de las producciones modernas, pues ambas son vehículos de esa milagrosa transformación-momentánea, en todo caso, en todos los sentidos. La primera es una música dulce y voladora que no requiere una gran prestación vocal, pero sí a un verdadero artista que maneje con gusto y técnica la media voz; la segunda, más *guerrera*, nos revela al hombre protagonista de su destino, dispuesto a ganarse un amor que tiene, por el momento, perdido. Se suele decir que Mozart reservó para Don Ottavio un rol de lírico-ligero. Su tesitura así lo indica, pero unos cuantos líricos con buena técnica nos han enseñado a escuchar al caballero de otra forma; con más poso y menos levedad, tanto tímbrica como en el propio cuerpo de la voz. Es cierto que el papel, sobre todo en la segunda aria, necesita de un cantante con buena agilidad y control de la respiración, pero también que esto no es patrimonio de ninguna cuerda: a nuestro entender, mejores, y más adaptados a la línea dramática de la obra, resultados ha conseguido un Nicolai Gedda que voces como la de, pongo por caso, Anton Dermota, durante años y años la *oficial* para

Don Ottavio. Y el gran Alfredo Kraus, al que sorprendentemente no le gustaba cantar Mozart, hizo un soberbio Don Ottavio.

Zerlina y Masetto constituyen la parte rústica de la obra, y por ello, no casualmente, son los únicos personajes que encuentran la paz en el amor; los únicos con capacidad de reconciliación tras el amago de engaño. ¿Se produce tal? Sí por parte de la primera, y para nada en Masetto, por absoluta incapacidad para ni siquiera pensar en ello. Éste es un campesino de pocas luces y una sensibilidad a flor de piel que ve la vida de manera elemental y corta: uno vive para el trabajo y necesita una hembra a la que querer y con quien compartir lo poco que se tiene. Punto. O no: se las dan por todos los costados, hasta que una Zerlina mucho más despabilada tome cartas en el asunto y lo arregle todo. Ella, por el contrario, sí goza de otras miras; sí llega a soñar con ser señora del amo, a pesar de, por ello, incurrir en traición a su amado seguro. Esta doblez, tan típica en los personajes femeninos ligeros de las tramas operísticas dieciochescas, dota al personaje de una picardía muy sensual, fresca y atractiva. Para Masetto, Mozart se decide por un barítono lírico, con tesitura bastante cómoda, de voz pastosa y que tenga buenas dotes de actor, pues ha de convencernos en cada una de las distintas reacciones de su intrincado periplo, desde la boda a la lamentable paliza que va a sufrir y la reconciliación con Zerlina. Al revés, la voz ideal para ésta está bastante menos definida. Ligeras o lírico-ligeras como Lucia Popp, Edith Mathis o Mirella Freni se han encargado del rol, pero es dudoso que la parte no quede mejor defendida por una *mezzo*, tipo Teresa Berganza, por ejemplo. La escritura de Zerlina es poco reveladora, porque en pocas ocasiones alcanza los extremos, desarrollándose el rol en un terreno tonal central ostensiblemente cómodo. De manera que una *mezzo* de voz más oscura estaría en mejor disposición de dar el contraste entre la campesina coqueta que se deja seducir por el señor y la rústica esposa del fornido labrador.

Il Commendatore, por último, es, ya lo dijimos antes, como una máscara; la del noble bajo cuyo vil asesinato ha de construirse la moralmente elevada moraleja con que finalizará esta comedia trágica. En los estrenos praguense y vienés lo interpretó el mismo cantante que se encargó de Masetto. Error total. El

Comendador ha de ser un bajo profundo, es el único personaje de la obra que sí necesita una diferenciación tímbrica clara con respecto a las voces graves que lo circundan. Y otra vez por tesitura no habría de ser así, pues no es ésta extrema. No importa; el carácter de nuevo marca la pauta, y sin un Comendador feroz, terrible, una encarnación del dios vengador disfrazado de demonio busca-almas, no hay nada que hacer. Aquí las cuestiones estilísticas no son exigentes, pues más vale un Comendador fuera del canon canoro mozartiano tremendo que un estilista leve. Un ejemplo: el terrorífico Comendador de Matti Salminen. Su «Don Giovanni, a cenar teco» («Don Juan, a cenar contigo») de la última escena es sencillamente aterrador.

Seguramente el lector percibirá que, aun sin habérnoslo propuesto abiertamente, hemos introducido otro factor en la interminable cadena operística, y que se extenderá todavía a los elementos de la misma de los que todavía no hemos hablado, los directores musicales y los de escena. Nos referimos a la interpretación. Este factor es determinante en algunos aspectos, pero no en la calidad de los textos del libreto o del valor objetivo de la música. Sin embargo, añadirá un plus que puede ir más allá cuando ese texto se encarne en las voces y esa música comience a sonar. Los responsables de ambas cosas serán los cantantes, pero por supuesto bajo la supervisión —si no el mandato— de la teórica máxima figura responsable del espectáculo: el director musical. A este último nos vamos a referir pronto, así como al director de escena. Ahora añadiremos dos palabras más acerca de los cantantes como intérpretes, por más que el asunto nos lleve a formular una cierta alerta: los conflictos que se pueden producir entre cantantes y directores musicales a la hora de establecer las características sicológicas de personajes y situaciones en la interpretación. En realidad, la responsabilidad que recae sobre los cantantes es doble, pues no sólo deben comportarse como músicos sino como actores, lo que evidentemente complica mucho su trabajo. Un cantante de ópera se convierte, así, en algo más que un cantante. So pena de aceptar que es posible hacer el trabajo sólo a medias, algo en lo que desgraciadamente incurre más de un divo. En realidad un cantante de ópera debe ser un actor que canta. Puede ser bueno en lo uno y menos bueno en lo otro; o viceversa; o muy malo en ambas cosas; o excelente como cantante y actor. El grado de desarrollo a que ha llegado la ópera hoy exige el máximo a los cantantes, que durante décadas fueron sólo voces. Aun así, aunque la evolución es muy positiva y los escenarios hoy están repletos de buenos profesionales, durante mucho tiempo (y en buena parte por una absurda aceptación del público, mucho más deseoso de escuchar a grandes voces que a grandes intérpretes), los auténticos amos del espectáculo. Después llegaron los directores musicales divos, y ahora nos encontramos en un momento en el que son los directores de escena los que suelen dictar la norma.

Pero antes de ocuparnos de eso, haremos un apunte último acerca de las partes cantadas de una ópera. Nos referimos a un elemento que no aparece siempre en escena, pero que puede llegar a tener muchísima importancia, e incluso convertirse en el verdadero protagonista de la pieza: el coro. Todo lo dicho acerca de los cantantes-protagonistas, incluido el rol interpretativo, es válido para el coro, que puede ser masculino, femenino o mixto, opción esta última más frecuente. Los compositores utilizan también con profusión los coros de niños, voces por su naturaleza de más complicado tratamiento en escena. La idea del coro casi siempre está asociada a protagonistas colectivos, corrientemente a intervenciones *del pueblo* o de otros grupos frente a la individualidad de los personajes. Y a los libretistas y compositores les suele encantar su encaje en los argumentos, pues las partes corales suelen constituir un gran plus de efectividad para el espectáculo. Y si, como ya lo hemos hecho nosotros hace nada al hablar de las arias de *Don Giovanni,* éstas son nombradas por las palabras del primer verso de su texto (otro ejemplo: «La donna è mobile» —«La mujer es voluble»—, una de las arias del Duque en *Rigoletto,* de Verdi); o bien por un apelativo referido a su contenido (el «aria de la flor» de Don José, en *Carmen,* de Bizet; la «romanza de la estrella» de Wolfram von Eschenbach, en *Tannhäuser,* de Wagner), las partes corales suelen ser reconocidas por apelativos que tienen que ver con los acontecimientos ocurridos en el argumento: coro de peregrinos, coro de sacerdotes, coro de esclavas; o también por las palabras del primer verso, como sucede en el famoso coro de los hebreos en *Nabucco,* de Verdi: «Va pensiero» —«Ve, pensamiento»—. La cantidad de partes corales en las óperas es variable y depende de muchos factores: de los intereses y gustos del compositor, de la importancia de los colectivos en los argumentos, del interés del autor por dar espectáculo (piénsese por ejemplo en la famosa «Marcha triunfal», de *Aida,* de Verdi), etc. Pero lo cierto es que cuando un compositor tiene muy desarrollada la capacidad para escribir para coro en una ópera los resultados pueden llegar a no tener precio. Verdi y Wagner escribieron soberanamente bien para coro. En *Tannhäuser* (imponentes los coros de peregrinos), *Lohengrin* (auténticamente épicos los coros de soldados), *Los maestros cantores de Núremberg* (prodigiosos en la presentación de candidatos en la Noche de San Juan) o *Parsifal* (los coros de los caballeros, de una grandiosa e inasible espiritualidad), todas ellas de Wagner. Puccini no se queda atrás en el espeluznante *Te Deum* con el que se cierra el primer acto de *Tosca* o, en el otro extremo, el delicado «coro con la boca cerrada» de *Madama Butterfly.* Y también hay óperas en las que el coro es esencial, como sucede en *Moses und Aron,* de Arnold Schoenberg, que lo convierte en protagonista casi absoluto. O, sin ir más lejos, en la misma *Fidelio,* de Beethoven.

— 39 —
El director musical

La siguiente figura indispensable para que una ópera adquiera una realidad tangible es la del director musical. Es un protagonista esencial, insustituible y de responsabilidad casi ilimitada para la concepción musical de una ópera, pero un elemento que sólo ha llegado a adquirir la importancia que tiene en épocas recientes. Y ha sucedido en el foso de una representación operística, pero también en el podio del parqué en una sala de conciertos: la dirección musical en todas sus facetas no tiene un desarrollo plausible hasta el siglo XIX, determinante hasta bien entrado el siglo XX, y ni que decir tiene que el auténtico tirón se produce cuando la industria del disco comienza a dar señales de vida. Porque, si bien el principal factor que define el desarrollo de la profesión de director musical no es otro que su importancia relativa entre todos los elementos intervinientes, durante mucho tiempo asombrosamente baja, el factor de conocimiento, difusión y divulgación de la música y, por consiguiente, de la parte musical pura de una ópera que proporcionan las grabaciones discográficas ha constituido un extraordinario procedimiento para comprender mejor la parte musical de una ópera, que es, obviamente, la más definitoria del espectáculo.

Efectivamente, el único elemento de juicio histórico que tenemos, que no sea fiarse de la sarta de adjetivos con que los historiógrafos califican las capacidades de los más afamados directores de orquesta que han sido, es acudir a las grabaciones antiguas. Y ahí nos tropezamos con un serio y comprensible inconveniente: sólo a partir de 1925, con la aparición de los registros eléctricos, es posible escuchar una orquesta, y a su director, con un mínimo de garantía. Por grabaciones acústicas o en rollo de pianola o fonógrafos diversos, sí nos es posible, por ejemplo, saber quién fue Caruso o cómo tocaba Rajmáninov. Pero más atrás, todo lo que podemos saber sobre, por ejemplo, cómo dirigía Wagner la música de Beethoven o el bueno de Hans von Bülow las óperas de su amigo es a través de los comentaristas y críticos de la época, lo que puede generar dudas más que razonables. Podemos leer cosas como que, por ejemplo, Felix Mendelssohn era un director al que le gustaban los *tempi* ligeros y las formas educadas en el trato a los músicos de las orquestas. Y sabemos que Hector Berlioz, que no era tan amable con los instrumentistas, empezó a dirigir bastante tarde pero lo sabía todo acerca de la orquesta, lo que muchas veces se convertía en un arma de doble filo, pues sus exigencias técnicas sobrepasaban con mucho lo que las agrupaciones eran capaces de dar. Con frecuencia exigía un número de ensayos al que los músicos se negaban, lo que revela que fue uno de los primeros que dio al ensayo el valor que tiene, hoy en día fundamental. Berlioz pudo ser, al contrario de lo que podría pensarse escuchando sus composiciones, un director frío, pragmático e incluso objetivo. Nada que ver con Wagner, mucho más imaginativo y fantástico, derrochador de sentimientos y por ello muy subjetivo. Berlioz y Wagner coincidieron en Londres en 1855, y hablaron el uno del otro con la habitual verborrea que les caracterizó: Berlioz se rio de Wagner al pretender éste explicarle las claves de la recreación musical, y Wagner criticó la versión de la *Sinfonía núm. 40* de Mozart que escuchó bajo la batuta de su colega, afirmando que sólo era capaz de marcar el compás. Dos auténticos gallos de corral en el fragor de la pelea. En todo caso, fue Wagner quien dio el gran primer puñetazo encima de la mesa de la dirección orquestal, promoviendo un culto a la figura del director de orquesta que se conserva hasta nuestros días. Wagner escribió mucho sobre dirección orquestal —en realidad escribió en exceso de todo lo habido y por haber— y a través de esos escritos se deduce que fue el auténtico nexo de unión entre el director de orquesta en los tiempos de Beethoven y la primera gran escuela de directores alemanes, entre los que destacó Hans von Bülow, su apóstol y primer marido de la hija de Liszt, Cosima, antes de que ésta y Wagner formaran pareja. Pero Wagner no fue realmente un gran director, a pesar de gozar de la fama de ser exactamente lo contrario; el mismo Bülow relató en más de una ocasión lo mucho que a Wagner le costaba leer partituras ajenas. Parece, sin embargo, que fue un buen intérprete de la *Novena sinfonía* de Beethoven, que copió y redujo al piano, amén de homenajearla con una cita casi literal en la entrada a escena del protagonista de su primera ópera importante, *El holandés errante:* «Die Frist um…» («El tiempo ha llegado a su fin»). Probablemente, para entender la situación de la dirección orquestal en la segunda mitad del siglo XIX habríamos de hablar de una trilogía, la formada por Wagner, Bülow y Franz Liszt, los tres emparentados, además de por lazos familiares conocidos, por un mismo ideal musical, la defensa de lo que llamaban en expresión muy rimbombante la *música del porvenir.* A Liszt se le tiene como al pianista más importante desde Chopin, lo cual es cierto, y también como icono de la composición para ese instrumento, lo que no es menos verdad. Pero, aunque no posea una obra operística significativa, fue un muy importante compositor de música sinfónica. En cuanto a la dirección orquestal, no cogió una batuta hasta los treinta años. Al instalarse en Weimar, en 1848, tuvo que ejercer como director de los conciertos de la corte, cosa que le encantó pues esa actividad se convirtió en el trampolín para optar al puesto de jefe de los *músicos del futuro.* Allí se estrenó, dos años después, y dirigida por él, *Lohengrin,* de Wagner, que estaba exiliado en Suiza tras salir por pies de Alemania como consecuencia de su participación en la revolución de Dresde. Probablemente Liszt fue un buen director de foso, cuya defensa tuvo que organizar ante los continuos cambios políticos que iban acaeciendo en la corte. Hay que imaginarlo, en todo caso, como un director-espectáculo, que se contorneaba en el podio como lo hacía sentado al piano.

El director de orquesta Hans von Bülow. Retrato de Franz von Lenbach, que se puede ver en el Teatro Nacional de Múnich. El autor del cuadro se refirió a él diciendo que había retratado a «un gran canciller del imperio de la música». Cosas del lenguaje romántico. Y alemán.

Pero sabemos que todos los *primeros* directores de la historia que hemos nombrados hasta aquí —así como otros anteriores sobre los que podríamos extendernos, como es el caso de Haendel— fueron sobre todo y ante todo compositores. Por ello deberíamos de defender la figura de Hans von Bülow como la del primer director que cuando bajaba al foso a dirigir una ópera no se limitaba a dar notas y concertar las partes, sino a dar una opinión musical acerca de la partitura, es decir hacer ese trabajo como lo concebimos hoy. Fue, además, un intérprete sorprendente, porque entendió por igual el wagnerismo y su opuesto teórico, es decir la música de Johannes Brahms. Bulöw fue un pianista —y parece ser que bastante bueno— que tuvo la revelación de convertirse en director de orquesta el día que escucho por primera vez *Lohengrin,* cuando Liszt la estrenó en Weimar. Y él fue el elegido para estrenar *Tristán e Isolda* años después, aunque sin saber que su esposa, Cosima Liszt, estaba embarazada. El estreno tuvo lugar en junio de 1865 y ella había dado a luz una niña en abril. Hans y Cosima la llamaron Isolda, en honor a Wagner, pero Bülow no sabía que no era hija suya, sino de su Wagner del alma. La historia acabó en divorcio, naturalmente, aunque no de manera inmediata, y ante la observación pasiva del padre de Cosima, un Franz Liszt que poco podía alegar ante todo aquello, pues, al fin y al cabo, la propia Cosima era la hija que Liszt había tenido con la condesa Marie d´Agoult fuera de su matrimonio. Pero saliendo del cotilleo y volviendo a lo que nos interesa, es necesario resaltar un rasgo de Bülow como director de ópera: se le acusaba de hacer más caso a la orquesta que a los cantantes. Aparentemente eso debería de ser un defecto, pero nosotros, sin embargo, lo consideramos como rasgo de modernidad. Por dos razones: la primera ya la hemos explicado en otra parte del libro al referirnos al papel que juega la orquesta en Wagner, es decir, la verdadera expresión del pensamiento del personaje frente a la retórica del relato; y la segunda porque Bülow, como todos los demás, antes y después, tuvo que enfrentarse a la gran dictadura de los cantantes, de los llamados divos del canto, sin duda figuras absolutamente indispensables para el espectáculo operístico, pero unos señoras y señores que, hasta hoy, rara vez entienden que sólo son las herramientas para la construcción de una arquitectura que, o está en manos de un auténtico constructor, o la mayor parte de las veces va a estar condenada a su propio hundimiento. Richard Strauss, como compositor el heredero natural de Wagner, aprendió mucho de dirección orquestal con Bülow, al que admiró y al que dedicó siempre buenas palabras. Y es curioso que si las influencias de Wagner para la posterior ópera alemana obraron con una relatividad bastante sorprendente, lo que sí dejó un reguero de seguidores fue su orquesta, que se convirtió en modelo de estudio para una legión de directores. De entre todos ellos, casi siempre agrupados en torno a Bayreuth, destacó el húngaro Hans Richter, que fue formado por Wagner en persona. Él fue el primer director del *Anillo* completo en 1876, aunque, todo hay que decirlo, Wagner no quedó muy satisfecho. Seguramente hubo ahí un importante choque de sensibilidades; para Wagner, imaginación y subjetividad debían andar de la misma mano, mientras que a Richter le interesaba más el análisis, sin demasiados estruendos. Se movía poco en el podio, y su movimiento de batuta era corto y discreto. Seguramente fue lo que hoy calificaríamos como un *director eficaz*.

Thomas Alva Edison diseñó en 1877 (el mismo año en que Brahms estrena su primera sinfonía) una máquina para recoger sonidos: un cilindro recubierto de papel de estaño, accionado por una manivela.

Un año después de la primera representación de *El anillo del Nibelungo,* Thomas Alva Edison inventó el fonógrafo. Primero se grabó la voz, y ya a principios del siglo XX, el piano. Fue en la década de los años 20 cuando se realizaron las primeras grabaciones con orquesta, registros en los que era frecuente que se recortaran las obras, a veces hasta extremos intolerables. Pero los directores miraban hacia otro lado con tal de darse el baño de gloria. Una importante compañía eléctrica norteamericana probó a hacer grabaciones usando nuevos procedimientos para obtener las gamas sonoras adecuadas (?), y pronto el sistema se extendió, incluso antes de la incorporación del sonido al cine. La lista de directores que se adhirieron al sistema es larguísima, pero, de los que surgieron antes de la primera gran guerra europea destacó sobre todos el húngaro Artur Nikisch, que, a pesar de haber nacido en un lejano 1855, realizó unas cuantas grabaciones que nos han ayudado mucho para comprobar que se trataba de un auténtico pionero de la dirección orquestal moderna en el sentido más subjetivo. Aunque sea bien cierto que al escuchar esas grabaciones no resulte fácil dilucidar si los defectos encontrados —unos cuantos— son el resultado de la precariedad técnica del medio o de la propia técnica del director. En esas primitivas grabaciones siempre es posible estudiar ciertas características concretas del director (capacidad para frasear, elección de los *tempi*, los acentos, etc.), pero desde el punto de vista sonoro hay que echar bastante imaginación al asunto. Nikisch fue un hombre cordial y tranquilo, y más que su técnica habría que destacar su mérito para desarrollar un método para comprender a los músicos de la orquesta, huyendo de los problemas. En ese sentido lo vemos como un importante precursor del arte de Furtwängler, del que ya hemos hablado y del que volveremos a hablar. Fue, tras Bülow, el segundo director titular de la Filarmónica de Berlín, y realizó una gran labor en la Ópera de Budapest.

Después de Bülow, Richter y Nikisch, todos ellos directores no compositores, volvemos a los compositores-directores, con Gustav Mahler y Richard Strauss a la cabeza. Mahler fue un dictador para los músicos de las orquestas, y no menos a la hora de utilizar el lápiz rojo sobre las partituras de los compositores que interpretaba. Fue, además, un hombre extremo, y bastante arrogante en la utilización de las indicaciones de la partitura. Sin embargo estuvo considerado como el mejor en la Viena de su tiempo, y muy particularmente en el foso de la Ópera de esa ciudad, donde ejerció no sólo como director de óperas sino como máxima autoridad musical y administrativa. Mahler era una persona neurótica, déspota, autoritaria y en demasiadas ocasiones maleducada. Pero nadie le discutió el genio en su época, y menos todavía hoy, un momento en el que la masa oyente lo considera como a un dios. De alguna manera fue la antítesis de Nikisch, con el que no se llevó especialmente bien. En 1897 fue nombrado director de la Staatsoper de Viena, donde ocupó ese cargo durante diez años. En todo ese tiempo cometió múltiples errores, pero cambió la faz de la casa de arriba abajo. La destruyó, realmente, para volver a construirla de nuevo. Revitalizó la compañía de cantantes a base de despidos continuos y más de una vez no explicados, y transformó la orquesta totalmente. Muchos méritos, desde luego; muchos logros, evidentemente. Pero se comportó con todo el mundo como un histérico, cuando no como un viejo gruñón y caprichoso. Para muchos, esos diez años han pasado a la historia de la Ópera de Viena como una auténtica época dorada. ¿Sabemos cómo dirigía? En pocas palabras, dirigiendo era tan extremo como en su vida. Así que sus interpretaciones tendían al melodramatismo y al manierismo sonoro que se aprecia en su propia música. Pero resulta evidente que creó escuela; que dejó huella en muchos de los directores que triunfaron en Europa tras la segunda guerra. Volveremos a ello.

En las antípodas de Mahler como director podríamos situar a Richard Strauss. Parece mentira que un compositor que desplegaba tal fuerza sonora en su propia música aplicara en sus interpretaciones de las obras de otros compositores criterios que podríamos calificar de antirrománticos, en un empeño de limpiar de excesos las versiones. En materia de dirección orquestal es Strauss un producto de una época en la que, desde Wagner, los más *geniales* se habían dedicado a añadir —o quitar— mucho a la partitura original. Él realizó una importante limpieza de *bellos sonidos*, interesándose por discursos más secos y rítmicamente más claros y precisos. Hoy en día cuesta escuchar las versiones de las obras clásicas de Strauss, tan abruptas y a veces agresivas, pero es necesario entender que esta manera de ver las cosas va a ser, frente al manierismo mahleriano, la base de un debate de mucho mayor calado, una vez acabada la Gran Guerra.

Dos almas opuestas. En todo. En lo musical y lo político. Arturo Toscanini (arriba) fue un puro nervio a la italiana; Furtwängler, la fuerza de la creatividad.

Los directores que dominan ese debate son el alemán Wilhelm Furtwängler y el italiano Arturo Toscanini. Salpicados, para más morbo, por inequívocas connotaciones políticas: el uno por colaboracionista con el nacionalsocialismo, el otro, por su activismo antifascista. Todo ello ha dado lugar a innumerables escritos y opiniones en cuya base no podemos detenernos ahora. Nos interesa sobre todo qué aportaron ambos a la dirección orquestal y a la ópera en particular; contamos con grabaciones de ambos muy reveladoras. Seguramente Furtwängler es el director más personal, creativo y subjetivista de la historia de la dirección. Toscanini fue exactamente lo contrario, un maestro rudo, cortante, aristado, violento, un hombre que de alguna manera hereda el estilo de Richard Strauss, mientras que Furtwängler quizá fuera producto de la escuela procedente de Wagner y Hans von Bülow. Sólo que seguramente se situó a años luz de ellos por técnica y creatividad. Para algunos ha sido el más grande de la historia; nosotros procuramos no pronunciar tan maximalistas sentencias, aunque sea cierto que bien nos cuesta conseguirlo y que, en este caso concreto, nos encantaría hacer. Furtwängler fue sobre todo un verdadero oficiante de la música. Y para nosotros, desde luego mucho más interesante que Toscanini, pues mientras que éste era capaz de mover los ladrillos del edificio con la electrizante fuerza de su batuta, Furtwängler lograba poner en movimiento continuo la arquitectura al completo; su verdad llegaba desde el interior, tras un largo proceso de reflexión intelectual y emocional. Para ello exigía a sus músicos una concentración absoluta y una comunión total con sus postulados. Furtwängler los convencía por pura hipnosis. Fue seguramente el mejor director de ópera de su tiempo (falleció en 1954), y nadie nunca ha dirigido una más honda versión del *Tristán* wagneriano. No fue un músico refinado o especialmente técnico, sino más bien intuitivo y, sobre todo, un recreador que apenas nunca encontró límites a la interpretación. Fue famoso por sus *tempi* lentísimos, pero fue él quien dirigió la *Quinta sinfonía* de Beethoven más histérica y rápida —y genial— seguramente nunca escuchada. Fue mítico cómo conseguía que los músicos de la orquesta entendieran el tiempo musical y el silencio musical, y se conservan ejemplos absolutamente milagrosos de ello; de cómo conseguía que todos atacaran sus *particellas* sin el menor aviso, tan sólo mediante la concentración colectiva y la sugestión que irradiaba desde el podio. De los directores sobre los que dejó huella, el que más ha llegado a parecerse a él es el argentino Daniel Barenboim, probablemente el maestro más importante de nuestro tiempo.

Hay toda una pléyade de directores de orquesta del pasado reciente que también bajaron al foso con soberbios resultados. Los Otto Klemperer, Bruno Walter, Karl Böhm, Herbert von Karajan, Georg Solti (autor de la primera grabación moderna de *El anillo del Nibelungo,* como veremos en otro capítulo), el wagneriano Hans Knappertsbusch, Carlo Maria Giulini o Leonard Bernstein, por citar a algunos. De ellos nos parecen muy resaltables Klemperer en las última década de su carrera (un *director objetivo* capaz de mover montañas), Böhm, que en los fosos mozartianos y straussianos tuvo pocos rivales; el espectacular e histriónico Karajan, particularmente en sus últimos años de vida, y el hipercomunicativo Bernstein. Naturalmente hay muchos más, bastantes más, pero no podemos extendernos con más detalle en un libro como éste.

¿Qué misión tiene el director musical en una ópera? En teoría es el armonizador de varias, y muy diferentes y con muy distintos intereses, voluntades. En una ópera hay una partitura general, que contiene la parte orquestal y que, a su vez, marca las intervenciones de los cantantes. Esto quiere decir que el director musical no sólo ha de ocuparse de la partitura orquestal que acompaña a los cantantes, sino de cómo han de abordar personalmente las suyas cada cantante. Lo que se puede hacer en diferentes grados. Un director se puede conformar, como suele suceder, con una orquesta que suene, que acompañe, y que eso se produzca razonablemente bien, y con unos cantantes que entren cuando les corresponda sin causar problemas o desajustes y que canten bien. A eso se le suele llamar concertar. Es mucho, y desde luego el sólo conseguir ese grado de benignidad en la parte musical ya es un mérito. Para muchos, un objetivo. Pero no es menos cierto que quizá ello nos llevaría a hablar de ópera a secas, mas no de una verdadera versión operística, es decir, una auténtica recreación, que es lo que se persigue no ya en ópera sino en cualquier interpretación musical que aspire a un grado de excelencia importante.

La primera pregunta entonces sería: ¿estaría, así, obligado el director musical a establecer los criterios musicales generales para la representación? La respuesta habría de ser sí, pero rápidamente nos asaltarían los matices. Porque es fácil comprender que un director que hace eso con los músicos de la orquesta en un concierto sinfónico no va a encontrar más problemas que los propios a vencer por su propia capacidad para aunar las voluntades de esos músicos; parece razonable admitir que es un proceso plausible y lógico; es el trabajo del director conseguir que cada músico toque lo que tiene que tocar, que lo toque bien y en el tiempo en que lo debe hacer, y de la manera que marque técnicamente la mente organizadora de la totalidad de las intervenciones particulares al tocar como un único instrumento, que es lo que es una orquesta. Sin embargo, el trabajo del director musical de una ópera no debería acabar ahí; debería dirigirse a dos frentes más. El primero es el que integran los cantantes. Cada cantante es la voz, sobre la palabra, de un personaje. Por consiguiente, además de dar las notas correctas en los tiempos correctos, y de la manera correcta, cada cantante estará haciendo una interpretación dramático-musical de la parte que le corresponde. Con lo que cabría preguntarse qué responsabilidad tiene en ello el propio cantante y cuál le correspondería al director musical como organizador del todo musical. ¿Es labor del director musical marcar al cantante cómo debe cantar? La pregunta es de difícil respuesta. Por un lado, parece normal que si un director sinfónico indica a sus violinistas cómo han de atacar un determinado pasaje para que el resultado sea el que él desea, con un cantante haga lo mismo, invitándole a que cante de tal o cual manera, pues la línea dramática así lo puede requerir. Pues no. Los directores musicales suelen relacionarse con los cantantes a los que dirigen de manera muy singular. Y hay mil anécdotas acerca de ello. Una de las mejores Mimìs de *La boh*ème que conocemos es la de Montserrat Caballé cuando la dirigió Georg Solti para la grabación del disco correspondiente. Ella, sin embargo, siempre dijo guardar un mal recuerdo de aquella grabación, por la tiranía a que fue sometida por el director. Y claro, eso nos llevaría a más preguntas. ¿A qué se referiría la gran soprano cuando hablaba de tiranía? ¿Acaso de no haber sido un tirano Solti ella habría interpretado mejor Mimì, bajo su único e insustituible criterio? A juzgar por lo que sabemos de Caballé cuando ella por sí misma decidía cómo tenía que cantar, el resultado hubiera sido que millones de buenos aficionados hoy no podríamos disfrutar de aquella absoluta y muy especial Mimì. Gracias a la tiranía de Solti. No deja de ser curioso que en el mundo de los actores de cine se acepte de manera natural que ellos no son más que muñecos de plastilina que modelan los directores y en el mundo del canto encontremos tanta egolatría. Por ejemplo.

El mundo de los cantantes es, en general y con las consabidas excepciones, cerrado, egocéntrico y tendente a un divismo aplastante. Y siempre lo hemos comprendido. No justificado, pero sí comprendido. Porque nos parece que salir a un escenario y hacer lo que hacen esos señores y señoras no tiene parangón. El esfuerzo requerido a veces es inhumano. Imaginamos que para un aficionado a la música poder sentir algo así sería como alcanzar el cielo. Y, desde luego, nosotros, cada vez que repetimos la experiencia de poder ver a un cantante expresarse operísticamente, seguimos pensando que se trata de personas de otro mundo. Pero por lo que se refiere a éste, uno donde para poder vivir de ese trabajo, por muy duro que sea, hay que adquirir responsabilidades no sólo contractuales, hemos de invitarles a que se plieguen a los requerimientos del director musical. Pensamos que los cantantes deben expresarse a través del canto al servicio del drama, y quien ha de fijar los criterios para conseguir armonizar la orquesta con las distintas líneas de canto puestas en juego es el director musical. Y quizá sigamos extasiándonos ante las maravillas vocales de la diva de turno, pero viéndonos en la obligación moral de exigir que esas maravillas se pongan al servicio de la representación operística y no del puro lucimiento individual.

Pero ¿acaban aquí los conflictos? ¿Han finalizado las interferencias una vez puestos de acuerdo orquesta y cantantes con su director musical? No, y particularmente en la ópera que se hace hoy. Todavía está por ver qué papel juegan los directores de escena.

— 40 —
El director de escena

A orillas del río Escalda, en los alrededores de la ciudad de Amberes. El rey Enrique, llamado El Pajarero, pide ayuda a los vecinos del ducado de Brabante en su lucha contra los húngaros. Pero se encuentra con un pueblo dividido tras la muerte del duque. El noble Friedrich von Telramund, tutor de los herederos, Gottfried y Elsa, acusa a ésta de asesinar a su hermano para usurparle el trono. Ante la desaparición del muchacho, Telramund se empecina en la acusación, a la par que reclama el gobierno del ducado, pues al casarse con Ortrud se ha convertido en pariente de los antiguos príncipes que gobernaron el territorio. El rey, perplejo, llama al heraldo para que convoque a Elsa y se explique. Ella, una joven de aspecto inocente y conmovedor, relata que ha tenido un sueño en el que un resplandeciente caballero defenderá su inocencia. Telramund insiste en su acusación, desafiando al tal caballero y cuantos se opongan a sus requerimientos. El rey, confuso, decide convocar un juicio de Dios, en el que habrán de enfrentarse en combate Telramund y el misterioso caballero defensor de la causa de Elsa. Dos veces reclama el heraldo la presencia del caballero, que sólo aparece tras los muchos ruegos de las mujeres que defienden la veracidad de su existencia. Una potente luz alumbra el río, por el que desciende una pequeña barca arrastrada por un cisne y en la que se ve, de pie, a un caballero con armadura y espada. El caballero saluda al rey y declara que Elsa ha sido injustamente acusada y que llega para participar en el juicio de Dios como su defensor. Dispuesto está, igualmente, a esposarla y gobernar Brabante junto a ella. Pero con una condición ineludible: jamás habrá Elsa de preguntar de dónde procede, quién es y su nombre. Los brabanzones, impresionados, tratan de persuadir a Telramund para que no se enfrente al desconocido, pero de poco sirve el consejo. El juicio tiene lugar, y Telramund es vencido y humillado, pues el caballero le perdona la vida. La malvada Ortrud, su esposa y también maga, se asombra de la ineficacia de sus conjuros.

Estamos ahora en el interior del castillo de Amberes, frente a las fachadas de éste y de la catedral. Es noche cerrada. Telramund acusa a su esposa de engaño, pues fue ella quien le dijo que había visto a Elsa ahogar en el río a su hermano. Y también de despertar en él la ambición de poder. Pero ella se defiende acusándolo de cobarde, y al caballero de usar poderes mágicos para fraguar su triunfo. La revelación de su identidad acabaría, según ella, con esos poderes. Ortrud vuelve a ganarse a su marido, convenciéndole de que la amputación de sólo una pequeñísima parte del cuerpo del caballero lo dejaría indefenso. E igualmente de la necesidad de emponzoñar a Elsa, revolviéndola entre sus dudas acerca de la identidad de su salvador. El plan se pone en marcha de inmediato, cuando Ortrud, después despertar la compasión de la inocente Elsa hacia su marido, le sugiere que averigüe el nombre de su marido, pues sólo así podrá estar segura de que nunca la abandonará.

Óleo sobre tela de José Mestres Cabanes. Lo tiene todo: el castillo, el cisne, el rey, el malvado Telramund observando y los protagonistas, Elsa y Lohengrin.

Amanece. El rey ha desterrado a Telramund y ha proclamado al caballero Protector de Brabante, ante su negativa a recibir el título de Duque. El heraldo anuncia que se casará con Elsa e inmediatamente partirá hacia Alemania, al frente de los soldados brabanzones. Telramund, encolerizado, acusa al nuevo Protector de sacrilegio. Tiene lugar la boda. Elsa es acompañada por sus damas, entre las que se encuentra Ortrud. A la entrada de la catedral Ortrud se separa del cortejo, acusando estentóreamente a Elsa de participar en un falso juicio de Dios contra un hombre de testado honor como su marido, mientras ella ni siquiera puede saber el nombre del suyo. Entre el desconcierto general, Telramund acusa al caballero de hechicero, y consigue hablar con Elsa para tratar de convencerle de que, en la noche de bodas, le deje entrar en sus aposentos para cortarle un dedo a su marido, para así lograr contrarrestar sus malas artes mágicas y conseguir que nunca la abandone. Elsa sitúa su amor por el caballero por encima de todo, éste la consuela y protege, el cortejo se recompone, pero Ortrud, desde la parte superior de la escalinata, amenaza a todos segura de su victoria.

Estamos ahora en la cámara nupcial. Elsa y su caballero se preparan para el amor, pero pronto ella comienza a insinuar que le gustaría conocer el nombre de su marido. Él intenta apartarla de ese camino, pero ella cada vez siente más inseguridad y desasosiego ante la posibilidad de que los hechizos en los que haya podido incurrir su esposo lleven a éste a abandonarla. Su desconfianza hace mella en su espíritu y acaba haciendo las preguntas fatídicas: «Dime tu nombre», «de dónde vienes», «cuál es tu linaje». En ese momento irrumpe en el dormitorio Telramund. El caballero sólo necesita un golpe para matarlo. A continuación pide a los nobles que lleven el cadáver al rey, y convoca a todo el mundo para revelar su identidad.

Otra vez en la pradera del inicio. Llega el caballero. Su primer anuncio es que no podrá acompañar a los soldados a Alemania. A continuación descubre el cadáver de Telramund, proclamando, por último, la traición de Elsa al desobedecerle, preguntándole quién es. Por último desvela su identidad: en un largo y detallado parlamento, se presenta como enviado por el Grial, es decir, el cáliz de la Última Cena, que se conserva en un lejano castillo, llamado Monsalvat. Su padre es Parsifal, y él se llama Lohengrin. Una vez conocida su identidad, Elsa pide perdón a Lohengrin, pero éste explica que tiene que partir. Llega la misma barca del principio, tirada por el mismo cisne. Lohengrin informa a la desdichada Elsa que si ella hubiera conseguido estar a su lado un solo año, su hermano Gottfried habría regresado para ocupar el trono del ducado. De manera que le hace entrega de su anillo, su cuerno de plata y su espada para que le sean entregados a su regreso. Tras mofarse Ortrud de todo esto, diciendo que entonces el cisne habrá de ser el heredero de Brabante, una blanca paloma desciende sobre la cabeza de Lohengrin (el Santo Grial) y él desciñe el collar al cisne, que se hunde en el río, apareciendo en su lugar Gottfried, envuelto en una armadura de plata. Ortrud cae al suelo en estado de conmoción, Lohengrin parte en la barca arrastrado por la paloma. Y Elsa cae inane, sostenida por su hermano mientras la figura de Lohengrin va alejándose de todos hasta perderse en el horizonte.

Ésta es la historia que se nos cuenta en la tercera ópera de Wagner, como ya se ha comentado antes estrenada ésta en Weimar por Franz Liszt el 28 de agosto de 1850. Podemos imaginar el reto que pudo suponer poner en escena algo así. Claro que para entonces Wagner ya había hecho de las suyas en sus dos títulos anteriores, *El holandés errante* y *Tannhäuser.* En la primera, un barco habría de avanzar por la escena; mientras que la segunda necesitaría, en un solo acto, una importante transformación escénica desde la vasta gruta donde habita la exuberante Venus con su amante, absolutamente entregados a los placeres sensuales de la existencia, hasta el valle rodeado de montañas donde se venera el altar de la Virgen María. No sabemos cómo se las arreglarían los primeros directores de escena de estas óperas, aunque por los bocetos y dibujos que se han conservado, si bien a un consumidor de hoy les pudiera parecer de una levedad e inocencia proverbiales, la idea que se tenía entonces de lo que podría llegar a ser todo eso pasaba por echarle al asunto mucha imaginación y un inusitado respeto a la fantasía necesaria para observar cosas así sin que produjeran risa. Cuando no sucedía, en el caso de los más iluminados y *con-*

noisseurs varios, que sabían perfectamente que la realidad de tales asuntos escénicos se adelantaban a su tiempo, y que sólo el paso del mismo resolvería los problemas que pudieran plantear puestas en escena para óperas de ese calibre; de escenas hechas de esas *realidades*. La frase *ópera del futuro,* tantas veces pronunciada por Wagner, tenía mucho más sentido del que haya podido parecer al paso del tiempo. Porque, lisa y llanamente, sus propuestas eran técnicamente irrealizables a la luz de los candiles. Las preguntas ahora serían del tipo: ¿el tiempo ha hecho justicia a esa complejidad? Cuando contemplamos hoy *Lohengrin,* ¿vemos al cisne llegar en medio de una luz cegadora o a la paloma del Grial descender sobre la cabeza del caballero? ¿Son conscientes los directores de escena y los diseñadores del espacio escénico que las maravillas técnicas que tienen a su disposición les permiten resolver problemas escénicos que los primeros directores no pudieron ni oler, porque el mundo que pedía el autor era imposible de reproducir por el despliegue de hiperimaginación en que estaba envuelto, y por consiguiente instalado en un contexto que iba mucho más allá de los medios que se tenían? ¿Cuál es o suele ser la postura de los directores de escena hoy ante esta cuestión? ¿Cuáles son sus intereses creativos o, quizá mejor dicho, en qué dirección se desarrollan? ¿Qué medios económicos pueden facilitar los teatros de ópera para pone en pie de manera realista semejantes fantasías? Etcétera.

La fantástica, y patética, historia que da vida a la ópera *Lohengrin* es un relato realmente magnífico, precioso y teatralmente portentoso. Pensamos que esta maravilla, cuya puesta en escena para Wagner y sus colaboradores debió suponer un auténtico reto, y seguramente con resultados de una pobreza teatral tal que pudieron llevar al compositor a la desesperación (menos mal que no pudo asistir al estreno oficial), para un director de escena de hoy debería suponer una oportunidad áurea para el desarrollo de un trabajo en el que primara el intento de dar una realidad contemporánea, una visibilidad fiable y disfrutable a tanta fantasía, desde un punto de vista moderno. Cosa a la que invitan igualmente los medios hoy existentes. Veamos un ejemplo de montaje de nuestro tiempo y reflexionemos después acerca del asunto.

En el verano de 2010, un señor llamado Hans Neuenfels, alemán, escritor, poeta, productor de cine, director de teatro, libretista y, al parecer, también director de escena, fue requerido por la dirección del Festival de Bayreuth para dirigir *Lohengrin*. El señor Neuenfels ya había dado muestras de, digamos, heterodoxia en algunos de sus anteriores montajes de ópera. En 1980, en *Aida*, transformó a la princesa etíope, capturada y convertida según Verdi y su libretista en esclava, en señora de limpieza; en 2000 presentó en Salzburgo un *Così fan tutte* con videos eróticos protagonizados por insectos, e introduciendo elementos sadomasoquistas, cueros, cadenas y cosas así. Y tres años más tarde, para su *Idomeneo* de la Ópera de Berlín decidió que el personaje principal apareciera con las cabezas cortadas de Neptuno, Buda, Jesús y Mahoma. La representación fue cancelada. Así que, cuando fue contratado para ese *Lohengrin*, todo el mundo comenzó a temblar. Incluido seguramente el joven Andris Nelsons, que iba a debutar allí como director musical. Curiosamente, unos años más tarde haría mutis en Bayreuth, tras su enfrentamiento con el director artístico, Christian Thielemann, con quien igualmente competiría para sustituir a Simon Rattle en la titularidad de la Orquesta Filarmónica de Berlín. Nelsons, seguramente el mejor director de orquesta de su generación, regaló en Bayreuth en esa producción una magnífica versión musical. Pero Neuenfels, haciendo honor a su fama, realizó la deconstrucción dramática que a continuación relataremos.

Se suponía que Bayreuth, desde su reapertura después de la guerra, se convertiría en un laboratorio para la investigación wagneriana. Y así fue, desde la década de los 50, con Wieland Wagner como rector artístico, en colaboración con su hermano, el funcionario Wolfgang. Heredaban un teatro que había sido dirigido antes con mano de hierro por Siegfried Wagner, hijo del gran padre de la saga, y padre a su vez de Wieland y Wolfgang; y con mano de acero, antes, por la madre de Siegfried y esposa del fundador, el dios Richard, Cosima Liszt/von Bülow/Wagner. Muertos Wieland y Wolfgang, hoy dirige el Festival Katharina Wagner, la biznictísima, hija de Wolfgang, tras unos años de dirección colegiada con Eva Wagner-Pasquier, hermana por parte de padre. Así que si lo que el lector está pensando tras la lectura de estas líneas es que aquello ha sido, es y será un cerrado clan familiar, acertará plenamente. Nosotros pensamos que en la estirpe ha habido de todo, pero que, desde el punto de vista de la escena wagneriana, sí hubo uno que revolucionó ese mundo con sus absolutamente geniales puestas en escena; fue Wieland, que desgraciadamente falleció antes de cumplir los cincuenta, con lo que el muy conservador Wolfgang tuvo que asumir su tarea, algo que siempre le vino bastante grande. Tras su muerte, ¿sigue siendo hoy Bayreuth ese laboratorio del wagnerismo? Gobernado a pachas por Katharina y el ya mencionado famoso director alemán Christian Thielemann, es un lugar que huele a naftalina (no así la orquesta y el coro, con maestros reclutados para las sesiones veraniegas, que siguen siendo sencillamente extraordinarios). Y se intenta contrarrestar esos perfumes, ciertamente antiguos, con puestas en escena de mucho impacto (?). Una modernidad, la que allí se respira, que nada tiene que ver con la abstracción y limpieza absolutas de los montajes de Wieland, o de las ideas de otros invitados posteriores como Patrice Chéreau, Jean Pierre-Ponnelle, Harry Kupfer o Heiner Müller, ninguno sospechoso de ser un clásico. No; hoy allí suceden hoy cosas como ese *Lohengrin* de Neuenfels. Refirámonos ya al pecado.

Como saben quienes la hayan escuchado alguna vez, en *Lohengrin* comienza el primer acto con un preludio. Thomas Mann calificó esta música de azulada. La imagen es perfecta. Un prodigio de lo romántico. Una gran curva de Gauss que traslada al oyente a ninguna parte y a todos los sitios. Si se puede describir con música el perfecto orgasmo, algo así. Dramáticamente supone una minuciosa precuela de la trágica, pero a la vez llena de luz, historia. El azul metálico a que Mann se refiere resplandece todo el rato. Pues bien, el señor Neuenfels decide mostrar su propia explicación al respecto en un vídeo con dibujos que nos hace sufrir durante la escucha. Un cráneo que se trocea, dentro del cual aparece una rata, que también se parte, y que juega con una corona, que a su vez ha salido del interior de la rata. De pronto aparece una legión de ratas, entre las que se distinguen dos, una roja y otra en blanco y negro. Juguetean como enamoradas. Al mismo tiempo se nos muestra la escena, dos paredes laterales con listones verticales como barrotes, y una al fondo que tiene una puerta y tres ventanas redondas, como las que se ven en los camarotes de los barcos. Un señor con pantalón y cinturón de marroquinería, camisa blanca, fina corbata sin nudo, empuja con todas sus fuerzas la puerta. No la puede abrir. Acaba el preludio. Se abre la puerta y aparece el heraldo, vestido de esmoquin y con los pelos de punta; y el rey, con su corona de fieltro. Los brabanzones, descalzos y con cabeza de rata, escuchan, y cuando cantan enseñan las manos, que no son manos sino patas de rata. Se mueven a saltitos, como zombis. Hay una plantita en el centro. Está un poco escuálida. Y Telramund, en impermeable, comienza su discurso. Mientras tanto, en la pantalla seguimos contemplando el vídeo con las ratas, el cráneo y todas esas cosas. Llega Elsa. En gabardina. Cinturón negro ancho. Botones metálicos. Tiene clavadas varias flechas en el torso (en realidad están sujetas con ventosas), y es acompañada por tres arqueros-rata blandiendo su arma. Se producen las llamadas del heraldo. Más ratas, desparecen las negras, ahora son amarillas y llevan corbata. Y, por fin, llega Lohengrin, es decir el rubito que habíamos visto al principio. Tras él, una especie de pedestal tirado por cuatro ratas, encima del cual hay un pato de cartón. Se retiran. Salen unos señores con trajes azules y máscaras de oxígeno. Bien, comenzamos a pensar que estamos en un laboratorio. Telramund y Lohengrin hacen como que luchan. Nuevamente el vídeo con las ratitas. Pero el coro del escenario ha sustituido sus caras de ratas por unos preciosos sombreros amarillos, aunque, eso sí, las manos siguen siendo de ratas. Se acaba el primer acto y comienza el segundo con los mismos dibujos animados en el vídeo de la pantalla. En escena, un caballo muerto y varias ratas rastreando una maleta llena de billetes. Son las ratas que habían traído al pato las que se llevan el dinero. Telramund y Ortrud comienzan su discusión. Para sorpresa de todos, sólo hay eso, un dúo, sin más *elementos* teatrales añadidos. Pero la impresión dura poco, porque la aparición de Elsa tiene lugar montada en una enorme urna en el interior de la cual está el pato, o mejor dicho, dos, uno blanco y uno negro. Pero no de cartón, ambos de porcelana. Y siguen sucediendo cosas de alto contenido simbólico. Por ejemplo, Elsa se pone en la cabeza un casquete blanco a modo de enfermera. U Ortrud decide colocarse encima del pato-cisne en una posición sospechosamente erótica. Todo acaba bien, porque vuelven a salir los señores de las máscaras y se llevan a los dos malos, Ortrud primero y Telramund luego, fuera. Aparecen dos lindas ratitas. Los señores de las máscaras las inyectan con enormes jeringuillas. Reaccionan atacando. Se van. ¿Qué ha pasado? No sabemos. El escenario se llena de jaulas con los correspondientes ratones negros dentro. Ratones de color rosa ahora.

Elsa, rodeada de ratitas y atravesada por un puñado de flechas..., por obra y arte de una puesta en escena que ha pasado a la historia como uno de los disparates escénicos más flagrantes de la historia del género.

¡Ah!, las damas de Elsa, claro. Pero no, porque ahora aparecen unas preciosas señoritas con amplias faldas y sombreros de colores años 60, aunque con unos rabos de rata que arrastran, se diría, con orgullo de raza. Los ratones ahora, de esmoquin, han perdido sus cabezas, que han sustituido por casquetes. Acarician con unción sexual los rabos de rata de las chicas, hasta que Elsa, de blanco impoluto, hace acto de presencia vestida de Pronovias. Y en fin, se van añadiendo las intervenciones de Lohengrin y Telramund hasta finalizar sin mayores incidencias o nuevos añadidos simbólicos. O no. ¿Se entiende que Lohengrin se retire formando una cruz con dos listones que ha sustraído a dos de los trabajadores del laboratorio? ¿O que Elsa comienza a aletear sus brazos como un auténtico pato *mareao*? Pasemos ya al tercer acto: la boda, el dormitorio de la traición, el descubrimiento de la identidad del caballero misterioso y las dos muertes finales de Elsa y su contrafigura, Ortrud.

Nuevo vídeo. Más y más ratas. Parece que, al son del inmenso preludio que se escucha, se reproduzcan. Aparece un perro corriendo. Lleva la corona del rey en la boca. Es devorado por las ratas. Sólo queda su esqueleto. Y una rata campeona. Se termina el preludio. Comienza la marcha nupcial. ¿Quién canta? Las damas, claro, pero transformadas en ratas blancas y negras. Y rosas. Las ratas saludan a la pareja. Se abate la pared del primer acto, y se deja al descubierto el lecho nupcial, una camita de barrotes como de hospital antiguo. Marido y mujer, con uniforme blanco, discuten. Cuando Elsa hace la pregunta fatídica surge de la cama un ataúd repleto de papeles, que en realidad son las plumas del vestido de novia de Elsa, que vendrían a ser las plumas de un presumible cisne nunca explicitado. Entra Telramund, debidamente disfrazado de rata. Y muere como rata. Veamos qué sucede en el espectacular pasaje orquestal siguiente. Pues el milagro; los brabanzones, como pronto hará Lohengrin, revelan su verdadera identidad: no son ratas. Se quitan las cabezas y saludan a su rey, mientras en el vídeo de fondo se nos recuerda el esqueleto del perro. Cuatro caballeros con sombrero de copa traen el cadáver de Telramund. Elsa, descalza y de riguroso luto, con tocado tipo fiesta, aparece apesadumbrada esperando la que le va a caer. Lohengrin, también de negro, con abrigo y jersey cuello triángulo, nos cuenta quién es y de dónde viene. Las chicas (ya no ratas) defienden a Elsa ante el castigador. Ésta se queda en enaguas. Lohengrin se lamenta recostado en el ataúd, que ahora aparece recubierto con un gran trapo negro en el que se ve dibujada la silueta de un cisne. Lohengrin entrega cuerno y espada. Ortrud, disfrazada de cisne, protesta. Pero Lohengrin descubre lo que hay bajo el paño del ataúd: un gran huevo habitado por el feto de Gottfried, desperezándose y enrollado en su propio cordón umbilical. Lo rompe, y nace. Consternación general. Acaba la representación. Delirantes gritos de apoyo al director de escena, entremezclados con estentóreos abucheos. Así es, algunas veces, la ópera de hoy.

Éste ha sido sólo un ejemplo de lo que sucede en muchos teatros de ópera hoy en día. El último eslabón de la cadena que construye el espectáculo es el director de escena, y si durante mucho tiempo fue una figura de importancia relativa frente a cantantes, primero, y directores musicales, después, hoy ocupa la cúpula. Su poder e influencia, en muchas ocasiones en connivencia con las agencias de artistas y los propios intendentes de los teatros, es más que notable. Pero ese poder, amado por muchos críticos por considerarlo como una muestra de sagrada modernidad, es muy discutible. Y debe ser discutido, en su esencia: una manera de operar que se repite día a día y que tiene que ver con los límites de la relación que un director de escena puede establecer con las intenciones del propio autor de la obra. En ese sentido, el terreno que pisamos es absolutamente resbaladizo, pues traspasa los límites de la subjetividad que marcan las interpretaciones musicales. Los cantantes no tienen poder para cambiar los textos que cantan; pueden subjetivar acerca de los contenidos cantando de una u otra manera, pero no cambian las palabras (salvo que sea por mala praxis técnica: los hay incapaces de que se les entienda el texto). Los directores musicales tampoco gozan de la facultad de cambiar notas (salvo las que puedan *comerse* por ser un mal director), aun subjetivando y personalizando el discurso musical interpretativo. Pero otra cosa es la actitud de algunos directores de escena, que sencillamente inventan historias que poco tienen que ver con la dramaturgia de la obra, a cuyo argumento superponen su invento. Y claro, hablamos en el límite; hablamos de un montaje operístico como el que hemos tomado como ejemplo, un absoluto disparate, un desvarío absoluto concebido a la gloria de un señor que se sitúa no ya en un plano paralelo a los deseos dramáticos del creador, sino por encima de él.

Naturalmente no hay que ser ultramontano, negando cualquier propuesta que se desarrolle de manera paralela al libreto original. Hay veces que las cosas funcionan. Lo que parece imposible es establecer límites. Hasta dónde sí, a partir de dónde no. Pero lo que parece sensato es que desde los propios teatros se combata la inoperancia y la trampa. En general el éxito de la idea de dar una imagen moderna a una ópera antigua proviene de la aceptación que se tiene del hecho de que la ópera sea un espectáculo de otro tiempo. Una afirmación de este calibre sería equivalente a decir que *Hamlet* o *El rey Lear,* de Shakespeare; o las pinturas de Rembrandt; o las cerámicas *wari* son objetos de otro tiempo, y por consiguiente susceptibles de ser entregados a los consumidores actuales en régimen de fascículos y reexplicados en un lenguaje *actualizado.* Los directores de teatros de ópera hoy en día suelen decir que el único camino a seguir para que la ópera no muera es darle otra realidad, otra faz, una modernidad que sea más asimilable al espectador de hoy, al parecer insensible a la manera en que se expresan los personajes en una ópera clásica. Pensando así, parecen aceptar que antaño se amaba, se odiaba, se engañaba, se hacía el amor, etc. de manera distinta a como se hacen esas cosas hoy. A nosotros ese discurso de cambio de la esencia del arte como un producto de otro tiempo susceptible de ser observado con ojos de hoy nos parece falaz. No se puede cambiar lo que fue, aun añadiendo un ropaje distinto. El ropaje de la ópera es el texto, la música y el canto, y los directores respectivos, musical y de escena, están obligados a realizar una mirada crítica sobre todo ello, por supuesto, pero no a transformar su esencia. Poner mesas de metacrilato en una escena de salón dieciochesco o transformar al padre de Cenicienta en un maltratador no parece que sean buenas ideas para que el nuevo consumidor de ópera entienda mejor las cosas que suceden en *El caballero de la rosa,* de Strauss, y *La cenerentola,* de Rossini, pongamos por caso. Y, a la postre, no sería mala idea en casos de recreación salvaje repartir antes de la entrada al teatro dos manuales de instrucciones: uno con el original y otro con los resultados de la puesta en escena de lo que se va a ver. Hay mucha gente que cuando va a la ópera cree que lo que está viendo es lo que marcó el autor. Y evidentemente no sucede así.

Segundo acto: Ópera, la vida misma

La invención artística, el arte, es seguramente le mejor manera que ha encontrado el ser humano para explicar su contradictorio y ensimismado pensamiento. Porque si bien lo ha intentado por otros caminos, como la filosofía o la investigación científica en una desesperada búsqueda de identidad, sólo en la creación libre y crítica ha podido atisbar alguna respuesta que, aun disfuncional, al menos le haya servido para calmar la zozobra producida pos sus permanentes dudas. Creación libre quiere decir creación infinita, quiere decir lo contrario al ejercicio de un pensamiento único, quiere decir fantasía en el razonamiento y la exposición, quiere decir aproximarse a la propia explicación con la ayuda de lo subjetivo como mejor exponente de la búsqueda de la objetividad imposible. Crear artísticamente es aproximarse a: no estar en, y ni mucho menos ser. La creación es un puro intento; y por eso se produce desde el primer momento en que el ser humano se reconoce como tal. Los medios utilizados, es decir, la esencia y los soportes, son lo de menos. Como también debería serlo la valoración del resultado, del que lo más importante es que exista, sea cual sea. Pero como vivimos un momento histórico hecho de cuadrículas, integrado por espacios estancos sin posible comunicación, no tenemos más remedio que aceptar nuestra realidad y, aun intentando no perder la verdadera razón crítica de cada acontecimiento acaecido en nuestras vidas, incluida una observación atenta y honesta de la creación artística, entrar en la rueda.

Hemos comprobado en capítulos anteriores que para poder hablar de ópera hemos tenido que referirnos antes a otras facetas de la creación; a la literatura y a la música, fundamentalmente, pero también a artes que tienen que ver con ellas, como la poesía, el teatro o la pintura. Eso nos llevaría a la conclusión rápida de que estamos ante la obra de arte total, un concepto al que han ido refiriéndose los operistas desde el principio, pero que adquirió su realidad más tangible en la obra de Richard Wagner, como hemos repetido una y otra vez. No vamos a insistir ahora en esa idea, que puede llegar a ser tan discutible como se quiera. Ahora lo que queremos es entrar a la ópera por otra puerta. De alguna manera por la puerta del mundo en su totalidad, pues tales serían los resultados si fuéramos capaces de observar las más de cuarenta mil óperas escritas en los últimos cuatrocientos años. Nos conformaremos con hacerlo con unas cuantas menos. Y pensamos que es más que suficiente para comprobar que si la existencia humana nos revela un compendio de tipologías existenciales y sicológicas imposible de abarcar, la ópera quizá sea uno de los mejores intentos para tratar de conseguirlo. Literatura y pintura a su modo también los son. Y también el teatro. Pero ninguna de estas formas de la invención artística incluye la música. Son, todas ellas, creaciones objetivas desde su base por eso, por no incluir una manera de ver las cosas que se escapa en sí misma, que desaparece como el sol por el horizonte para dar la bienvenida a la noche. La noche de la subjetividad, un factor que añade la música a cualquiera de esas otras expresiones artísticas, consiguiendo un resultado final que contiene un elemento valorativo mucho más rico. Y libre. Y complejo.

En ópera podemos encontrar de todo; nos podemos topar con todo. Mujeres engañadas y ultrajadas por todo el mundo; por sus maridos, por sus amantes, por sus padres, por sus amigos. Hombres melifluos, enanos mentales, dictadores de toda catadura o personajes de extrema grandeza impartiendo justicia divina, o humana desde lo alto de sus tronos. Princesas histéricas revestidas de equivocadas pátinas. Reyes atormentados bajo el peso de un poder político abrasador. Cómicos irreverentes. Transgresores de oficio. Malvadas señoras capaces de acabar con la naturaleza de las cosas para llegar al poder, incluida la cabeza de su rey. Muchachas desvalidas que piden piedad a una injusta máquina de hacer justicia. Jovencitas ingenuas que se dejan seducir por hombres expertos en destrozar vidas. Locas de atar, arrogándose el derecho a redimir al abusador entregando la propia vida. Locos irreductibles que se creen salvadores de un mundo que ni entienden ni viven. Enamoradizos y perezosos varios que se entregan al amor con boba incondicionalidad. Mujeres maduras que añoran sus años de belleza todavía no perdida conquistando a jovencitos inconsistentes. Madres por accidente condenadas a vidas miserables. Insultadas, maltratadas y violadas de manera inmisericorde y sin contemplación. Asesinas. Mujeres fatales. Prostitutas de oficio o beneficio. Princesas de ojos azules y palabra fácil capaces de seducir a quien se ponga por delante. Lloronas y viejos decadentes. Adictos al sexo de todo pelaje. Etcétera, etcétera. Todo está en la ópera; todos los tipos, todos los sentimientos, todas las actitudes y posturas ante la vida, todos los engaños y traiciones, todas las trampas, todas las emociones… La vida misma, explicada no sólo con palabras o imágenes, sino con música.

Sin embargo, si volvemos a echar una ojeada a esos ejemplos tipológicos, aun expuestos a modo de lista apresurada, observaremos que en ese listado rápido seguramente sobreabundan historias de mujeres. Desde el mismo *Orfeo* de Monteverdi y hasta hoy, la ópera parece querer escribir con pluma masculina sobre renglones dictados por la sensibilidad femenina. Hay suficiente materia disponible para los grandes hombres, desde luego, pero por lo general son las historias femeninas las que controlan el mercado de la invención. Una larga lista de heroínas invade el género, y no es difícil encontrar arquetipos que unan a muchas de las más famosas, aunque ni mucho menos se puedan obviar aquellas creaciones en las que de alguna manera el compositor escoge al hombre como protagonista exclusivo, en un intento de reflexionar directamente acerca de su condición. Por eso, y haciendo honor al título del libro, *Eso no estaba…*, vamos a intentar hacer un planteamiento diferente, acudiendo a los títulos operísticos más significativos, y creemos poder afirmar mejores, del género, claro está, pero sin que nadie se extrañe de que la mujer, las mujeres y el espíritu femenino en toda su variedad, ocupen el primer lugar de nuestro compendio, e incluso, algunas veces, hasta cuando pueda parecer que detrás de la historia hay un hombre como elemento de partida. Detrás de ese hombre muy frecuentemente va a haber una mujer como principio de todo el conflicto. Dos ejemplos. Habida cuenta de cómo se desarrollan los acontecimientos en *Orfeo,* de Monteverdi, y *Tristán e Isolda,* de Wagner, ¿no hubiera sido más justo que los títulos hubieran sido *Eurídice y Orfeo* e *Isolda y Tristán*? O sea, y regresando a lo genérico, es necesario recordar un pequeño detalle: casi el cien por cien de las personas que han escrito óperas son hombres. Y por consiguiente, hablando de por qué a las mujeres les sucede lo que les sucede. Según ellos. Por todas estas consideraciones de tipo general, hemos decidido redactar este capítulo haciendo una división que reconocemos discutible, pero que, pensamos, va a ser de utilidad al lector. Vamos a hablar mucho de ellas. Después, de ellos. Y todavía habrá alguna sorpresa final cuando nos fijemos en determinadas *minorías.*

Es poco frecuente encontrar una imagen tan carnal de la pareja tristanesca, pero, en todo caso, el protagonismo masculino es evidente. Se trata de un grabado de Franz Stassen. Acred.: Colección privada.

— 41 —
Al principio fue Grecia

¿Habría que preguntarse qué tratamiento dan los operistas —los primeros, pero también los de después— a los asuntos de la Grecia antigua? Si hemos afirmado que de alguna manera la ópera es una herencia de la tragedia griega, y del teatro griego en general, ¿tendría sentido que muchas de las temáticas escogidas para la ópera estuvieran directamente relacionadas con grandes episodios históricos de la época o de sus dioses y mitos más relevantes? Se puede dar una respuesta teórica, más o menos de ratón de biblioteca, o también repasar directamente los grandes títulos, a ver con lo que nos encontramos.

Los personajes mitológicos griegos fueron objeto de los músicos desde finales de la Edad Media, pero sobre todo en el Renacimiento y el Barroco. Fueron los protagonistas de buena parte de las óperas entre los siglos XVII y XVIII, y aunque esta práctica cayó en desuso luego, desapareciendo prácticamente en el período romántico, algunos compositores del siglo XX realizaron su propia retrospección sobre ellos, pues, acertadamente, vieron que tal observación aportaba un notable grado de modernidad a su música. Sin embargo, frente a la inflación de temas griegos tratados desde el ángulo mitológico que fueron apareciendo en las óperas desde el siglo XVII, hubo compositores que desde el primer momento convirtieron el mito en personaje; al estereotipo en figura humana. Monteverdi se situó a la cabeza de ellos, mientras que figuras como la de, por ejemplo, el alemán Johann Adolph Hasse, alumno de Antonio Porpora (1686-1768) y Alessandro Scarlatti, se dedicó a escribir decenas de aburridas partituras para lucimiento de los castrados, en las que la moralina se acumulaba en enormes dosis. *Cleofide, Artaserse, Ezio, Catone in Utica, Issipile, La clemenza di Tito, Arminio, L'Olimpiade,* y así hasta siete decenas largas de óperas formuladas desde procedimientos absolutamente rutinarios. Pero de gran éxito. Cualquiera de esos títulos es casi un siglo posterior a las tres grandes óperas conocidas de Monteverdi, y sin embargo huelen a rancio a su lado. Recordemos que en *L'Orfeo,* la primera de las tres que se conservan, una ópera pensada para la nobleza, pues fue financiada por la poderosa familia mantuana de los Gonzaga, mecenas del compositor, los personajes alcanzan un grado de contenido humano que dejó a todo el mundo descolocado. Pero es que en la siguiente, *Il ritorno d'Ulisse in patria,* que se convierte en obra pública dirigida al consumo de todo el mundo en Venecia, sucede algo parecido. El mundo de desolación, de incomunicación entre los enamorados Eurídice y Orfeo, de impotencia que se revela en la historia tiene poco que ver con el mito, como poco tienen que ver los lamentos de la esposa de Ulises, Penélope, en el relato que el libretista Giacomo Badoaro regala a Monteverdi para que explaye su inagotable inventiva musical sobre los reinventados versos de la *Odisea* homérica. El reconocimiento de la paciente Penélope de su esposo y la recuperación de su hijo Telémaco convierten al personaje de Ulises en casi un héroe romántico. Luego volveremos a Monteverdi.

— 42 —
Mujeres abandonadas

El mito de Eurídice muerta, reencontrando luego la vida, para perderla de nuevo por las ansias de amor mal controladas de su amante, Orfeo, ha dado lo suyo en la historia de la ópera. En su brega por recuperar el origen de la ópera seria, maltratada hasta la pura violación de la idea por los quilométricos y extenuantemente aburridos libretos de Pietro Metastasio (1698-1782), Gluck recurrió de nuevo al mito de Orfeo en su ópera *Orfeo y Eurídice* medio siglo después para recomponer un género que se encontraba en un callejón sin salida. Y lo que hizo no fue ninguna revolución, sino una recolocación de lo que ya había. La ópera no podía seguir estando al servicio del canto sin que el canto tuviera en cuenta a la ópera. Lo que hizo fue reordenar y reformular. Los sentimientos —los afectos monteverdianos— habían de ser expresados con sinceridad; ser creíbles. Tenía que haber un hilo conductor lógico que concentrara lo esencial de la acción dramática, para lo que se tenía que prescindir de los personajes de relleno, que en las óperas con libretos de Metastasio se enredaban en absurdas trifulcas. Y el coro, que había desaparecido, tenía que volver a estar. Y además como un personaje más. Curioso. Una reforma que mira a la tragedia griega, a la Antigüedad, al coro. Por ejemplo, en este *Orfeo y Eurídice* el diálogo de las Furias con Orfeo del segundo acto adquiere un importante protagonismo. Gluck intenta resolver la linealidad en la que había caído la ópera, estableciendo picos y valles en el drama para crear auténtica tensión. Las arias han de tener coherencia; han de ser reflexiones que surgen de la misma historia, y no como añadidos para que el cantante se luzca. Etcétera. Mozart tomó nota de todo esto.

El asunto de Orfeo es muy recurrente en ópera. En la foto, un extracto del famoso cuadro de Rubens. Orfeo tiene prisa, pero Eurídice mira atrás.

Gluck, con todas esas aportaciones, había entrado en un campo distinto. Se había enfrentado al público, que aceptó mal esas ideas porque le quitaban el poder a los cantantes, pero abrió nuevas puertas para el futuro del melodrama. El personaje de Eurídice en su ópera es absolutamente humano. Con esta Eurídice prácticamente se inaugura una nueva época para el papel de la mujer en la ópera, que va a ser absoluto. Y hasta nuestros días. Eurídice abre la lista de mujeres abandonadas para el amor, un asunto que se va a repetir, directa en indirectamente, ópera a ópera. Volverán a él Carl Orff (1895-1982), Francesco Malipiero (1872-1983), Alfredo Casella (1883-1947) y Ernst Krenek (1900-1991), en esta última con texto del pintor Oskar Kokoschka, que realiza una curiosa elucubración acerca de los amores de Eurídice con el dios de la muerte: al ser rescatada por Orfeo, en un estado de celos compulsivo, decide regresar al infierno. Y bueno, también estuvo Offenbach, que había aportado su *Orfeo en los infiernos* (estrenada en París, en 1858), una feroz parodia sobre la obra de Gluck. Sin comentarios.

Pero volviendo a esas mujeres que sufren abandono, y no lejos en el tiempo en que nos estábamos moviendo, nos encontramos con una ópera capital, *Dido y Eneas,* de Henry Purcell. Una de las fuentes que utilizó el libretista para ésta, la primera y única ópera que escribió Purcell, fue el canto IV de la *Eneida,* de Virgilio. La ópera es, fundamentalmente, otra vez, la historia de una mujer abandonada: Dido, reina de Cartago entra en un incontrolable estado de desesperación cuando el rey troyano Eneas la abandona, tras prometerle amor eterno, y decide morir. Hay tras la relación entre los dos personajes una serie de matices que asombra que pudieran ponerse de manifiesto de manera tan cruda en una ficción ideada a finales del siglo XVII. Eneas abandona a Dido porque recibe la orden de Mercurio para salir de Cartago. Pero no hay tal mensaje sino un hechizo que convoca a Eneas para que se vaya. Él jura amor a Dido y, tras comunicarle su partida, se arrepiente al verla compungida. La grandeza de esta mujer es que se niega a disfrutar del amor como un favor, y prefiere morir. Se suicida. Se atisba ya algo que va a suceder en multitud de óperas, no otra cosa que la altura moral a la que se sitúan las mujeres ante los desnortados e indecisos varones. Ahora bien, que esto suceda en obras escritas en el siglo XIX, y no digamos en el XX, se puede entender. Sin embargo, quizá no tanto en pleno Barroco, aun muy disfrazado de alegoría. En realidad, no es casualidad que se repitan los mismos nombres de autores al referirnos a aspectos diferentes de la materia tratada, porque, a pesar de que se han escrito incontables óperas, son pocas las que han soportado el paso (el peso, más bien) de los tiempos. La última aria de Dido, la de la despedida, la famosa «When I am laid in Earth» («Cuando repose en la tierra») es estilísticamente un adelanto de lo que van a ser este tipo despedidas a lo largo de la historia de la ópera, y desde el punto de vista dramático una de las músicas más bellas y conmovedoras nunca escritas. Y ya antes de la Ilustración.

La mitología griega es inagotable. Su origen era religioso, aunque los griegos no fueron practicantes. Se trataba, más bien, de un fondo de catálogo cultural de elevada moralidad diseñado a su propia imagen. Unas veces eran figuras justicieras, pero, otras, severos castigadores, individuos realmente crueles y vengativos. Era necesario, pues, estar en paz con ellos, pues, además, mostraban, como el original, el propio pueblo griego, una peligrosa volubilidad. Hubo hasta unas treinta mil divinidades, todas desarrolladas tras bonitas y edificantes historias. Por todo ello no es de extrañar que los primeros (y no tan primeros) autores de ópera se lanzaran sobre ellas para componer sus músicas, las más de las veces auténticas reafirmaciones de un humanismo directo y fácil de comprender, y compartir todo lo que había quedado enterrado bajo el negro cemento de la Edad Media. Y es que, como recordamos haber leído en alguna parte, «un pueblo sin mitos se moriría de frío». Es igualmente obvio que hubo mucho arte de segunda, lo que en el caso de la ópera, una creación basada en una historia previa, adquiriría una importante carta de naturaleza. Ya hemos hablado algo de todo esto con ejemplos concretos, y lo vamos a seguir haciendo, pero quizá no antes de hacer una breve parada en Roma.

— 43 —
Roma, año 100

Julia Agripina (15-59), conocida como Agripina la Menor, hija de Germánico y Agripina la Mayor, era la hermana de Calígula y esposa y sobrina de Claudio. De su primer matrimonio nació Nerón. Enviudó en el año 40. Pero antes le dio tiempo para mantener relaciones sexuales con su hermano. Y también a conspirar contra él, algo que le costó el exilio de Roma. Cuando Calígula es asesinado y asciende al poder su tío Claudio, regresa a Roma, donde se reencuentra con su hijo Nerón. Se vuelve a casar, y a enviudar (en 47; quizá por envenenamiento del segundo marido). Su tercer esposo fue el propio Claudio, que había ejecutado a su esposa Mesalina, por infidelidad. El Senado tuvo que cambiar la ley, pues estaban prohibidos los matrimonios entre tíos y sobrinos. Agripina, que tenía ya treinta y cuatro años, aconsejó a su hijo Nerón que se casara con su hermanastra Octavia. Asimismo, convenció al anciano Claudio para que adoptara como heredero a Nerón, dejando de lado a su hijo biológico, Británico. Nerón, que subió al trono a los dieciséis años, fue manipulado por su madre, con la que mantenía relaciones sexuales. Ella gobernó. Y el débil Nerón miró para otro lado. Pero la persiguió el resto de su vida, hasta acabar con ella. La excusa fue la aparición de Popea. Agripina había preguntado a los astrólogos caldeos si Nerón acabaría siendo rey. Le contestaron: «Sí, pero matará a su madre». A lo que ella respondió: «Bien que mate a su madre, con tal de que reine».

Popea Sabina vivió entre el año 30 y el 65. Era una mujer guapísima, según se puede leer en varios lugares de los libros XIII y XIV de los *Anales*, de Tácito. Una mujer que marcó su propio terreno, libre como el viento, y seductora como la más experta cortesana. Tenía, al parecer, una fina piel que cubría bajo sedosos velos y cabellos rizados, labios carnosos y escultural cuerpo. Se bañaba en leche de burra y utilizaba toda clase de afeites para conservar la tersura de su piel. Y, como su madre, Popea la Mayor, era desmedidamente ambiciosa. Se casó dos veces antes de que Nerón se encaprichara de ella, utilizando a su segundo marido, Otón, para aproximarse al emperador, del que, con la aquiescencia de su marido, se convirtió en amante. Compitió con la madre de Nerón, al que convenció para asesinarla, e igualmente con la esposa de Nerón, su hermanastra Claudia Octavia, que fue ejecutada por orden de su marido. Popea consiguió, así, convertirse en emperatriz del Imperio romano, no antes de repartir intrigas hasta conseguir que Séneca el estoico se suicidara. Murió, embarazada, reventada por una patada de Nerón.

Historias feroces pero reales. Fantásticos y perversos relatos cuya absoluta y convulsa depravación fue objeto de muchísima creación en diferentes estratos del arte. Todos esos personajes tienen su ópera. Y, cómo no, desde el principio de los principios, y se puede afirmar que hasta anteayer. La lista con presencia de mujeres que utilizan sus poderes, por seducción o por pura aplicación de malas artes en la política, se repite una y otra vez. Y una de esas señoras se lleva una buena parte de la fama, y con mucha razón, por su presencia en *L´incoronazione di Poppea,* una obra hasta ahora atribuida a Claudio Monteverdi. Hay un debate abierto acerca de la autoría de esta página, que a pesar de los pesares sigue representándose en los teatros del mundo como pieza escrita casi en su totalidad por Monteverdi. En todo caso, se trataría de una partitura de *atélier,* al modo de lo que hacía el pintor Rafael: él hacía el diseño y después otros pintaban. Veremos pronto que en esta obra tuvo mucho que ver Francesco Cavalli, al que se le atribuye el maravilloso dúo final, aunque algunos musicólogos creen que es de Francesco Sacrati (1605-1650) o Benedetto Ferrari (1603-1681), asunto sobre el que todavía se discute. Los expertos ven algunos recursos impropios de Monteverdi, como la utilización del llamado *ritmo lombardo,* pero en materia rítmica una gran parte de la escritura no puede ser sino suya, pues sus colegas no estaban al tanto de procedimientos de tal sutileza. Hay quien se ha atrevido a cuantificar la paternidad de Monteverdi en un sesenta por ciento, lo que, desde luego, para nosotros es mucho más que significativo en una obra de taller. Lo que nos importa es su calidad, extrema. Monteverdi la diseñó localizada en los tiempos del emperador más popular de la historia, y lo hizo con ya setenta y cinco años a sus espaldas, en plena soledad y abandono social por parte de los mismos nobles que lo habían encumbrado. Era un hombre, ya, propenso a la melancolía y la depresión. Sin embargo, su fuerza creativa permanecía intacta, y así la conservó hasta su muerte, que se produjo al año siguiente de escribir esta ópera, sin duda el mejor testamento que podía legar.

Corría el año 1642. Y en otras manos, la historia de la insaciable Popea se podría haber convertido en un divertimento más acerca de la díscola biografía del descerebrado Nerón. Pero Monteverdi decidió poner los personajes históricos que rodearon a Popea al servicio de ella como eje principal, encargando el libreto a Francesco Busenello, un intelectual discutido por sus irreverentes opiniones históricas. Es decir, un escritor. Es increíble cómo un hombre mayor, solo, y alejado de la vida social pudo asumir un texto así para escribir una música de tal fuerza erótica; y, a la vez, una reflexión tan profunda acerca de la muerte. Busenello reescribe la historia, convirtiendo el mito en historia, es decir, transformando los personajes en personas, algo inusual en la época y un asunto al que después la ópera encontró multitud de respuestas sencillas; en 1642, sin embargo, suponía embarcarse en una verdadera aventura. Séneca adquiere en la ópera un rol patriarcal, Ottone hace de intermediario, la emperatriz Ottavia azota con amargura al emperador mientras que Poppea maneja los hilos desde su condición de provocadora que exhibe su propia libertad como arma femenina para conseguir sus propósitos. Un discurso más radical que la propia historia real. Por eso *L´incoronazione di Poppea* es una obra rabiosamente moderna. Monteverdi logró que su taller llevara en ella al límite las teorías sobre los afectos, precisamente por su capacidad para transformar su retórica en expresión. Logró que sus personajes transmitieran sus emociones; que el canto expresara su pensamiento y que la historia que contaban se convirtiera en confesión para los sentimientos del receptor. Poppea es una mujer de carne y hueso, con sus bellezas y sus malas formas, una *trepa* absoluta, que podemos asumir como a una mujer del siglo XX. Eso es modernidad. Y esa veracidad melodramática nos llega por el puro arte musical de Monteverdi, un constructor-relator de las pasiones humanas bajo un ropaje musical de fabulosa vida interna y espíritu envolvente. En el caso de *L´incoronazione di Poppea,* un discurso musical temprano acerca de uno de los temas más estudiados y expuestos de la historia del género: victoria y muerte como caras de una misma moneda. La emperatriz Ottavia se queja amargamente: «Despreciada reina, por el rey romano, mujer afligida…», mientras que Poppea sigue a su ritmo: «¿Te supieron dulces, mi señor, y suaves la noche pasada los besos de mi boca?».

L´incoronazione di Poppea es una ópera de fuerte contenido erótico. Y a los directores de escena les encanta incidir en ello. En la foto, un montaje de Jan Lauwers para el Festival de Salzburgo.

Si avanzamos un poco en el tiempo parece que los compositores (y nos referimos sólo a los muy buenos) no se cansan de prestar sus mejores atenciones a la familia neroniana. Vivaldi lo hizo en su *Nerone fatto Cesare* (*Nerón convertido en César*) y Haendel hasta tres veces, una de las cuales, *Agrippina,* ha llegado hasta nosotros con frescura frutal. Ésta es la última ópera que Haendel escribió en su estancia italiana antes de trasladarse a Londres, donde, como vimos en un capítulo anterior, se convirtió en el rey del género. Fueron más de tres años empapándose de sol y luz italiana, antes de afincarse en la ciudad del Támesis, donde trabajó durante cuatro décadas como compositor y hombre del negocio de la ópera. Su desbordante talento empaña la idea de que, en realidad, hizo allí popular lo que se estaba ya quedando viejo, es decir, la ópera seria italiana. En total Haendel compuso cuarenta y dos óperas, de las que *Agrippina* ocupa la sexta plaza. La pieza, que pudo encerrar una alegoría política contra el papa Clemente XI, al asociar esta figura a la del emperador Claudio, pudo también dejar entrever el enfrentamiento de Felipe de Anjou y Carlos de Austria en la Guerra de Sucesión española. Aquí, Nerón y Otón. Con *Agrippina* sucede lo mismo que con el resto de las óperas de Haendel: es demasiado larga. Las arias, los recitativos, los *ensembles* se van sucediendo sin demasiado sentido dramático, aunque la música caracteriza con tal fuerza a los personajes que hacen de estas enormes *piezas de museo* un manjar para la ópera en versión de concierto, es decir, sin escena. Y algo parecido sucede con *Ottone,* otra de sus óperas basadas en un miembro de la saga neroniana.

Pero si seguimos avanzando no acaba ahí la cosa, pues hasta el libretista más famoso de Verdi, Arrigo Boito, dejó su huella en el asunto con su *Nerone,* una ópera que dejó inacabada y que fue completada por el director Arturo Toscanini, que la estrenó en 1924. Boito se mostró bastante filósofo en su partitura, que concluye con el gran incendio romano. Y todavía podríamos encontrar otra referencia con el autor ruso Anton Rubinstein, que con *Nerón* hizo una versión muy libre de las aventuras de la familia. A Chaikovski, sin embargo, le hizo poca gracia al leer la partitura: «Esto me enfurece [...]. La razón por la que toco esta cosa repugnante es la conciencia de mi propia superioridad, y eso mantiene mi fuerza. Piensas que estás escribiendo abominablemente, pero luego miras las tonterías que las personas han realizado con toda seriedad, y tu alma se siente más liviana».

— 44 —
Cavalli, un verso suelto

Se conservan dos manuscritos de *L'incoronazione di Poppea,* uno en la Biblioteca Marciana de Venecia y otro en la Biblioteca del Conservatorio de San Pietro a Majella, en Nápoles. El primero fue preparado por el único alumno que tuvo Monteverdi, Francesco Cavalli, que desde luego no se privó de realizar aportaciones personales al original que mandó copiar a su mujer. Pier Francesco Caletti-Bruni, que así se llamaba, se cambió el apellido por el que ahora se le conoce, porque era el de su protector, el gobernador de la preciosa ciudad italiana de Crema, Federico Cavalli, gracias al cual encontró trabajo como cantor en San Marcos, la basílica de Venecia donde mandaba Monteverdi. Y, con éste al frente, se dedicó a escribir óperas para que el —en todos los aspectos— alegre público veneciano se dejara sus dineros en taquilla en la nueva industria operística que había nacido en los teatros de la ciudad. No es de extrañar que el *nuevo Monteverdi* escogiera con tino a sus libretistas, quienes habrían de escribir para un público siempre dispuesto a la fiesta y al juego de las suplantaciones personales (léase disfraz, travestismo, carnaval) en el conspicuo pero populista mundo de relaciones humanas a la moda en la Serenísima. Trabajó allí con buenos beneficios, y repartiendo por doquier un talento digno de su maestro, pero su ambición le perdió cuando le fue encargada desde París una obra para la celebración de la boda del rey Luis XIV con María Teresa de Austria, hija de Felipe IV. La pieza, *Ercole amante* (*Hércules enamorado*), no se representó; tenía poco ballet y demasiado canto; un exceso para el volátil espíritu francés. Así que regresó a Venecia, pero sus imitadores ya le habían hecho la cama. Aunque mal, porque mientras Cavalli se había fijado en Monteverdi, los *nuevos cómicos* habían ya perdido el rumbo. Perdió Cavalli y perdió la ópera. A Cavalli se le olvidó y la ópera italiana prosiguió su errático camino hasta mejores tiempos. El compositor resucitó en los años 60 del siglo XX, pero, creemos, por razones espurias. Este señor no es un belcantista, ni de lejos. En Cavalli se canta el texto; no se adorna el texto. Y un ejemplo palmario de ello tiene lugar en *La Calisto,* quizá su ópera más interesante y moderna.

Basada en *Las metamorfosis,* de Ovidio, el libretista, Giovanni Faustini, hace un relato libre acerca del enamoramiento de Júpiter de la bella ninfa Calisto. Pero como ésta ha hecho voto de castidad ante la diosa Diana, el dios supremo tendrá que agudizar su ingenio para conseguirla: se transformará en Diana para seducirla. Su esposa, Juno, se venga de su marido convirtiendo a La Calisto en una osa. Júpiter la rescatará para convertirla en constelación estelar, la Osa Mayor; y al hijo que lleva en su vientre en la Osa Menor.

No deja de ser sorprendente el tono amoral en que se desarrolla esta pieza, que musicalmente es postMonteverdi total. Amores prohibidos, personajes travestidos que aceptan una doble seducción, premios estelares, etc. siguen marcando un camino para la ópera que busca su definición en historias teóricamente basadas en temas de un profundo humanismo, pero que a la postre se convierten en aventuraras alrededor de aspectos humanos no tan profundos pero sí más efectivos. El amor (el mandamás Júpiter embobado ante la belleza de La Calisto), el engaño (La Calisto amando a una Diana sin mirarla a la cara, y no sólo a la cara, pues se trata de Júpiter disfrazado, un hombre que la va a embarazar), la traición (una Juno despechada que escoge para La Calisto el peor castigo) y la conversión de la farsa en el triunfo de la gloria, elevando al cielo a La Calisto en forma de gran constelación estelar no parecen elementos morales de la suficiente altura como para dar por cierto lo que muchos pretendían que fuera la ópera en el siglo XVII, un relato cocinado cual alto techado de virtudes. Más bien se trató de un juego animado y muy imaginativo, mucho más a ras de suelo, y elaborado con elementos bastante más humanos. Los venecianos lo hicieron bastante bien. O al menos con el histrionismo y la capacidad para gozar del amor que siempre les caracterizó.

— 45 —
Los mitos grecorromanos en el futuro

Richard Strauss compuso una de las óperas más originales del siglo XX. Fue ideada, y redactada por su libretista de cabecera, Hugo von Hofmannsthal, bajo el mito de Ariadna en la isla de Naxos. Es decir, la historia de otra mujer abandonada. Sólo que esta vez, y no como en el caso de Dido, Ariadna mira hacia delante, ante el puro desdén de su padre, Minos, y de su amante, Teseo, que, tras matar al Minotauro ha de huir con ella ante la cólera del padre de la princesa cretense. Ariadna es abandonada a orillas del mar, en la isla de Naxos. Y al despertar de ese mal sueño se vuelve a casar, esta vez con el dios Dionisio, que la traslada al Olimpo. Con estos preciosos mimbres, Strauss, que para entonces ya había descendido a los laberintos emocionales de *Elektra* y *Salomé* y ascendido a la felicidad suprema del amor en *El caballero de la rosa,* montó un asombroso experimento operístico. Ésta es una de las óperas en las que merece la pena detenerse.

En 1892 Richard Strauss viajó a Sicilia —también a Grecia y Egipto—, donde quedó impresionado por la belleza de los paisajes taorminenses (¿existe acaso una perspectiva más hermosa que la que se puede contemplar desde el anfiteatro, hacia el mar y el Etna?) y los templos de Agrigento. Sin duda sufrió allí su primer *ataque* de helenismo, una *enfermedad* que tan soberbios resultados le daría al poco tiempo. A saber, 1905: *Salomé*; 1909: *Elektra,* y 1912: *Ariadne auf Naxos,* las dos últimas ya con texto del irrepetible Hugo von Hofmannsthal. Y si su primera colaboración en la sórdida historia de Sófocles arrojó un espectacular resultado teatral y musical, la idea manejada por Hofmannsthal y Strauss para la siguiente ópera no podía ser más novedosa: la pieza en sí habría de ser precedida por una comedia de Molière (en concreto la *comédie-ballet Le Bourgeois gentilhomme* [*El burgués gentilhombre*], con la música que Lully había escrito para ella o bien con música nueva de la cosecha del propio Strauss), que serviría para alertar acerca de lo que luego se escucharía en la ópera propiamente dicha: teatro dentro del teatro, en una mezcla de ópera seria y cómica. Pero el compositor, efectivamente, desechó la partitura de Lully, por anacrónica y poco funcional, y escribió una nueva para que la idea fuera hacia delante. La obra resultante, un desconcertante pero original híbrido, se llegó a estrenar y representar varias veces en ese formato (Stuttgart [25 de octubre de 1912], Praga, Berlín, París), pero, al parecer, las seis horas de espectáculo cansaron a un público que tenía que pensar demasiado. Así que los planes cambiaron; Richard Strauss reservó la música escrita para la obra de Molière para una suite orquestal separada, que llamó igual, *El burgués gentilhombre,* e hizo preceder la ópera de un prólogo (ya nada que ver con la comedia del francés) que explicara mejor por qué en la ópera sucedería lo que tenía que suceder. La nueva versión es la que ha llegado a nuestros días como la definitiva. Pero a finales de los noventa del siglo pasado Kent Nagano, con los parabienes del musicólogo Michael Kennedy, desenterró el original de 1912, en parte, combinando la música del ballet de Strauss (o sea, la transformación que hizo el propio autor para llegar a la suite) con la ópera y los recitados añadidos de Dominica Volkent. Un *mix* que creemos tiene menos sentido.

Ambas versiones tienen, pues, dos partes. Pero el Prólogo de la segunda versión, una cena de gala en la que un aristócrata vienés va a ofrecer a sus invitados dos representaciones líricas, una ópera cómica y una ópera seria, es ahora el ballet a que antes nos referimos, con recitativos y pequeñas intervenciones de algunos personajes que no aparecen en la anterior versión. En todo caso, las diferencias son más importantes en la segunda parte, pues en la versión de 1912 había más música. Un ejemplo vistoso: ésta incluye una segunda aria del vocalmente endiablado personaje de Zerbinetta («Grossmächtige Prinzessin» —«Noble y graciosa princesa»—), al que ya nos referimos en el capítulo anterior. El argumento, y salvo en el final (aquí es preferible el maravilloso dúo entre Baco y Ariadna que el irónico desfile dirigido por Monsieur Jordan), apenas cambia.

El asunto, en versión algo libre del mito, versa, como vemos, acerca del abandono de Ariadna en la isla de Naxos por parte de Teseo, después de cobrar un importante botín al pueblo cretense —el de Ariadna, que ella ha traicionado, ayudando a Teseo a apropiarse del botín a cambio de su amor—, y del posterior *consuelo* de la princesa por parte de Dioniso y su báquico cortejo. Escuchamos cómo Ariadna llora su abandono a tres ninfas del agua, la tierra y el aire. Y, al mismo tiempo, cómo los personajes cómicos observan con distanciada actitud las evoluciones de la princesa. La buena de Zerbinetta, que tiene una idea del amor mucho más práctica, intenta consolar a Ariadna, que naturalmente no la comprende. A continuación, provocados por la díscola Zerbinetta, Arlequín, Brighella, Scaramuccio y Truffaldin se pelean por el amor de la muchacha sin éxito. Vuelve a cambiar el panorama, y las ninfas anuncian la llegada del bello Baco. La depresiva pero muy enamoradiza Ariadna cree ver en Baco la llamada de una muerte que la libere de sus sufrimientos, pero pronto se da cuenta de que más bien se trata de otro tipo de llamada: el amor nuevamente le abre sus puertas. Efectivamente, Baco viene a rescatarla de su cautiverio… y todos felices. El género operístico ya había andado mucho cuando a Strauss y a Hofmannsthal se les ocurrió este maravilloso disparate, que acabó siendo una música brillante, trasparente, fluida como un hilo de sonido continuo sumergido en medio de un mar orquestal. Una de las óperas del siglo XX de mayor recorrido, y sobre un tema relacionado con mitologías del pasado en un momento en el que Europa estaba a punto de estallar en pedazos.

Baco rescata a Ariadna. En la foto, una pintura al óleo de Luca Giordano. Acred.: Museo Castelvecchio, Verona.

Pero Strauss no fue el único de su tiempo que sintió la llamada del mito. Hubo otros autores que también encontraron inspiración en temas relacionados con la Grecia antigua. No nos detendremos mucho en ellos, aun por un simple problema de no poder disponer de más espacio, pero sí haremos alguna referencia rápida. Por ejemplo, al gran Hans Werner Henze, un homosexual de izquierdas radical que salió huyendo de su Alemania natal para afincarse en Italia, tras ser repudiado por las élites musicales. Simplemente por no estar de acuerdo con las vanguardias centroeuropeas y abandonar el camino establecido por el sistema dodecafónico. Henze fue al principio un serialista ortodoxo, pero se salió de la línea con estrépito y pagó su precio por ello. Al final de su vida no sólo fue rehabilitado, sino vuelto a valorar en su justa medida, muy alta. Escribió más de treinta óperas, dos de las cuales, al menos, tuvieron que ver con la mitología griega: *Die Bassariden* (*Las basárides*), acabada en 1965 y estrenada un año después, y *Phaedra* (*Fedra*), en 2007, para ser interpretada en versión de concierto. *Die Bassariden* es una auténtica demostración de poder, de fuerza compositiva, de conocimiento exhaustivo de los movimientos musicales europeos desde principios del siglo XIX. También, y quizá por ello, una gran síntesis operística en la que Henze comprometió todas sus fuerzas para dar vida al complejo y extraordinario libreto de Wystan Hugh Auden sobre una obra eterna y no menos compleja. La obra fue un encargo del Festival de Salzburgo (¿!), cuya música Henze escribió en poco menos de un año. Se representó en España, en Madrid, en 1999.

El siglo XX nos regala otras propuestas operísticas sobre temas mitológicos, algunas de ellas repletas de aciertos, como puede ser el caso de Œdipe (*Edipo*), del compositor rumano George Enescu (1881-1955) sobre el mito del mismo nombre. La obra fue escrita en París, y como es de esperar se aparta de la literalidad de la tragedia de Sófocles, convirtiendo el personaje en un sufriente arquetipo ávido de conocimiento, verdadera tabla de salvación para una vida que parece tener escrita de antemano. Musicalmente es una obra difícil, que se suele representar poco o nada, pero de una calidad indiscutible. Es una ópera, por citar ejemplos muy próximos, mucho más interesante que la *Antigone* de Artur Honegger (1892-1955) o el pesadísimo *Œdipus Rex* (*Edipo rey*), de Stravinsky.

No queremos, sin embargo, dejar de consignar una ópera que nos gusta mucho, por su arrojo, originalidad y unicidad en el género. Se trata de *Les Mamelles de Tirésias (Las tetas de Tiresias)*, que el compositor francés Francis Poulenc estrenó en París en plena guerra mundial. El texto de la obra, un prodigio de refinado surrealismo, salió de la pluma del gran Gillaume Apollinaire, inspirándose en el mito del adivino tebano Tiresias —que aparece también en el *Edipo*, de Sófocles—, para darle la vuelta y convertirlo en Teresa, que cambia de sexo para poder enfrentarse a los hombres y así poder cambiar las costumbres y establecer la igualdad entre sexos. La obra, plagada de personajes travestidos y, a veces, subida de tono, causó un escándalo en el estreno, porque, además, es profundamente antibélica. Tal pacifismo fue incorrectamente interpretado, con lo que la ópera fue sepultada bajo siete losas hasta su reciente recuperación

Volviendo un poco atrás, no deja de ser raro que no haya ninguna ópera relacionada con el mito de la maga Medea que sea una creación indiscutible. Y la lista de los que lo intentaron es interminable: Marc-Antoine Charpentier (1643-1704), François-Joseph Salomon (1649-1732), Jiří Antonín Benda (1722-1795), Johann Gottlieb Naumann (1741-1801), Simon Mayr (1763-1845), Saverio Mercadante (1795-1831), Giovanni Pacini (1796-1867), Zdeněk Fibich (1850-1900), Darius Milhaud (1892-1974)... e incluso Mikis Theodorakis. Quizá de todas ellas la más interesante sea la de Charpentier, pero en todo caso quedaría lejos del único ejemplo a considerar seriamente, la *Médée* que escribió Luigi Cherubini (1760-1842), basada en la tragedia de Eurípides. Ésta es una ópera en modo *opéra comique* (partes cantadas con recitativos hablados) que admiraron románticos tan alejados entre sí como Brahms y Wagner, y de la que el mismo Beethoven habló maravillas tras su estreno el 13 de marzo de 1797, a pesar de su escaso éxito. La obra, una adaptación muy libre sobre el mito, deambuló durante el siglo XIX por los teatros europeos hasta que se tradujo al italiano en 1909, y comenzó su reconocimiento. Una revisión de esa traducción es la que interpretó Maria Callas en 1953, en una versión que se podría calificar de histórica, dirigida por un Leonard Bernstein que sustituyó al indispuesto Victor de Sabata. Un conocido crítico afirmó: «De hecho, esta *Medea* da la impresión (¿o la ilusión?) de estar en el umbral de lo que Gluck ha aportado al expresionismo moderno. Aquí Cherubini consigue realmente lo que él cree que es la esencia de la música, lo esencial, que no es la melodía, sino gracias a ella, una forma de vincular estrechamente su personaje, para atraparlo y llevarlo por el camino de la verdad». Palabras elocuentes y certeras, propias de un comentarista que sabía mirar hacia el futuro. Ciertamente si la *Médée* de Cherubini enlaza directamente con alguna tradición anterior, ésa es la que Gluck había marcado treinta y cinco años antes. Pero también mira hacia delante, pues de alguna manera en esta *Médée* encontramos un claro antecedente de *Norma,* de Bellini, uno de sus más importantes títulos, y que caracteriza como pocos al belcantismo romántico. Los conflictos que la sacerdotisa Norma provoca para no perder el amor del procónsul romano Pollione, rompiendo sus votos, conforman una historia que casi resulta ser lo de menos en una obra en la que refulgen como el sol las dificultades vocales en los papeles de Norma y su rival en el amor hacia Pollione, Adalgisa, y particularmente de la primera, una absoluta prueba de fuerza para una soprano dramática de coloratura. El aria de la invocación a la luna «Casta Diva» («*Casta* diosa») es todo un paradigma. Maria Callas y Montserrat Caballé se llevan la palma en realizaciones históricas del rol de Norma.

Pero volviendo al relato anterior, obras como la *Médée,* de Cherubini, o también la interesante *La Vestale* (*La virgen vestal*), de Gaspare Spontini (1774-1851), otro *descubrimiento* de la Callas para los teatros de ópera, hacen expirar al siglo XVIII, con referentes como los de Gluck, pero sin que se llegara todavía a entender del todo cómo Mozart estaba situándose en el centro de la avalancha prerromántica, cambiándolo todo, revolucionándolo todo.

— 46 —
Mujeres emancipadas

Fiordiligi y Dorabella son hermanas. Dos jovencitas de libido a flor de piel. Muy enamoradas de sus novios, Ferrando y Guglielmo, dos oficiales del ejército. Despina, la criada de las chicas; se mueve como pez en el agua en el mundo de las intrigas amorosas; lista como el hambre. Y Don Alfonso, amigo de los chicos, una especie de gran filósofo de la vida, hombre en la madurez que contempla con escepticismo los valores que mueven a las gentes de sangre fresca. Ésta es la materia básica sobre la que Lorenzo da Ponte, es posible que fijándose en un canto de *Orlando furioso*, de Ariosto, desarrolla la sencilla pero mordaz y un punto ácida historia de *Così fan tutte*, la tercera ópera de su trilogía con Mozart, inaugurada cuatro años antes con *Las bodas de Fígaro* (1786), a la que siguió *Don Giovanni* (1787).

Ferrando y Guglielmo están convencidos de que Fiordiligi y Dorabella son la fidelidad personificada. Pero Don Alfonso opina que, como todas, podrían romper ese vínculo en veinticuatro horas. Para demostrarlo propone un juego: ellos mismos, disfrazados, las seducirán. Ferrando y Guglielmo se despiden de sus novias, pues sus obligaciones militares les reclaman. Ellas se quedan solas y en absoluto desconsuelo. Despina las anima a que se busquen nuevos amantes. Don Alfonso, conchabado con Despina, que quiere sacar tajada económica del embrollo, se presenta con dos jóvenes y nobles, y guapos, caballeros albaneses (Tizio y Sempronio) tocados con sendos aparatosos turbantes. Las chicas, cada una a su manera, van cayendo en la trampa, que adquiere su momento más dramático cuando los caballeros deciden suicidarse con arsénico por no poder conseguir enamorarlas. Las hermanas llaman al médico (Despina disfrazada), que les hace revivir. Ellos están a punto de arrancar un beso de las hermanas. Éstas están ya casi *en el bote*; tanto, que ya se reparten el botín: Fiordiligi escoge al *rubito* (Ferrando) y Dorabella al *morenito* (Guglielmo), es decir, haciendo un cambio de parejas con sus auténticos novios. Una bucólica escena en el jardín escenifica la caída súbita de Dorabella en brazos de su nuevo amante, y la no tan súbita pero al cabo segura de su hermana en los del otro *albanés*. Se prepara la boda, que celebrará Despina, esta vez disfrazada de notario. En ese momento Don Alfonso anuncia que los antiguos novios regresan de la guerra; los albaneses desaparecen y vuelven a escena en su verdadera personalidad. Fingen asombro al encontrar el contrato nupcial, pero Fiordiligi y Dorabella han de asumir su culpa. Don Alfonso cierra la farsa con las siguientes palabras: «Afortunado el que asume las cosas por su lado bueno».

Si un libretista hoy presentara un libreto de esta guisa al mejor compositor de los posibles, es casi seguro que al día siguiente acabara en la cárcel. Sin embargo, no existe una ópera más feminista que *Così fan tutte,* de hacerse la valoración del mensaje emitido bajo una idea del feminismo como reivindicación de la propia libertad femenina. Para escoger novio. Para escoger novios. Para cambiar de novio. Para cambiar de novios. Es pues una ópera que atiende a un feroz mensaje de modernidad social. Pero caso de que este razonamiento fuera tan sólo el resultado de la fantasía de quien esto está escribiendo, daría igual: la extraordinaria genialidad de su autor quedaría exenta de cualquier juicio negativo, pues es un error total interpretar los hechos del pasado desde una óptica del presente, como saben y practican los historiadores serios. El libreto de Da Ponte es pura subversión, aunque si le hubiera puesto música otro compositor seguramente el resultado no habría pasado del divertimento salpimentado. La música que Mozart regala a cada personaje es, incluso con independencia de la propia historia que se está contando, un prodigio de estudio sicológico; una verdadera excursión a la parte más posibilista del espíritu humano. Fiordiligi y Dorabella. La primera, una soprano a la que se le exige una línea vocal plena, una línea teatral enorme. Los saltos en la tesitura son grandes y la versatilidad y elasticidad, imponentes. Muy musical, es, de las dos, la más reflexiva, la que más piensa, la que más se la juega. Dorabella es más fantástica y soñadora, más débil. Una mezzosoprano. Mozart escoge una voz más grave para un personaje que es más *femenino* que el de su hermana; más encantador. Está fuera de la regla. Así es Mozart. Que vuelve a ir a contracorriente al escoger las tesituras masculinas: Ferrando, el amor de Fiordiligi, la de más carácter, es un tenor ligero; mientras que a Guglielmo le asigna la cuerda de barítono. Las parejas vocales están cruzadas desde el principio. Con Don Alfonso y Despina, sin embargo, sí se cumplen las reglas: un bajo bufo (aunque borrado de cuajo todo el histrionismo típico de los bufos) y una soprano ligera. *Così fan tutte, ossia La scuola degli amanti* (*Así hacen todas o la escuela de los* amantes) es un importante paso adelante en la historia de la ópera, pues da una respuesta femenina real al juego de parejas planteado por las figuras masculinas del Conde de Almaviva y Fígaro (*Las bodas de Fígaro*) y Don Giovanni y Leporello (*Don Giovanni*), con una importante vuelta de tuerca: ya no hay un conflicto sociolaboral que pueda explicar el todo, sino un planteamiento que recurre a una filosofía sobre la existencia cimentada sobre materias más carnales: sobre el amor y el sexo.

Una mujer emancipada de arriba abajo es Leonore, la protagonista femenina de *Fidelio.* La historia que nos cuenta Beethoven es: Florestán lleva dos años en la cárcel, en una prisión-fortaleza de Sevilla, por razones políticas. Se supone que pertenece a la nobleza. Leonore es su esposa, que se disfrazará de hombre, adoptando el nombre de Fidelio, con el fin de salvar a su marido. Para descender a la cárcel logra ser contratado (-a) por Rocco, el carcelero, como ayudante. Allí vive Jaquino, el portero, que está prometido a Marzelline, hija de Rocco, pero ésta se enamora de Fidelio. Florestán está injustamente encarcelado por su más fiero enemigo, Pizarro, que es el gobernador de la prisión. Al final llegará el ministro Don Fernando, que sacará a Florestán de su cautiverio.

Nadie es quien debe ser en esta historia seguramente disparatada. Marzelline, hija del carcelero Rocco, está prometida a Jaquino, pero enamorada de Fidelio, que en realidad es una mujer, Leonore, disfrazada de hombre por razones coyunturales. La aguerrida Leonore ha tomado la decisión de resolver ella el conflicto al que la justicia es ajena: su marido, Florestán, está preso por razones ideológicas y las artes de su enemigo Pizarro. Así que la razón ideológica que ella va a esgrimir para salvarlo es pasar por encima de la justicia injusta y descender a las mazmorras para salvar a su amado. Bajo estas premisas, Beethoven y sus libretistas crean varios pequeños dramas domésticos alrededor de la muy noble y elevada trama central. Por ejemplo, lo mucho que a Rocco le gusta Fidelio para su hija (lógico: al lado del bobalicón Jaquino es un auténtico chollo), o el problema de identidad personal que le crea a Leonore comprobar el amor que genera hacia otra mujer. O cómo ha de hacer para conseguir de Rocco que la deje bajar a los calabozos. Pero cuando estas cuestiones están en plena evanescencia, llega la noticia de que el malvado Pizarro va a ser visitado por su jefe, Don Fernando, porque nadie se fía de sus decisiones. Pizarro debe, pues, desprenderse de Florestán de inmediato. Rocco será el encargado, pero, naturalmente, desobedece a Pizarro. Los pequeños dramas continúan: Jaquino se queja a Rocco de que Marzelline no le hace caso y Leonore sigue cavilando la manera de bajar a las cárceles. No se sabe muy bien por qué, quizá guiada por la compasión, pide a Rocco que deje salir a tomar el sol a los presos («O welche Lust…» —«Qué felicidad poder respirar al aire libre»—, memorable número coral), cosa que a Pizarro no le gusta nada. Y entretanto Rocco ha conseguido que éste le dé permiso a su hija para que se case con Fidelio (Leonore). Pizarro insiste en acabar con su enemigo político. En este caos físico-síquico finaliza el primer acto.

Anna Milder-Hauptmann fue la cantante que encarnó a Leonore en los estrenos de las tres versiones de *Fidelio.*

Al fin conocemos a Florestán. Estamos en el segundo acto. Lo vemos en su mazmorra quejándose de su amarga realidad («In des Lebens Frühlingstagen» —«En la primavera de mi vida»—, maravillosa e incantable aria). Llegan Rocco y Leonore, a la que, naturalmente, no reconoce ni su propio marido. Hasta el extremo de que él (ella, en realidad) le ruega a Rocco que busque a la esposa de Florestán para que interceda ante Pizarro. Aparece entonces éste dispuesto a matar a Florestán, pero la heroína lo impide a la par que revela su identidad. Para Pizarro no hay uno sin dos: ahora matará a ambos. Claro que en el colmo de tal delirio, llegan los buenos, es decir, Don Fernando, anunciado por la famosa y muy operística llamada de trompeta. Todo resuelto: los prisioneros políticos quedan liberados, la pareja, feliz, y Pizarro, detenido. Bueno, todo quizá no: es de suponer que la pobre Marzelline no esté muy contenta, aunque ese cabo queda suelto.

Hemos escuchado decir a un famoso crítico español, ya hoy tristemente desaparecido, nada dado a las veleidades y en posesión de una pluma sabia y certera lo siguiente: «Es que *Fidelio* como ópera no deja de ser una verdadera mierda». Nos pareció un incomprensible delirio; un ataque de furia poco esperable en un estudioso de su categoría. Pues bien, opiniones como ésta son frecuentes. *Fidelio,* que a nosotros nos parece una de las obras por las que más sufrió su autor, y desde luego una obra maestra sin posible discusión, arrastra una especie de estela maldita: la única ópera de Beethoven. Un argumento que no va a ninguna parte ante la avalancha de música que irradia su partitura, un conjunto de terribles sombras y cegadora luz, que compite directamente con la pegajosa y constante presencia del belcantismo al uso. No se pareció en nada a lo que se hacía en el momento, y no sólo por su música sino por no poder zafarse de otro importante sambenito: su terrible escritura vocal, tanto para los solistas como para el coro. Se convierte así en una obra aislada en su tiempo, y fuera de él. Doce años estuvo Beethoven dándole vueltas a este asunto, con desolador (o maravilloso, según se mire) resultado: cuatro oberturas sinfónicas y tres óperas, las tres representadas: *Leonore,* de 1805; la revisión de ésta del año siguiente, que llegó a subir a escena dos veces, y *Fidelio,* de 1814, no ya una revisión sino una auténtica reescritura de la obra, libreto incluido. Un exceso en toda regla, coronado en última instancia por una ópera que acabó siendo ni carne ni pescado, es decir, ni *Così* ni *Bodas de Fígaro,* pero tampoco *La flauta mágica,* a la que, por otro lado, tanto debe al menos su primera mitad. Ni una comedia ni un drama; una obra de músculo político, pero sobre todo un alegato en contra de las malas fuerzas que habitan en lo más hondo del ser humano. Para lo que necesariamente Beethoven habría de encontrar un nuevo lenguaje dramático, y lo que es más complicado, una nueva semántica emocional. Lo consiguió, con creces, pues su ópera acabó siendo algo tan sencillo, y a la vez tan complejo, como una profunda, sabia, veraz y sincera reflexión sobre sentimientos y valores, sobre el amor y la libertad, sobre ésta y la tiranía; una obra política en el más noble sentido, o sea una reflexión sobre la dualidad humana. Además de lo que siempre hemos sabido que era: una música irrepetible, salida de la pluma de un hombre al que hoy calificaríamos *de izquierdas.* Un día, y sin mostrar el más mínimo recato, Beethoven se dirigió al príncipe Lichnowsky en los siguientes términos: «Vuestra Alteza es príncipe por azar y nacimiento; lo que soy yo, lo soy por mí mismo. Príncipes hay miles; Beethoven, sólo uno». Lichnowsky, mecenas de Beethoven, le asignó un sueldo fijo durante seis años. Hasta que se hartó de sus brusquedades y salidas de tono.

Pamina, Agathe y Eva son el alma de, respectivamente, las óperas *La flauta mágica, El cazador furtivo* y *Los maestros cantores de Núremberg.* Criaturas concebidas por el mago de la escena Emanuel Schikaneder, Friedrich Kind y Richard Wagner, sus tres libretistas, para las respectivas óperas de Mozart, Weber y el propio Wagner. ¿Podríamos incluirlas en la lista de mujeres emancipadas o habríamos ahora de cambiar el guion? Sí y no. Las tres pertenecen a mundos con muchos fondos comunes. Las tres han de luchar por el amor al que aspiran y merecen en un entorno en el que el elemento masculino resulta opresor y las tres lo consiguen tras cuitas de distinta naturaleza pero siempre presididas por el desasosiego, la duda y la indecisión. Son, quizá, la imagen de la mujer emancipada en su siguiente fase. Es decir, cuando ya es tiempo de convertir esa emancipación en realidad tangible y práctica. Hay, efectivamente, muchos fondos comunes en sus vidas en las tres óperas, pero los ambientes en cada una de ellas están diferenciados, y no sólo por el paisaje general, sino por los resortes bajo los que se mueven los demás personajes que las rodean.

La flauta mágica es un cruel cuento infantil, una alegoría sobre el bien y el mal como fuerzas en continuo enfrentamiento, organizadas y gestionadas por un poder superior que nada ha de explicar acerca de su autoridad. Bajo una pátina moral que eleva la palabra al cielo, bajo esa bóveda invisible, se mueven personajes como Pamina, la hija buena de la malvada Reina de la Noche, en busca de su amado Tamino, un príncipe japonés que ya estaba enamorado de ella antes de que los tiempos comenzaran. Y bajo ese mismo cielo, el inocente Papageno, el pajarero que trabaja para la Reina de la Noche, que también busca a su preciosa Papagena. El mundo estricto y cerrado de los sacerdotes, que representan las fuerzas de la ética, el orden, la disciplina, e incluso la lógica, choca con el de la candidez de los personajes de carne y hueso que buscan el amor de carne y hueso. Las damas, el malvado Monostatos, el recto y casi ungido por la gracia superior Sarastro (portentosa, llena de nobleza y de contenido moral su aria «In diesen heil´gen Hallen» —«En el interior de estas sagradas salas»—), los geniecillos conforman un fantástico mundo paralelo que Mozart pone en marcha bajo la estricta norma masónica, una puesta en práctica de su ideología al servicio de una elucubración musical fabulosa. El libreto encierra todos y cada uno de esos valores, puestos en común bajo una historia contada en el lenguaje del dibujo infantil, pero la música que regala Mozart a los textos es redonda y sublime, seguramente la más conmovedora de cuantas partituras escribiera. Y la discusión sobre el estilo está ya cerrada. Ésta no es una ópera escrita en italiano. Es una ópera alemana, que todos los alemanes habrán de tomar como modelo. Que se fijen en su entorno moralizante masónico o que escojan otros caminos para el desarrollo de una ópera emancipada de la *italianidad* reinante décadas atrás, será cosa de cada uno. Pero las raíces están echadas. Efectivamente, los herederos de ese espíritu escribirán en alemán, pero mirarán también en otra dirección, que además va a ser completamente nueva, porque renegará de la mitología grecorromana.

— 47 —
Regreso a la Edad Media

Hubo una vez una leyenda llamada *Tiro de prueba*. El asunto era que un príncipe había prometido el cargo de guardabosques mayor y la vivienda de caza a quien fuera capaz de derribar de un tiro a un ciervo que, acosado por los perros, llevaba atado a su lomo a un cazador furtivo. Pero ello sin matar al cazador. Alguien lo consiguió, pero pronto se desató sobre él la habladuría de que lo había hecho utilizando una bala mágica. Por eso desde entonces los sucesivos príncipes establecieron el llamado *tiro de prueba* sobre un blanco establecido. Igualmente, el nombrado guardabosques desposaría a una joven elegida tras la prueba.

Sobre esta leyenda medieval Carl Maria von Weber escribió su *Der Freischütz* (*El cazador furtivo*). Max, el aspirante, no debe errar el tiro de prueba si quiere conseguir a Agathe, la elegida. Como está inseguro, pues el guardabosques mayor le ha alertado sobre la dificultad del asunto, negocia con el siniestro Kaspar para fabricar balas seguras, es decir, mágicas. Kaspar cita a Max en la Garganta del Lobo. En realidad lo que quiere Kaspar (aspirante también a guardabosque mayor y a conseguir así a Agathe, de la que está enamorado), es vengarse de ella, de su padre y del novio de aquélla, porque ella lo ha rechazado como aspirante. Max muestra su agitación porque ha de ir a la Garganta para cobrar un ciervo de dieciocho puntas que ha abatido por la mañana. Pero lo cierto es que Max ha quedado allí con Kaspar para hacerse con las balas mágicas. Ya en la Garganta, un lugar tétrico donde se suceden los hechos más insólitos y esotéricos, Kaspar invoca al terrible pero poderoso Samiel. Kaspar tiene una deuda con Samiel por la ayuda que éste le proporciona para la fabricación de las balas: su propia alma. Pero pretende aplazar la deuda ofreciendo el sacrificio de Agathe. Max sufre alucinaciones y, abrumado, acepta invocar a Samiel para fabricar las balas. Son siete balas. Tres de ellas las tiene Kaspar; otras tres, Max, y la séptima, la *bala franca* que pertenece a Samiel, le ha caído en el reparto a Max. Kaspar ha disparado dos veces, y Max, tres. Max cree que la que le queda, la franca, no le va a ser suficiente para afrontar con garantía el tiro de prueba. Pide a Kaspar que le ceda la que le queda, pero éste no accede y gasta su bala. Max ha de disparar contra una paloma, pero cuando lo va a hacer, Agathe le ruega que no dispare porque la paloma es ella misma. La paloma vuela a otra rama (en la que está Kaspar). Max dispara, la paloma huye y Agathe y Kaspar caen al suelo. Ella está bien, pero el tiro ha alcanzado a Kaspar, que muere. Max, ante la indignación general, confiesa su engaño y es desterrado. Pero entonces un eremita apela a la magnanimidad del príncipe, y éste decide que el destierro dure sólo un año, tras el que la pareja podrá ya unirse, emancipada ya Agathe de todas sus ataduras.

Der Freischütz es una obra maestra que se escucha y se representa poco. Situada en una importante encrucijada estilística, suma virtudes procedentes de sitios muy dispares. Multiplica la densidad orquestal de las últimas óperas de Gluck y mira de frente al *Singspiel* sin complejos, en franca asociación con la *Flauta* mozartiana. Pero va más allá, dando una importante vuelta de tuerca al realismo fantástico de ese Mozart, y aproximándose hasta la frontera del *Holandés* wagneriano. Habida cuenta de que la una es de 1791 y la otra de 1843, Weber, que da por finalizada la partitura de *El cazador* en 1820, la sitúa a una mitad de camino entre aquéllas, lo que explica muchas cosas. Explica, por ejemplo, toda la fuerza popular, arcaizante incluso, que le viene del mundo de Schikaneder, autor del texto de *La flauta mágica,* y, a la vez, la impronta dramática del tremendo personaje de Wagner, del que luego nos ocuparemos. Mozart sitúa sus fantasmas alrededor de la malvada oscuridad de la Reina de la Noche, Wagner a los suyos en las tormentas marinas, y Weber a los magos constructores de balas de plata en el bosque, pero los tres, cada uno en su momento, con sus medios y la experiencia recibida, están buscando trascender el realismo imperante a través de una fantasía que adquiere una fuerte categoría intelectual. Sin embargo no es menos robusto el carácter popular de las tres obras, aunque se vaya diluyendo de una a otra hasta el coro de marineros en el buque fantasma. Y el *Freischütz,* que queda en medio, es la que más sufre esa mezcla entre lo popular y la ortodoxia culta, con la ayuda añadida de la fundamentada orquesta gluckiana. Una ópera, pues, musical y escénicamente de una riqueza nada fácil de captar.

El príncipe Ottokar perdona a Max en la escena final de *Der Freischütz,* de Carl Maria von Weber.

La gran diferencia entre todo lo que había acontecido en ópera y el auténtico nacimiento de la ópera alemana está en las fuentes. El origen del nacionalismo operístico alemán está en la indagación acerca de las leyendas alemanas medievales. Un trabajo que hicieron los E.T.A. Hoffmann o los Marschner o los

Weber, pero que sistematizó como ninguno de ellos —honrosos precedentes, valientes inicios, logros claros como *Der Freischütz*— Richard Wagner. En varias partes del libro nos hemos referido a estas cuestiones. Hablemos ahora al respecto de uno de los momentos más dulces del Wagner más medievalista.

Los maestros cantores fueron músicos-poetas que pertenecían a los gremios de artesanos y comerciantes de clase media que vivieron en Alemania entre los siglos XIV y XVI. Organizaban concursos de canto, altamente jerarquizados y bajo normas muy rígidas. En esos torneos los aspirantes inventaban melodías que, en todo caso, habrían de atenerse a las normas dictadas por la tradición. Ni que decir tiene que esa jerarquía mantuvo viva la tradición creativa de todo un pueblo, pero también que su rigidez debió de alcanzar grados al borde de lo cómico. El maestro cantor más famoso y, al parecer, creativo, fue el jefe del gremio de los zapateros, Hans Sachs (1494-1576). Wagner estudió a fondo todo esto y regaló al mundo como consecuencia de ese trabajo una comedia en la que en tono muy paternal se burla abiertamente de ese concepto de la creatividad. Wagner exagera todo lo que quiere, pero no achicharra a nadie, ni siquiera a los personajes que inventa para el libreto de *Los maestros cantores de Núremberg*. La obra, extremadamente divertida e irónica, salva a todo el mundo, e incluso realiza un panegírico del *auténtico* espíritu creativo alemán. (No se olvide que Wagner opinaba que un no conocedor de la lengua alemana nunca entendería el fondo de sus óperas). Excusamos decir la emoción que causó esta ópera a Hitler, al que, suponemos, se le pondrían los pelillos tiesos al escuchar a Wagner decir aquello de «Y si os mostráis fieles a vuestras obras, aunque pasó como el viento el Sacro Imperio Romano-Germánico, siempre existirá floreciente el Sacro Reino del Arte Alemán». Durante la guerra, los chicos del *Führer* la convirtieron en su himno.

Claro que la muchachada nazi se fijó en sólo una parte de ella; y no la más humana, profunda y hermosa: la historia que hay detrás de Eva, la hija del maestro orfebre Pogner, enamorada de un joven aspirante a maestro, Walther von Stolzing, que defiende la música del futuro, y que tiene que competir para conseguirla con el rey de las reglas, un maestro llamado Sixtus Beckmesser que, en principio, muestra menos creatividad que una hormiga. Hans Sachs, el maestro zapatero, oficia la ceremonia del amor, aunque como juez y parte. Wagner decide que el viudo Sachs, hombre maduro pero no viejo, muestre en sus sueños y sus deseos un atisbo de amor hacia Eva, un poco a mitad de camino entre el amor paterno-filial y el erotismo. Naturalmente, vencerá el amor entre los jóvenes, cuya unión servirá también, cómo no, para reivindicar un arte nuevo. Y a la emancipada Eva, que acaba consiguiendo estar al lado de quien quiere. Arte nuevo, pero sin iras supremacistas: ésta es un obra proverbialmente alemana, pero quizá la ópera de Wagner en la que más se cante a la italiana. Es Wagner en estado puro, y quizá el Wagner más progresista en su defensa del canto del futuro; el Wagner que más hace cantar a sus personajes. Suponiendo que alguna vez hubiera un Wagner progresista.

— 48 —
Mujeres redentoras

Los maestros cantores de Núremberg alcanza una duración de casi cuatro horas y media; es algo más larga que *Parsifal, El ocaso de los dioses, Sigfrido* y *La valquiria,* que rozan o sobrepasan las cuatro horas. *Rienzi, Lohengrin* y *Tannhäuser* superan las tres horas, dejando a *El oro del Rin* y *El holandés errante* por debajo de esa extensión. Éstos son los tiempos que necesitaba manejar este hombre. En nuestro anterior libro hablamos exhaustivamente de la Tetralogía, que glorifica al personaje femenino de, seguramente, más enjundia de la historia, la valquiria Brunilda, y en otras partes de éste, de *Lohengrin* y *Parsifal.* Detengámonos ahora en una faceta de *El holandés errante* y *Tannhäuser* que se refiere a una misma tipología femenina: un rol que los románticos asignaron al eterno femenino, a la divina misión redentora de la mujer para la salvación de su compañero masculino.

El 19 de julio de 1839 Wagner y su esposa Minna Planer, más su perro, Robber, y su loro y unos cuantos baúles de equipaje, viajaron desde Riga a Londres en un carguero llamado Tetis, repleto de guisantes y cereales, huyendo de los acreedores, y en busca de la gloria parisina. Una goleta prusiana que apenas podía desplazar unas cien toneladas y que medía no más de veinte metros de eslora. En ese cascarón de madera carcomida fueron sorprendidos por una terrible tormenta en las costas escandinavas. Los rugidos de los truenos y los cantos de marinería con los que convivieron durante los veinticuatro días que duró la travesía se convertirían poco después en la principal fuente de inspiración para la partitura musical de *El holandés errante.* Los pasajes fiórdicos y los cruces con otros barcos mostraron a Wagner el *color* de su futura ópera. Pero sólo eso; el escenario; el asunto estaba ya en su cabeza antes. Nace así la primera obra maestra de Wagner, admirable por muchas cosas, pero sobre todo por el poderío teatral de su trama, la historia de un muerto viviente que busca desesperadamente la vida, cuya llegada a escena en su barco de velas rojas y cargado de marineros en pena es una de las imágenes operísticas más poderosas de la historia del género. El elemento dramático de la pieza lo extrajo Wagner de un relato de Heine, que a su vez se había inspirado en un mito mucho más antiguo: la historia de un marinero intrépido condenado a vagar eternamente, al pactar con el diablo en el intento de surcar un cabo imposible. Pero Heine añadió algo a la historia original: al marinero se le daba una oportunidad cada siete años, consistente en desembarcar durante veinticuatro horas para, en ese tiempo, encontrar el amor redentor de una mujer. Y ahí entra Senta, uno de los personajes femeninos más sólidos de todo Wagner.

Senta está comprometida con un joven marinero del lugar, Erik. Pero, mientras las hilanderas trabajan en el salón de su casa, ella observa un retrato con el rostro de un personaje misterioso. Senta explica cómo sacrificará su propia vida para liberar de su maldición al misterioso holandés del cuadro. Daland, su padre, ha encontrado a un marinero que ha llegado al puerto, y que acaba de desembarcar. Cuando le dice que tiene una hija, el marinero (el Holandés) le pide su mano ofreciéndole grandes riquezas. Se encuentran Senta y el Holandés y cuando parece que éste va a conseguir su liberación por el amor de Senta, un malentendido le hace pensar que a quien Senta ama es a Erik, cosa absolutamente incierta pues ella está totalmente abducida por el marino errante. Éste, sintiéndose traicionado, proclama a los cuatro vientos su partida hacia la mar. Un mar que devora a Senta tras saltar desde el acantilado.

Wagner lo alertó: «¡No dejéis que el lado soñador de su naturaleza sea entendido en el sentido del moderno y enfermizo sentimentalismo!». Senta es una mujer grandiosa. Su mensaje redentor está por encima de todo y de todos, de su padre, de su novio, e incluso del propio protagonista. Senta es en la historia que se narra el objetivo mismo. Y todo en la narración gira alrededor de su imagen, contemplando el retrato del Holandés (en su aguerrida Balada: «Johohe, Traft ihr Schiff…» —«Yohohe, ¿encontrásteis el barco…?»—, donde Wagner hace expulsar de la soprano toda su hiel), y su arrojo al escoger el mar como su última morada. Ella es la historia de una predestinación, que ha de materializarse a toda costa, porque es su propio y único destino posible. El Holandés es su circunstancia. En este sentido, hay que revisar de nuevo la idea que Wagner tenía de las mujeres, si el juicio hubiera de hacerse pensando en sus personajes. En demasiadas ocasiones se trata de historias en las que decide el hombre, pero sobre un destino que está marcado de antemano por una mujer. En *El holandés errante* Senta es el centro de todo.

Distinto es el caso de la otra gran redentora en las óperas de Wagner: la dulce y comprensiva Elisabeth, en el segundo de sus grandes dramas románticos, *Tannhäuser.* El caballero Tannhäuser vive al lado de Venus los placeres de la vida, pero debe abandonar a la diosa del amor, o sea, una pecadora sexual de mucho cuidado, para ser redimido por la santa Elisabeth, que morirá por él para conseguir su perdón y salvación. Tannhäuser es artista y, más concretamente, cantante. Agobiado por la posesiva Venus, aunque la ama locamente, decide regresar a la tierra de Elisabeth, donde los caballeros-artistas hacen torneos de canto para ganarse el amor de sus pretendidas. Pero asfixiado por las normas burguesas se rebela de nuevo. Por lo que es castigado a peregrinar a Roma (¡qué coros; qué maravilla de música y de efecto teatral!) para que el papa le perdone. Pero éste dice no; antes saldrán flores de su báculo que perdonar al amante de Venus. Y ahí está Elisabeth para entregar su vida por él y salvarlo de la condenación. Después de que el caballero Tannhäuser exponga el famoso *relato de Roma* («Nun denn! Hör an!» —«¡Pues bien, escucha!»—), una de las páginas para tenor más incantables de la historia de la cuerda, los nuevos romeros que regresan de su peregrinación anuncian que el bastón papal ha florecido. ¿Hay matices?

La dulce Elisabeth reza a la Virgen («Allmächt´ge Jungfrau!» —«¡Virgen todopoderosa!»—), para que guíe a Tannhäuser por el buen camino, apartándolo de la devoradora Venus. Escena del tercer acto.

El papel redentor aquí de la mujer es más pasivo, candoroso, femenino en el mal sentido, endeble si se quiere, pero Wagner dignifica todo eso regalándole al personaje una música absolutamente opuesta a la de la irascible Senta. Elisabeth representa los auténticos valores tradicionales de la mujer dedicada al amor de su compañero como si fuera un apéndice suyo. Invocando a la Virgen, como símbolo máximo de esa pretendida pureza. Tannhäuser, en cambio, y de manera muy distinta al Holandés, es mucho menos caballero. Más bien se aproxima a una acracia que ataca las convenciones sociales; y encarna al artista moderno que se rebela contra lo establecido. Adicto al sexo o buscando la redención, es un ser dual, un amoral que hace de su libertad la norma. Realmente es una representación perfecta de la dualidad ética de Wagner, cuando éste se tenía que enfrentar a las fuerzas más reaccionarias: abjuro de todos ustedes, pero después de que paguen mis facturas.

— 49 —
Mujeres divertidas

Mozart, a diferencia de Gluck, repitió más de una vez que los libretos debían estar al servicio de la música; que sólo así se podría explicar que la ópera italiana tuviera tanto éxito diciéndose tantas tonterías en sus textos. Claro que, y sobre todo tras comenzar a colaborar con Da Ponte, también se pueden encontrar afirmaciones suyas diciendo lo contrario. El Mozart de *El rapto en el serrallo,* una ópera quizá algo infravalorada, no es todavía el que ha cambiado de *opinión*; la historia que se desarrolla en la pieza, por otro lado nada nueva, muy recurrente en otras obras de teatro y óperas de la época, es un puro descabello.

Personajes. La joven española Konstanze (mismo nombre de la esposa de Mozart: sin duda no es casualidad) y su criada, Blonde; Pedrillo, el jardinero, un muchacho que pasaba por allí; Belmonte, el amor de Konstanze; y el bajá Selim (que no canta), por supuesto también enamorado de Konstanze. Y su criado Osmín. La cosa es: las chicas son raptadas y están en el serallo de Selim, que en todo momento se muestra con Konstanze como un caballero, dejando las reivindicaciones de raza y la descripción de agravios con el mundo occidental a su criado, que también será el que va a oponerse frontalmente al rescate de las chicas, organizado por el tenue Predillo y el *machote* (o sea, Mozart transmutado) Belmonte. Por supuesto Konstanze y Blonde serán liberadas, pero... aparecerá el bajá, muy enfadado, porque ha descubierto que Belmonte es el hijo de uno de sus más encarnizados enemigos. ¿Qué hará? ¿Los matará a todos? Pues no, claro: el turco es bueno, y en un magnánimo gesto les dará la libertad. El único que permanece auténticamente cabreado es Osmín. Obviamente: es la resistencia de base turca frente a la decadencia y la debilidad de sus superiores ante el hombre blanco. Aquí, a falta de uno, son dos los personajes femeninos con los que podemos reventar de risa. Dos sopranos ligeras, que además lo son también de cabeza, en la más ligera línea de un Mozart que cuando se pone ligero resulta sencillamente encantador.

A la hiperactiva, pícara y muy divertida Susanna de *Las bodas de Fígaro,* de Mozart ya nos referimos en nuestro libro anterior. Hagamos ahora referencia a otro personaje de esta noble estirpe, Rosina, de *El barbero de Sevilla,* la ópera cómica de Gioacchino Rossini. El noble Almaviva anda loquito tras Rosina, una muchacha que está al cuidado de un viejo verde que la pretende, el doctor Bártolo. Fígaro, el barbero, es un *arreglalotodo* que conseguirá que Rosina, huyendo del doctor, caiga en los brazos del conde Almaviva. Para lo cual decide disfrazar a éste (Lindoro). Y el eclesiástico y músico Don Basilio ayudará a Bártolo a conseguir a la muchacha, para lo cual calumniará al señorito Almaviva. Pero los mil embrollos producidos entre todos no podrán evitar que, al final, triunfe el amor. Esta obra maestra absoluta es como uno de los programas de televisión a los que tanta gente se engancha hoy; un culebrón plagado de personajes inverosímiles pero que existen, viven, piensan, sienten, aman, y lo que es todavía más tremendo, son seguidos con devoción casi religiosa por millones de espectadores. Un noble enamorado de no se sabe quién, una joven casadera llena de ímpetu pero un tanto despistada en su permanente y bastante pimentado estado, un viejo que quiere pillar, un barbero celestino... Y todos ellos urdiendo una suma de historias a cual más disparatada. Pero claro, ahí está la música, el canto, el arte lírico de Rossini para dar forma a lo inmoldeable, y conseguir el milagro: algo extraordinario, vital, de un poder comunicativo increíble y de un tirón musical arrollador.

— 50 —
Mujeres frágiles

Hay un personaje rossiniano que nos parece particularmente conmovedor; es uno de los tres femeninos que aparecen en *La cenerentola.* Angelina (Cenicienta) está enamorada de Ramiro, príncipe de Salerno, cuya identidad ella desconoce, pues el noble se presenta disfrazado de escudero con el nombre de Dandini. Don Magnifico, padre de Angelina, Clorinda y Tisbe, pretende que el príncipe se fije en alguna de sus dos hijas, Clorinda o Tisbe, descartando a Cenicienta (Angelina), hermanastra de aquéllas. Pero, una vez más triunfará el amor verdadero. Don Magnifico es un imponente papel de bajo bufo, pero de entre las chicas destaca la inocencia, fragilidad y veracidad de la cenicienta. El teatro musical rossiniano es muy especial, pues está de lleno contenido en las propias inflexiones musicales de su discurso, en la propia escritura de sus sonidos, una música que explica, desmenuza y exprime al infinito todo lo que sucede en el relato, de manera breve, concisa y clara, sin necesitar más apoyos o ayudas externos. La gran maravilla de las óperas (cómicas, mayormente, pero también serias) de Rossini es que no se necesita nada más que unos señores que canten y una orquesta que toque (todos ellos con buen criterio musical, es decir, que comprendan la transparente sencillez de las fórmulas que emplea el compositor) para que todos nos enteremos de lo que se nos quiere transmitir. Rossini encontró suficientes procedimientos musicales (los detectamos fácil y repetidamente) para desentrañar no sólo lo que se aprecia en el exterior sino en la parte más oscura del ser humano, a través de un tratamiento del sentido del humor que sólo tiene parangón en unos pocos; en Haydn, por ejemplo, autor, todo sea dicho, en el que Rossini se fijó mucho en más de una ocasión. Humor e ironía, una mezcla intelectualmente efectiva para descender hasta las amplias y hondas profundidades del pensamiento humano, para colocar en su sitio a cada uno sin necesidad de recurrir a la complejidad del drama. En una memorable charla a un grupo de jóvenes, Leonard Bernstein se refería a eso, al humor en la música, y a Rossini como ejemplo, para llegar al fondo del espíritu sin que a uno se le tenga que encoger el corazón; al contrario, aprendiendo el valor de la risa a través de una sonrisa emitida al bies.

Es curioso, pero mientras que el candor de Angelina ha de ser puesto de manifiesto por una mezzosoprano, para el papel principal de *Lucia di Lammermoor*, su autor, Gaetano Donizetti, necesitó una soprano ligera de coloratura. Su *belcantitis* así se lo exigía, a pesar del peso y carácter del personaje. La obra es un melodrama familiar a la inglesa en el que destaca la figura de la protagonista femenina, aunque Donizetti al final de la obra reservara una preciosa intervención al tenor, hasta entonces convidado de piedra en el banquete belcantista. La obra se basa en una novela de Walter Scott, a la que el libretista de Donizetti, Salvadore Cammarano, mete el bisturí, y no sólo el que corta sino también el que cambia la realidad histórica, en este caso de una novela basada en un hecho real. Pero poco importan estas cosas en una ópera belcantista de esta categoría, en la que los objetivos perseguidos son otros. Una disputa familiar que entreteje una historia de amores cruzados, asuntos políticos, duelos y asesinatos confluye en la siempre por todos esperada *escena de la locura* de Lucia, cuando aparece en medio de una fiesta en camisón manchado de sangre con un cuchillo en la mano para contarnos que acaba de matar a su marido en el lecho nupcial. Tras la confesión, se desploma agonizante. Sin duda, lo más interesante de esta ópera, amén del cortejo de notas que despliega Donizetti con un arte canoro único, es la concepción dramática del personaje de Lucia, una mujer que muestra su fragilidad desde el primer momento, y que incluso tras haber matado a Arturo (papel irrelevante en la historia), no es capaz de asumir su propia voluntad. Todos sabemos que la han casado a la fuerza y que está muy bien que prescinda del usurpador de su corazón. Todos, menos ella misma.

Otro personaje femenino que se impone en un contexto masculino con la única arma de su fragilidad es Lisa, en *La dama de picas,* de Chaikovski. Es la nieta de la condesa, un oscuro personaje del que no se sabe cómo amasó su fortuna. Seguramente mediante el juego, pues la llaman la dama de picas. Y Herman es un oficial ruso, ludópata, enamorado de Lisa. La condesa ha abandonado el juego porque un amante le reveló el secreto de las tres cartas ganadoras, que comparte con otras dos personas; compartirlo con una tercera significaría su muerte. Herman urde su plan: arrancarle el secreto a la condesa y, ya rico, desposar a Lisa. En el intento, saca una pistola y la condesa, impresionada, muere. Lisa está muy decepcionada, y a Herman sólo le interesa la riqueza que pueda acumular con el secreto arrancado a la condesa. Lisa, desesperada, se arroja al río. Herman juega la partida definitiva y la pierde: la condesa lo ha engañado; la tercera carta no es un as sino… la dama de picas. Herman se suicida.

La famosa soprano de coloratura francesa Lily Pons, que triunfó en el Met neoyorquino como Lucia di Lammermoor.

La ópera rusa tiene sus propios ritmos, en buena medida subsidiarios del duro y gélido idioma. De manera que, y como sucede en toda su gran literatura, los asuntos dramáticos planteados en sus óperas suelen ser muy tremendos. Ésta es otra ópera en la que la fragilidad femenina recorre una historia de hombres obsesionados y perdidos para el mundo. Herman y sus amigos bailan alrededor del poder de la condesa, que es como el poder masculino disfrazado, y Lisa recorre el relato reclamando amor y reconocimiento. Ni se la ama ni se la reconoce. Así su frágil existencia deja de tener sentido.

Otra vida que parece perderse entre sus propias e incontrolables circunstancias es la de Louise, la protagonista de la ópera del mismo nombre de Gustave Charpentier (1860-1956). Éste fue un compositor influido a partes iguales por el verismo italiano y el wagnerismo alemán. Sigue bastante al pie de la letra a Puccini, pero mira de reojo a Wagner, particularmente en el uso del motivo conductor. En 1900 escribió esta bonita ópera, cuyo éxito quiso prolongar en una fallida trilogía. La segunda de las óperas llevaba el nombre del personaje del novio de Louise en la primera, y obtuvo un fracaso sonado. Louise es una trabajadora que vive en París con su padre y su madre. El padre, que la ama y la comprende, defiende su enamoramiento por el joven Julien, pero la madre es una amargada e insatisfecha que siempre anda a la gresca con Louise. La pieza, que realiza una pintura musical del Montmartre parisino de entresiglos, traza una original solución dramática: la chica se harta y huye de sus padres en busca de su propia libertad. Aquí la fragilidad muta en vida.

— 51 —
Campesinas y ninfas

Más adelante nos referiremos a la ópera checa, encarnada en la figura del gran Leoš Janáček. Pero ninguna de sus extraordinarias óperas habría sido posible sin los antecedentes de Bredřich Smetana y Antonin Dvořák. La mejor ópera de Smetana es *La novia vendida,* compuesta entre 1863 y 1866. Es una ópera de corte campesino y nacionalista. Hay un poco de verismo en ella, pero a la eslava. Ambientada en un pueblo y con personajes realistas, se refiere a cómo después de la incomunicación siempre se impone el verdadero amor, que prevalece sobre los esfuerzos combinados de unos ambiciosos padres y un casamentero intrigante. Nada nuevo. La página tuvo poco éxito, y fue revisada y ampliada en los siguientes cuatro años. En su versión final, estrenada en 1870, sí conoció el éxito. La ópera nacional checa hasta entonces había estado representada sólo por un número de obras menores, raramente interpretadas. Por eso esta ópera viene a ser un sol naciente en el género allí.

La partitura, la segunda de un total de ocho óperas que compuso Smetana, formó parte de su búsqueda por crear un género operístico verdaderamente checo. Y lo consiguió, a base de un tratamiento muy eficaz del folclore, absorbiendo su espíritu sin recurrir directamente a los temas populares. Para ello Smetana hace un considerable uso de formas y ritmos de la danza bohemia tradicional, como la polca o el *furiant*, llenos de colorido y sencillez formal.

Tres décadas más tarde Dvořák nos regala una hermosa ópera que, sorprendentemente, ha estado fabricando polilla en las estanterías desde su estreno en 1901 hasta hace un par de décadas: *Rusalka*. Dvořák nos cuenta una historia de ninfas acuáticas, una temática muy presente en los países del norte de Europa, de donde el checo recogió la idea. De hecho el libreto de esta preciosa ópera está basado en el cuento de Hans Christian Andersen *La sirenita*. La obra cuenta con un muy estimable papel de soprano para la náyade protagonista. Y la historia es una delicia: una ninfa que quiere tener alma humana para materializar el amor que siente por un príncipe. Pero éste se deja cautivar por una de su género, una princesa extranjera, con lo que la boda entre la ninfa hecha mujer y el príncipe pasa a celebrarse entre el príncipe y la princesa. Éste, sin embargo, no encuentra la paz de su espíritu al lado de su esposa, y acude de nuevo a la ninfa. En el lago donde ésta habita, ella lo toma entre sus brazos y lo mece hasta morir, feliz y tranquilo. Musicalmente, este final es memorable.

— 52 —
Mujeres desvalidas

Hay en la ópera toda una lista de mujeres que se superan ante la fragilidad de sus propios destinos pero que bregan bravamente para superar su estado de desamparo. Suelen ser personalidades con fuerza, pero al fin objetos de un destino marcado con fuego. Destinos inmutables e incambiables o sustituibles. Así, por ejemplo, hemos ya compartido un tiempo con la abandonada Dido, una mujer condenada a no ser correspondida, y por tal inmerecido desdén dirigirse hacia una muerte elegida. Pero las hay cuya vulnerabilidad es más circunstancial o devenida sin que puedan mediar sus propias voluntades. Nos detendremos ahora en algunas de ellas.

La joven Mimì, en *La bohème,* de Puccini, por ejemplo, comparte con su amado Rodolfo una vida en la que el amor lo es todo. Nada tienen ambos que no sea amor. Y morirá tuberculosa, que era la única posesión de los pobres en la vida bohemia. Con semejantes sencillos, escuetos y tremendos mimbres Puccini redacta una partitura de tales recursos emocionales que en las representaciones bien suele necesitarse la correspondiente sábana para las lágrimas del espectador. Es cierto que quizá sea algo larga, que el asunto planteado se pueda simplificar, pero también lo es que alguna de sus partes está escrita con una muy fina sensibilidad. El primer dúo entre Mimì y Rodolfo, por ejemplo, contiene una música no ya henchida de emoción irrefrenable para quien lo escuche, sino de una inefable y embriagadora belleza. Comienza cuando Rodolfo se dirige a Mimì («Che gelida manina» —«Qué manita tan helada»—) y va discurriendo hasta la memorable «Mi chiamano Mimì» («Me llaman Mimì»). La música vuela. Una soprano y un tenor a pleno rendimiento lírico. Impresionante.

Mimì muere porque la naturaleza física del personaje así lo marca. Sin embargo, Gilda (*Rigoletto,* de Verdi), Desdémona (*Otello,* de Verdi) y Cio-Cio San (*Madama Butterfly,* de Puccini), no. A la hija del bufón Rigoletto, Gilda, la mata un sicario, por error calculado por ella misma. La enamorada del moro de Venecia es asesinada como colofón a un ataque de celos de Otello provocado por el intrigante Yago. Y Cio-Cio San se suicida por no poder soportar la traición del repugnante Pinkerton. Veamos.

Rigoletto es un bufón al servicio del Duque; es el padre de Gilda. Y el duque de Mantua, un odioso personaje para una caracterización vocal de ensueño; un noble corrupto y sin escrúpulos para conseguir sus caprichos. El personaje de Gilda se suele concebir, equivocadamente, como una chica algo díscola y superficial. Pero está claro que debe ser defendida por una soprano lírica con buena coloratura si se opta por concebir el rol de manera seria y sustancial. Sparafucile es el sicario contratado por Rigoletto para matar al duque. Magdalena, su hermana, es una mujer de dudosa moral, que aspira a los favores del Duque. Y Monterone, que tiene una intervención breve pero argumentalmente fundamental, completa la galería de personajes. Todos giran alrededor del objeto del deseo o del poder. Y así se cuenta su historia: un padre atípico, Rigoletto, descubre con horror que su preciosa hija, prendada del duque-jefe, ha sido seducida por éste; a las burlas propias del oficio ha de añadir tal humillación sanguínea. Así que prepara el asesinato del duque, pero todo se tuerce y la muerta será su hija. Todo ello debido a la maldición de Monterone. Y claro, cuando se habla de Rigoletto siempre se pone en primer plano al bufón y al Duque, cuando en el corazón —y en el desenlace— del conflicto el personaje central es el de la desvalida Gilda, que no sólo muere, sino que lo hace ante la incomprensión general de su amor incondicional hacia el descerebrado Duque. Comenzando por la de su propio padre, al que engaña, intercambiando su muerte por la de su amado duque. Verdi, qué duda cabe, castiga aquí con saña la condición femenina. No hay muerte por redención, sino por sacrificio.

Rigoletto es seguramente una ópera más que extraña. Goza de una popularidad extrema y sin embargo nos cuenta una historia negrísima. Muy dura. Tremenda. Es la música aquí la que gana la partida. Como pocas sintetiza la unión entre canto y drama.

El caso de Desdémona es diferente. Es asesinada. Desde que el moro llega a las costas de Chipre y sus tropas al mando comienzan a celebrar la victoria sobre los turcos todo parece inundado de una gloria falsa que anuncia males mayores. Ese anuncio no está en el texto, sino en la música. Pero no sólo es suficiente; es necesario para empezar a entender las desdichas de la enamorada Desdémona. En esas escenas iniciales ya se percibe que ella va a ser el objeto de venganza sobre Otello del malvado Yago. La historia básicamente es la del engaño perpetrado por éste para convencer a Otello de que Desdémona le es infiel. Y como siempre sucede en el teatro de Shakespeare, los previos son pocos para que la historia sea contada sin muchos regodeos, y crudamente. Sólo que aquí Verdi va a más, porque la obsesiva partitura acentúa mucho la parte más negra del relato. Hay en esta ópera dos personajes masculinos de enorme talla (vocalmente, el papel de Otello es sólo para escogidos), pero nuevamente nos encontramos ante hombres que giran alrededor de las faldas de una mujer. *Otello* es para muchos lo más parecido a Wagner que hizo Verdi. Quizá más adelante volvamos al asunto para explicar por qué a nosotros nos lo parece más en el caso de su siguiente y última ópera, *Falstaff*.

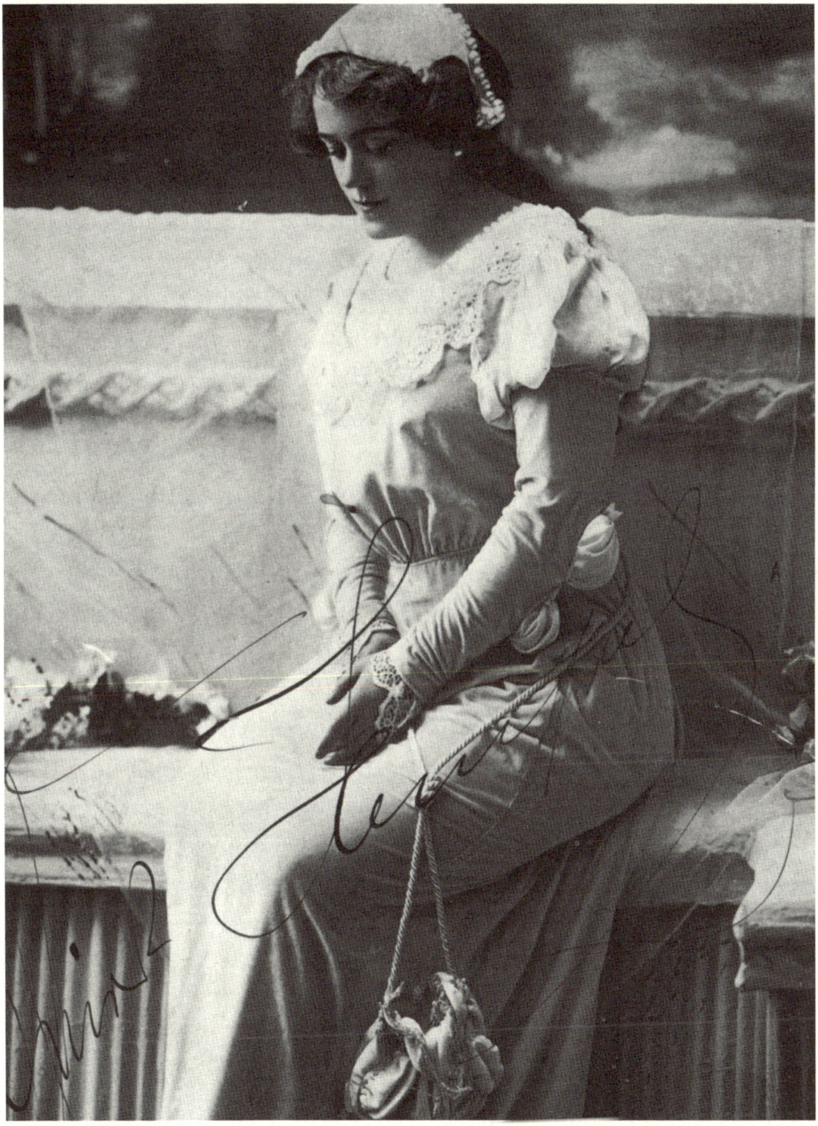

La joven Gilda, enamorada del Duque, que la ha violado, es un ejemplo palmario de mujer desvalida que sólo puede buscar su propia desaparición. En la foto, Frieda Hempel, una de las grandes Gildas de la historia.

Madama Butterfly (algo así como *La señora mariposa*), la jovencísima y distinguida Cio-Cio San, queda seducida por las buenas maneras (y el uniforme) de un guapo (y al parecer, no mucho más) oficial de la Marina estadounidense, un tal Benjamín Franklin Pinkerton, teniente de navío estadounidense. Este caballero enamorará y engañará a Cio-Cio San. Sharpless, cónsul norteamericano en Nagasaki, y Suzuki, criada de Cio-Cio San, serán los testigos de la patraña.

Muy pronto nos damos cuenta de qué clase de individuo es el tal Pinkerton, al celebrar, güisqui en mano e himno de los EE.UU. al fondo, la a su entender magnífica ley japonesa que permite repudiar a la esposa de uno cuando uno tenga a bien hacerlo. Así que se apresura a declararse enamorado. El mucho menos descerebrado Sharpless duda de tal amor, y ante la intención de Pinkerton de llevarse a la cama a la chica —vía boda— trata de hacer ver a Pinkerton que una boda no es un trámite, ni en Japón ni en ningún lado, y que puede hacer mucho daño a la adolescente Cio-Cio San desposándola *a la japonesa*. En vano: boda, grandioso dúo de amor, sexo y preñez.

Tres años han transcurrido después de aquella noche de amor. Pinkerton, por supuesto, ha desaparecido. Es decir, está de nuevo en su querida América, mientras Butterfly continúa soñando con su retorno; Suzuki, mucho más realista, trata de hacerle ver que vive en un sueño irrealizable. Pero Butterfly insiste: «Mio marito m´ha promesso di retornar nella stagione beata che il pettirosso rifà la nidiata» («Mi marido me prometió que regresaría en la feliz estación en la que el petirrojo construye su nido de nuevo»). Y sí, un día esta mujer conmovedora oye una sirena; es la nave de Pinkerton entrando por el puerto; cree que su amado regresa para quedarse al fin con ella y, haciendo gala de una inocencia conmovedora, se prepara para recibirlo con el hijo que nació de ambos. La noche pasa. Amanece. Pinkerton no llega.

Aparece al fin Sharpless, que quiere explicar a Suzuki cuál es la situación. Se escucha una voz femenina, y el cónsul se explica: Pinkerton se ha casado *de verdad* con una americana y, ambos, han venido a llevarse al hijo de Butterfly. Ésta decide suicidarse. Antes venda los ojos a su hijo ¡poniendo en sus manos dos banderitas, una japonesa y una americana! Puccini puro de oliva, es decir, exasperantemente sentimental, pero apuntando a nuestro corazón con un dardo lleno de veneno. Genial.

Butterfly muere con honor, en un suicidio que se hizo mundialmente famoso desde el primer momento.

Puccini está aquí soberbio. Con Butterfly traza un personaje de una pieza. Y compone una música para ello de extraordinaria exuberancia melódica y vocal, enfocada sobre un soberbio tratamiento dramático, en origen bisutería pura, pero que transforma dotándolo de una carga trágica brutal, acentuada por un discurso melódico y tímbrico repletos de negrura. Ciertamente el compositor destrozó el tópico de lo oriental como pintura leve y luminosa: no hay melodrama en *Madama Butterfly* sino auténtica tragedia, con, por añadidura, importantes tintes político-sociales. Hereda Puccini la ley verdiana de que el papel masculino del guapo de turno está presentado musicalmente de manera sublime, pero humanamente como a un trapo, y sucio: Pinkerton, escondido tras una noble y elevada música, se comporta como un auténtico impostor, falto de sensibilidad, salvo la que el macho suele exhibir de cintura para abajo. Frente a semejante fraude de persona, el personaje de Cio-Cio San crece desde el primer momento hasta alcanzar la cumbre en su grandioso suicidio: no se le puede pedir más dramáticamente; conserva su nobleza, su coherencia, su entereza y su valentía desde el primer momento, desde niña-adolescente hasta mujer-madre. Puccini trata de salvar a la clase masculina dotando al personaje de Sharpless de una admirable nobleza, y carga todavía más la tragedia de Butterfly en el comportamiento decidido y expeditivo de su criada-*alter ego.* He aquí a una de las mujeres en ópera más desvalidas de la historia. Y más grandiosas.

El verismo se afianzó como una especie de manjar para el pueblo. Entre finales del siglo XIX y principios del XX se escriben alrededor de doscientas cincuenta óperas que se pueden considerar veristas. Pero hoy sólo aparecen en cartel asiduamente una docena. El verismo operístico, como el literario, no tiene un perfil cerrado. Entendemos como tales aquellas obras basadas en situaciones y personajes reales, corrientemente inscritos en las clases sociales bajas. Pero una vez más hay que recordar que en ópera las emociones dependen mucho más de la música que de los libretos. Es más conveniente, así, hablar de melodrama que de verismo, y en ese sentido *Otello* podría ser tan verista como *Carmen,* y ésta como *Tosca* o *Cavalleria rusticana.* Precisamente la protagonista femenina de esta última es otra gran desvalida, además de abandonada por todos. Es la Santuzza de *Cavalleria rusticana,* de Pietro Mascagni, la joya del verismo italiano tras Verdi, por supuesto ambientada en la Sicilia profunda; la de los códigos de honor y otras mafias, la de las señoras vestidas de negro hasta los pies arrodilladas ante azuladas imágenes de las más puras Vírgenes en pequeñas iglesias que dominan el pueblo desde lo alto, mirando hacia valles de color amarillo trigo, salpicados por cipreses y olivos. Santuzza es una campesina abandonada por Turiddu como quien tira un papel a la basura. Turiddu, claro, está dominado por la *mamma* Lucia, a la que adora y respeta, aplicando una norma no escrita que sin embargo no practica con el resto del mundo femenino. Lola es su amante y está casada con Alfio, un arriero con no demasiada capacidad para el matiz sexual. La conclusión no se hace esperar: la apartada Santuzza es indirectamente vengada porque Alfio, al enterarse de la vida que se trae su esposa con Turiddu, lo mata. *Cavalleria rusticana* fue, y sigue siendo, una obra de éxito. Se entiende perfectamente. No hay más que escuchar su final, cuando la voz ajada de una mujer grita en puro siciliano: «Hanno ammazzato compare Turiddu!» («¡Turiddu ha sido asesinado!»). Es sencillamente desgarrador.

Una década después se estrenó *Adriana Lecouvreur,* del napolitano Francesco Cilea, que si bien al principio no obtuvo demasiado predicamento entre el público, con el *boom* del disco llegó a los teatros de ópera con mayor reconocimiento. Como *Cavalleria rusticana,* se adscribe al estilo verista, bien asimilado ya a las costumbres posbelcantistas, pero sobre todo a un verismo más refinado. La obra nos desvela las peripecias de una actriz enamorada de un militar relacionado con la política, en medio de una serie de personajes laterales, entre los que se encuentra un director de escena interesante, que visten con elegancia el decorado general. La trama desarrolla una venganza por amor, con envenenamiento incluido, pero a pesar de que vocalmente la obra tiene buenos mimbres, la mezcla de casuísticas, amorosas y políticas, aparecen muy forzadas, y a veces perfumadas de cursilería.

Otro título crucial del verismo italiano es *Andrea Chénier,* de Umberto Giordano. En él se relata una historia de amor a tres bandas, inscrita en el período de terror de la post-Revolución francesa. Como tantas otras veces, la historia de esta ópera es la de un fracaso seguido de un reconocimiento sin condiciones. Fue estrenada en La Scala milanesa en 1896 y los acólitos del enemigo del editor de la obra consiguieron reventar la función. Pero el público pronto dictó un veredicto bien distinto, y con razón, pues la pieza hila una historia de amor y política perfecta como vehículo para la atormentada y pasional música de Giordano. Gran parte de ese éxito habría que atribuirlo al inteligente libreto de Luigi Illica (autor de los de *La bohème, Tosca* y *Madama Butterfly*), que supo transformar la historia del poeta André Chénier, guillotinado tras abrazar la Revolución francesa y cambiar de bando al ser ejecutado Luis XVI. El texto para la ópera incide en estos aspectos, pero encuadrados en un triángulo amoroso entre el poeta Chénier, la mujer que marca el hilo de la narración, Maddalena de Coigny, una aristócrata perseguida por la Revolución francesa, y un revolucionario, el joven criado de ésta, que al final acaba convertido en mandatario republicano. Es decir, un asunto mucho más entendible y asumible para un público deseoso de ardores veristas.

Una referencia necesaria en ese mundo del verismo es el único título de Amilcare Ponchielli (1834-1886) que ha perdurado, *La Gioconda,* pues no sólo se escucha con mucho placer sino que debe conocerse, pues su influencia en Mascagni y Puccini es crucial. Desde el punto de vista dramático debe también bastante al grandilocuente Meyerbeer y al teatro romántico francés, no en vano se basa en uno de los melodramas más duros de pelar de Víctor Hugo, *Angelo, tyran de Padoue* (*Angelo, tirano de Padua*). Sin embargo, su libretista, el genial Arrigo Boito, supo encontrar el verso justo para el torrente melódico de Ponchielli. Esta *Gioconda* no es, desde luego, el mejor título de su tiempo, pero posee unos cuantos números que han desbordado todos los límites de la popularidad. Por ejemplo, el aria del tenor «Cielo e mar», que el navarro Julián Gayarre cantó como pocos el día del estreno de la obra en La Scala de Milán (1876). O la tremenda escena del suicidio de los protagonistas. *La Gioconda* es una ópera a la francesa, es decir, una ópera con un gran ballet. Gran parte de la popularidad de este título se debe a un número llamado *Danza de las horas,* música que, de tan tarareada, ha servido hasta para anunciar por televisión una marca de sopas. Disney, en su famosa *Fantasía,* se la hizo bailar a unas simpáticas avestruces.

— 53 —
Mujeres asustadas

El personaje femenino de *Diálogo de carmelitas,* de Francis Poulenc, se constituye en el centro dramático de una ópera estrenada en 1957. O sea, anteayer. La obra está basada en un episodio histórico, los trágicos sucesos que involucraron a una comunidad de dieciséis monjas durante el régimen de terror de Robespierre. Fueron perseguidas, encarceladas y guillotinadas. El papa Pío X las beatificó en 1906. Pero una de ellas pudo escapar de la persecución y escribió sobre lo que había sucedido en el convento, lo que inspiró a la escritora alemana Gertrud von Le Fort para, a su vez, redactar una novela sobre ese episodio. El personaje central es Blanche de la Force, un nombre que se parece sospechosamente al de la autora. Corría 1931 y los nazis ya hacían de las suyas, así que la autora, católica, se refugió en un monasterio. Casi al final de la década de los años treinta una traducción al francés de la novela cayó en manos del escritor Georges Bernanos, que preparó un guion para una película. Lo terminó en 1948, pero no tuvo tiempo para darle título pues antes murió de un cáncer. En 1953 Poulenc recibió el encargo de escribir una ópera de contenido religioso para la Scala de Milán, algo que no entusiasmó al compositor, que sin embargo sí se interesó por el guion de Bernanos, sobre el que ya se había hecho la película, que protagonizó Jean Moreau. Tras muchas vicisitudes, Poulenc dejó la obra terminada en 1957, poco antes de su estreno. La protagonista, decimos, es Blanche de la Force, un personaje que desciende a las más cavernosas profundidades del ser humano: el miedo. Éste es el sentimiento que domina la obra; miedo a la enfermedad, al martirio, a la intolerancia, a la muerte. Ella ha nacido envuelta en ese miedo, pues su madre ha muerto al dar a luz, aprisionada entre una muchedumbre enfervorizada. Y ese miedo es el que la hace ingresar en el convento de Carmelitas para, allí, poder encontrar la paz. Para sacar adelante la obra, Poulenc renunció a la modernidad imperante, la atonalidad, regresando al sistema antiguo. Si es que a Debussy se le podría calificar de tal.

Efectivamente, había transcurrido medio siglo desde el estreno de la ópera francesa más importante del siglo XX, *Pelléas et Mélisande,* de Claude Debussy, y desde entonces la ópera francesa no había logrado recuperarse de la orfandad en que había caído. La obra de Poulenc en absoluto es una continuación o consecuencia de la de Debussy, por la sencilla razón de que *Pelléas et Mélisande* es una creación encerrada en sí misma, hija de un simbolismo que resulta misterioso y atractivo, hija igualmente de indecisiones estéticas y políticas, mientras que *Diálogo de Carmelitas* es una obra de posguerra escrita bajo una sintaxis expedita y bien despejada de ensueños. Sin embargo, no podemos dejar de observar en ambos compositores, y a pesar de sus evidentes diferencias, muchos finos rasgos comunes, sobre todo en sus respectivos personajes femeninos, por más que Mélisande sea casi un sueño y Blanche una realidad carnal. Pero las músicas sobre las que se mueven tienen más de un rasgo común, de entre los que no es el menos importante su tronco, absolutamente francés, lo que nos parece muy relevante en la escucha. E incluso en la interpretación del símbolo: Mélisande no deja de ser un personaje perdido entre sus dudas, errores y dualidades, que, como Blanche, acabará en la tumba. Las sombras y la luz se multiplican en las vidas de estas mujeres, extraviadas para la vida desde su aparición.

— 54 —
Mujeres libres

Violetta Valéry es la protagonista de *La traviata* (*¿La extraviada?*, *¿La descarriada?*), de Verdi. Es decir, la Marguerite Gautier que Greta Garbo nos explicara en *Camille,* de George Cukor, en 1936. Ésta fue la ocasión en la que, quizá, y en décadas, con mayor elocuencia es tratado ese mítico personaje desde Verdi, que con su ópera de casi un siglo antes había ya sentado cátedra sobre el asunto. ¿Por qué?

Teatro y cine juegan con el poder de la palabra y la imagen. Y, en ambos soportes, se han hecho muchas *Traviatas.*

Pero ni un medio ni el otro poseen la capacidad de la música para hacer descender a los espíritus complejos a determinadas profundidades. Violetta es una mujer muy compleja que casi siempre suele quedarse, sin embargo, en un estereotipo social con cierta interpretación añadida; en un asunto de contenido melodramático, si se quiere. Pero con Verdi todo en su ópera —y ella en primer lugar— adquiere una dimensión humana distinta. Grande. Veraz. Es una señorita llena de moscas en la cabeza en el primer acto; una señora en la ruina económica y emocional en el segundo, y una enferma moribunda en el tercero. Pero en los tres es una persona libre, que escoge su destino hasta la muerte. Todo eso reviste al personaje de una prodigiosa riqueza de matices, que además son explicados desde el interior de la música. Verdi se mueve en esta ópera en varios niveles musicales. El más poliédrico es el de la cortesana. A Alfredo, su amante, y al padre de Alfredo, el señor Germont, Verdi les asigna una música maravillosa, pero lineal, unidireccional; la de Violetta, sin embargo, lo impregna todo. Y tanto en la levedad de su intimidad como cuando convoca al grupo para exhibir su presencia. En un caso y en otro enamora hasta la embriaguez. Es cierto que *La traviata* supone todo un tratado acerca de ciertas superficiales y un tanto exasperantes costumbres burguesas, pero no parece que a Verdi le interesara poner todo eso en primer plano. Lo que Verdi quiso fue llegar al fondo del alma de la mujer; a Verdi lo que de verdad le interesó es la realidad teatral del análisis del personaje en su componente sicológico más femenino. Pero no es él un sicólogo, no obstante; es un hombre de teatro, cuya herramienta principal no es objetual sino humana. Y lo consigue porque, insistimos, maneja el asunto desde el teatro musical. Ésta es la diferencia con respecto a otros tratamientos en las muchas *Traviatas* existentes. Una observación más: la sublime manera en que Verdi utiliza la coloratura para su personaje. Pensando en los belcantistas que le precedieron, es como salir del túnel y encontrarse con la naturaleza. He ahí para comprobarlo la escena y el aria de Violetta que cierra el primer acto, «È strano!...è strano!» («¡Es extraño! ¡Es extraño!»).

Carmen es el paradigma de mujer libre. Ella lo decide todo. A quién amar y por qué morir. En la foto la *mezzo* norteamericana Blanche Thebom.

Carmen es otro paradigma de personaje operístico cuya evolución en el relato revela una grandiosa idea de libertad. Y de manera más cerrada que Violetta, porque ésta muere sin amor pero muere porque está enferma. A Carmen, en cambio, se la ha traicionado, y, no ya sin amor sino por negarse a ser poseída sin su voluntad, decide morir. Al lado de Violetta y Carmen hay dos hombres patéticos. El inmaduro Alfredo se deja engañar y da la espalda a una Violetta terminal. Carmen abandona a Don José porque éste prioriza otros valores por encima del amor, y que no son los de ella. Carmen, rechazada, hace mutis, y él, que no acepta que ella no acepte esos valores (las obligaciones militares, el honor, etc.), la mata. Pero hasta en eso ella es superior a él, ya que muere porque así lo decide. Algún que otro director de escena opta porque, al final de la ópera, al salir de la plaza de toros, al hundir Don José su cuchillo en el estómago de Carmen, ésta coloque las manos sobre la hoja para que penetre con más fuerza. Sexo y muerte de una tacada. Un gran acierto que explica mejor la *moral* de la gitana.

Manon, como Carmen, es también un producto de la ópera francesa. O italiana, porque no es posible referirse a la *Manon* de Jules Massenet sin tardar en sacar a colación la *Manon Lescaut* de Giacomo Puccini. Ambas creaciones siguen similar línea argumental, a su vez producto de libretos basados en una novela del abate Prévost, como ya hemos explicado en un capítulo anterior. Manon en la ópera de Massenet se convierte en Manon Lescaut en la de Puccini, mientras que la pareja de la protagonista conserva el nombre, el caballero Des Grieux. Y, en teoría, desarrollan la misma historia: ella, una chica ambiciosa y amante del lujo, dispuesta a organizar su vida sin muchos prejuicios, es decir, en el buen ejercicio de las malas artes y la prostitución; él, caballero apuesto pero sin un chavo en el bolsillo, auténtico profesional del amor y frustrado para la causa eclesiástica. Con estos mimbres se puede redactar una obra deliciosa, de personajes deliciosos, aun con mal final (como es lógico: ni la una ni el otro son ningún prodigio de moralidad), o una obra que intente ahondar en otros aspectos. O sea, lo que hizo Puccini. Porque su editor hizo lo imposible para que el compositor no abordara la escritura de una ópera que, con el mismo nombre, triunfaba ya en los teatros de Europa. Pero Puccini se encaprichó del asunto y la sacó adelante con la siguiente defensa: Massenet hace hablar a Manon en francés; él convertiría al personaje en algo de carne y hueso, y sangre: una Manon que se iba a expresar en italiano así: «Sola, perduta, abbandonata!». Y no se equivocó en el empeño. La ópera de Massenet puede ser una delicia, pero *Manon Lescaut* supone una declaración de principios muy seria acerca de la importancia que los roles femeninos iban a jugar en los futuros títulos de Puccini. De toda esta historia lo que queda es un personaje en dos partes. Una Manon adorable, quizá demasiado adorable teniendo en cuenta el oficio bajo el que se esconde, y una Manon Lescaut sufriente, pero libre, capaz de dar muchas lecciones al, una vez más, descerebrado personaje masculino que se le asigna. No nos privaremos de decirlo otra vez: el oropel francés de repetido cuño y sólo eliminado en alguna que otra ocasión —claramente en *Carmen*— frente a la emoción contenida y fuerza de las situaciones teatrales que se repiten en la ópera italiana, y no sólo en Verdi. También, a su manera, en Puccini.

— 55 —
Mujeres maduras

Los compositores de ópera suelen considerar a la mujer entrada en años pero de buen ver como objetos en desuso. Salvo honrosas excepciones, que no son muchas pero sí muy significativas. Nos referiremos a dos, que salen de dos plumas lejanas en el tiempo, las de Mozart y Richard Strauss, no precisamente individuos que se dedicaran a montar cruzada alguna al respecto, pero que cuando introdujeron personajes de esa planta en alguna de sus óperas mostraron no ya un agudísimo y hondo sentido sicológico sino mucho respeto y una gran dosis de amor. Los personajes en cuestión son la Condesa en *Las bodas de Fígaro* y la Mariscala en *El caballero de la rosa.*

Aunque ya nos referimos a la ópera de Mozart en nuestro anterior libro, es necesario aquí volver a ella, para encontrar a uno de sus personajes femeninos más hijos de la nostalgia, de los recuerdos amorosos del pasado y de la melancolía que produce todo ello en una mujer que es claramente deseada por los hombres que la rodean, pero que al carecer del libre albedrío del joven, y en plena añoranza de un sentimiento amoroso encarnado en auténtica pasión, se encierra en lamentos ensimismados. Esta Condesa, que tiene que soportar a un Conde a punto de ingresar en la cofradía de los viejos verdes, tiene los mimbres necesarios para optar a un buen puesto en el *ranking* de las vanidades sexuales, pero su, por un lado, condición social, y, por otro, la falta de pimienta para condimentar, le llevan a una soledad injusta. La Condesa de las *Bodas* mozartianas es otro ejemplo más de la subestima en la que se suele hundir la mujer madura en el arte operístico, pero en este caso, y gracias a la inmensa capacidad que tenía Mozart para expresar con música lo que no puede expresar un texto, el personaje es dueño de un subtexto que nos lleva a un nivel de comprensión estimable y extraordinariamente reconfortante. Se expresa así en sus dos portentosas arias: «Porgi, amor…» («Dame, amor, algún consuelo»); «Dove sono…» (« ¿Dónde están ya los momentos de dulzura y de placer?»).

Más alambicado es todavía el caso de la Mariscala, de *El caballero de la rosa,* de Richard Strauss: una mujer madura, Mariscala, envía a su amante, Octavian (un adolescente, que es interpretado por una mezzosoprano), a hacer los honores en la boda de su primo Ochs (un barítono con tintes bufos en pleno siglo XX; rol de extraordinaria vocalidad) con la joven Sophie. Octavian se enamora de ésta, y Mariscala bendice la unión. Fue estrenada en 1911, con éxito. Strauss había dejado más que preocupados a sus seguidores con *Salomé* y *Elektra,* dos óperas de moderna radicalidad, tanto en el fondo como en la forma. Haber salido esas músicas de la pluma de un autor tan aceptadamente convencional era demasiado para todos. Claro que si hubieran escuchado con atención otras piezas sinfónicas del autor bávaro, para entonces más que rodadas, se habrían dado cuenta de por dónde iban ya los tiros. En todo caso, se sintieron muy aliviados al comprobar que su ídolo había vuelto al redil con esta historia de amores burgueses. Ciertamente la entendieron tan mal o peor que las anteriores, pues Strauss, con su *Caballero de la rosa,* no sólo no defendía un mundo que se estaba hundiendo irremediablemente, sino que, con su fina ironía y un afilado bisturí sinfónico, realizaba toda una radiografía de lo que sucedía: Freud y el sicoanálisis, la caída de la gran Prusia, la descomposición pictórica de las formas y la abstracción, la arquitectura económica en medios, el trascendentalismo mahleriano… Decididamente, él y su libretista, el genial Hugo von Hofmannsthal, ejercían de cualquier cosa menos de antiguos. Efectivamente, en plena explosión del *Jugendstil* (el modernismo de finales del XIX y principios del XX en los países de habla alemana), la pintura y la arquitectura tienen egregios representantes, pero ¿hay algún músico o alguna música que represente ese estilo de manera indiscutible? Los músicos son varios, pero si tuviéramos que escoger una obra que lo encierre emblemáticamente, ésa es *El caballero de la rosa.* Claro que durante décadas, de forma ciega y sectarista, se ha considerado a esta ópera como una creación convencional por su argumento: la historia de una mujer madura de muy buen ver que debe renunciar a su amante joven para que éste sea feliz con una chica de su edad. Sin embargo, tras tan otoñal propuesta se esconde una música radicalmente moderna y de unos maravillosos poderes expresivo, dramático y teatral. Por ejemplo, el motivo musical más importante de la obra (el tema de la rosa) lo presenta una combinación de tres violines, tres flautas, un arpa y una celesta. El resultado es tímbricamente único. En todo caso, *El caballero de la rosa* continúa siendo una obra de personaje, y si bien los de los jóvenes Octavian y Sophie brillan como el sol, es el de Mariscala el que domina la escena y dirige toda la trama. He aquí a una mujer en todo su esplendor, que se mueve a ritmo de vals pero que sabe mirar bien al mundo de su alrededor aunque su corazón le indique tomar otros caminos. Strauss nos muestra estos amores de madurez y el de los más jovencitos con un lirismo y una belleza sonora que no tienen parangón. Y utilizando un lenguaje musical que sólo un sordo puede calificar de paso atrás. Las modulaciones y la utilización de los instrumentos de metal se mueven en un tono que podríamos calificar de pura orgía de los sonidos. Y en fin, esta ópera contiene números que dejan sin respiración. El de más obligada cita es el trío entre Mariscala, Octavian y Sophie del final del acto tercero, «Marie Thérèse…». El gran straussiano Georg Solti lo dirigió en el entierro del compositor.

La soprano alemana Lotte Lehmann caracterizada para Mariscala, en *El caballero de la rosa.*

— 56 —
Mujeres desesperadas

Alban Berg escribió dos óperas, una en masculino y otra en femenino: *Wozzeck* y *Lulu.*

El personaje femenino de la primera, que ya comentamos en nuestro anterior libro, es Marie, una mujer que, como Carmen, muere a manos de la persona que la ama. También como Desdémona. En los dos casos por celos de unos hombres que viven de manera diferente su amor. Don José es un militar de poca monta, pero Otello es un alto cargo castrense de la República Veneciana; ambos, no obstante se parecen bastante en una cosa: su sentido de la posesión hacia la mujer esclerotiza sus mentes y sus comportamientos hasta el extremo de colocarse al lado de la locura. El caso de Marie con su pareja, Wozzeck, es diferente, porque éste es desde el principio un enajenado mental. Don José no cuenta con muchos honores para sus galones, pero su pertenencia a una institución le otorga un cierto estatus en su entorno. Wozzeck es un miserable al que todos, comenzando por la vida misma y siguiendo por la propia Marie, lo tratan como a un gañán sin oficio al que ni siquiera se le está permitido convivir con su propia mujer y su hijo. Vive en un mundo irreal, construido sobre alucinaciones y pensamientos negativos y, como no puede soportar que Marie le engañe con otro, la mata. ¿Escoge Marie su destino, como hace Carmen? ¿Su muerte está escrita de antemano como si del último acontecimiento de su vida se tratara, como en el caso de Desdémona? Ni lo uno ni lo otro. A Marie la vida, sencillamente, le desborda. No es un ser libre que escoge, ni siquiera una mujer predestinada; su muerte es producto de la miseria humana en la que está envuelta y de la que es incapaz de salir. Un producto de la desesperación y el desconsuelo. El caso de Lulu es distinto.

Lulu es una mujer de sórdidos orígenes. Se casará con el Doctor Schön, editor de un periódico, y es amante del compositor Alwa, que es el hijo del doctor. La condesa Geschtwitz está enamorada de Lulu. Y hay toda una galería de personajes alrededor de éstos de muy variada especie: un pintor, el —pretendido— padre de Lulu (Schigolch), un atleta, un domador, un director de teatro, un banquero, un periodista, etc., etc. La trama está extraída de dos dramas de Frank Wedekind, *Erdgeist* (*El espíritu de la tierra*) y *Die Büchse der Pandora* (*La caja de Pandora*). Naturalmente la ópera, de lo que habla, es de la ruina moral en la que habitan los imperios germánicos inmediatamente antes del estallido de la primera gran guerra. Expresionismo y vanguardismo en estado puro.

El domador, a telón caído, nos muestra sus animales. Entre ellos hay una serpiente. Es Lulu, la maléfica mujer que va a alterar el orden natural de las cosas. El doctor Schön ha sacado a Lulu de la prostitución. Un pintor la está retratando. Alwa y su padre contemplan, embelesados, su belleza. El pintor acaba su trabajo y pide a Lulu sexo a cambio. Llega el marido de Lulu, un gris inspector de sanidad, y al contemplar la escena muere de un infarto. Lulu se casa con el pintor. Les va bien, porque venden todos los cuadros que producen. Pero no saben que es el doctor Schön, ya convertido en amante de Lulu, quien los compra. Él va a casarse con una aristócrata, pero aparece Schigolch, que se hace pasar por el padre de Lulu para sacar tajada. Cuando el pintor se entera de que vende sus cuadros porque su mujer se acuesta con Schön, se suicida. Schön y Lulu acaban casados, pero ella comparte cama con otros hombres: el domador o un escolar adolescente, y también con la lesbiana condesa Geschwitz. Alwa cae también en las redes de Lulu, y el doctor Schön, deseoso de acabar con todo, pone en manos de Lulu una pistola para que acabe con su vida. Pero ella lo mata a él. Lulu va a la cárcel. Una vez cumplida la pena se va a París a vivir con Alwa. Lulu se ha convertido en una prostituta de lujo de un marqués, que planea venderla a un prostíbulo de El Cairo. Ella y Alwa han especulado en Bolsa. Las acciones se hunden y Lulu y Alwa han de huir a Londres. Allí Lulu mantiene miserablemente a Alwa, entregándose a clientes de baja estofa. Uno de ellos, un negro, mata a Alwa de una puñalada. Se presenta la condesa Geschwitz para salvar a Lulu, de la que sigue perdidamente enamorada. Ella acaba de recibir a un cliente especial: es Jack el Destripador, que mata a las dos.

Lulu fue durante años una ópera inacabada. Pero fue completada por Friedrich Cerha, que tras diez años de trabajo pudo verla estrenada por el compositor y director de orquesta Pierre Boulez el 24 de febrero de 1979; la versión escénica corrió a cargo de Patrice Chéreau. Ésta es una versión más que plausible, porque el tercer acto que Cerha añade a los dos que dejó dispuestos Berg es un producto no de la creación sino de la organización de unos materiales que el compositor dejó muy bien preparados. La obra había conocido su estreno en la versión incompleta en 1937, y el gran director Karl Böhm ya la había dirigido en ese formato —con éxito absoluto— en 1962. Cerha asistió a esta función, que le apasionó hasta el punto de convertirse en apóstol de la mal llamada *reconstrucción*. Porque el material que había dejado Berg para el tercer acto era abundante (por ejemplo, para el principio del acto tercero dejó totalmente pasados a limpio cincuenta y ocho compases), y las indicaciones precisas. En realidad, y como explicó el propio Cerha, el tercer acto venía a ser una reexposición de los dos primeros. De manera que, desde el punto de vista musicológico, la decisión de Cerha fue un acierto. Otra cosa es el resultado dramático total al añadir el acto. Y también el conflicto que tuvo que salvar con la viuda de Berg, que, tanto en vida como en su testamento, se opuso a la operación. En realidad las dos cosas están relacionadas, porque el cambio que supone para el personaje de Lulu que se represente ese tercer acto en la obra es precisamente lo que no le gustaba a Helene Nahowski-Berg: ver convertida a Lulu en una auténtica piltrafa. Cerha —y nosotros estamos en total acuerdo— pensaba que ese tercer acto, que ve a Lulu convertida en una prostituta de baja ralea que va a ser enviada a un burdel en Egipto, es la justificación del personaje, pues, al oponerse a ser vendida, consigue elevar moralmente a una mujer que había acabado el segundo acto postrada en un sofá, preguntando a su amante si había sido éste el mismo lugar donde ella había asesinado a su marido y padre de su ahora amante.

Desesperación o fatalismo natural. Los textos de *Lulu* son durísimos. Y la música no le anda a la zaga. Pero despliega matices muy importantes, sin los que sería imposible valorar una historia tan sórdida, que desde luego quedaría en un auténtico estudio sicológico sobre agresividad y supervivencia humanas.

Berg, sin embargo, arroja una potente fuerza lírica a su personaje, que lo limpia hasta el extremo de que el espectador acabe sintiendo por él verdadera compasión. El de Lulu es uno de los más complejos y enrevesados sicológicamente personajes de ópera con que nunca nos hayamos tropezado. Y la ópera *Lulu,* un ejemplo único de cómo una música puede actuar para darle la vuelta a un relato de tal violencia intelectual y física.

Lulu es uno de los personajes de la historia de la ópera más destructivos. Acaba con todos, incluida ella misma. En la foto, un primer plano de Agneta Eichenholz, como Lulu, en un montaje para el Covent Garden londinense.
Acred.: Clive Barda.

Puccini, como siempre después de un largo proceso para escoger libreto, decidió montar un retablo con tres óperas breves que denominó *Il Trittico*. Son la oscura *Il tabarro* (*El tabardo*), *Suor Angelica* y la comedia bufa *Gianni Schicchi*. La segunda de la serie tiene la particularidad de que está protagonizada sólo por personajes femeninos. La acción transcurre en un convento, en el siglo XVII, donde hace más de siete años Angelica purga la pena de haber tenido un hijo de jovencita. Repudiada por su noble familia, vive allí entre la pena y la humillación. A Puccini le encantó abordar este asunto, un relato entre monjas de cara al interior de su siempre cerrada vida, animado por su propia hermana Iginia, madre superiora del convento de Vicopelago, una villa toscana hoy repleta de hoteles y turistas. Pero naturalmente no se quedó en eso, y nos regaló un maravilloso personaje femenino (otro más para su abultada lista) con Sor Angélica. El asunto es sencillo: un buen día la venerable tía de la monja aparece en el convento y le informa de que su hijo murió. Ella no puede soportarlo y se envenena. La parte en la que Puccini se detiene para describirnos la vida en el interior del convento es amable. Lo que más interesa de esta pequeña joya de la ópera verista es el dúo central entre la Zia Principessa (la tía) y Suor Angelica, con un momento clave en el aria de esta última, «Senza mamma, o bimbo, tu sei morto» («Sin madre, niño, has muerto»), una auténtica maravilla.

Un operista del siglo XX algo perdido hasta finales de los años 70 es el moravo Leoš Janáček. Se trata de un músico de difícil encuadre, pero de una extraordinaria unicidad; se podría decir que durante algún tiempo fue víctima de la musicología oficial por una mala comprensión de su música, que, sin tener visos de querer participar en los preceptivos avisos de lo atonal, exhala un potente y extraño perfume de modernidad. En todo caso, gracias a las grabaciones de varias de sus óperas, un proyecto del sello Decca iniciado en 1977 y dirigido por Sir Charles Mackerras, el autor inició un rápido reconocimiento, programándose, incluso de forma reiterada, sus óperas en todos los teatros del mundo. De entre sus títulos más celebrados nos detendremos en uno al que podemos considerar un trabajo de juventud; de un joven de cuarenta y nueve años en cuyas partituras anteriores no había sabido acertar. O sea, una obra de madurez. Ése es *Jenůfa,* una ópera muy representativa de su autor, y una pieza especialmente dura. Durante su creación el compositor perdió a su hija. Veamos de qué va.

Una historia rural de aristados perfiles. Buryja es la abuela e hija de una enrevesada saga. Es la suegra de Sacristana y abuela de Jenůfa, Laca y Steva. Jenůfa es hijastra de Sacristana y prima de Laca y Steva, que son hermanastros, y sobinastros, de Sacristana. Jenůfa es hija de uno de los dos hijos de Buryja —con una mujer que no interviene en la ópera—, y que luego se casa con Sacristana. Steva es el otro hijo de Buryja, que ha tenido con una mujer que, a su vez, tiene otro hijo con un tal Klemen, padre de Laca. Jenůfa quiere estar con Steva, que la ha dejado embarazada, pero Sacristana decide matar al hijo que le ha nacido a Jenůfa porque cree que Steva no lo va a reconocer. Al tiempo tantea a Laca para que se case con Jenůfa, cosa que Laca acepta. En el momento de celebrarse la ceremonia se descubre el cadáver del niño. Sacristana confiesa su crimen, pero Jenůfa acepta la situación y Laca queda contento porque ya la ha conseguido. ¡Tremendo!

Si hay alguna mujer en la ficción operística que haga de su vida una existencia límite, una desesperación continua, ésa es Jenůfa. Lo que tiene que ver con el medio en que se desarrolla la historia, el campo, empobrecido y en tensión continua ante una sociedad que se va urbanizando cada vez más; una sociedad que aspira al cosmopolitismo frente a la dura cotidianeidad del medio rural. Esa desesperación es producto de un deseo de huida no satisfecho, y de una obligación autoimpuesta de comulgar con costumbres y hábitos que se generan al borde de la inhumanidad en un medio muy hostil a cualquier cambio. La atmósfera sonora general que impone Janáček es plúmbea y agobiante, pero explica con crudeza el contenido de la obra en la que se basa el libreto, la pieza teatral de Gabriella Preissová, una escritora que evolucionó desde el mundo floreado y feliz del campo hasta presupuestos dramáticos como los que se hallan en su *Jenůfa.* Para cuando escribió la pieza ya había abandonado Praga para seguir a su marido hasta las regiones más pobres del país. La crítica despreció la crudeza con que trataba a sus personajes. Y por añadidura, tampoco la *Jenůfa* de Janáček salió muy bien parada.

¿Puede el amor convertirse en traición desesperada? Y ¿puede tal traición revolverse contra quien la ejecuta acabando con su propia vida? Dmitri Shostakóvich (1906-1975) reflexiona sobre estas cosas en su ópera *Lady Macbeth del distrito de Mtsensk*, de 1934, su segunda ópera tras *Hoc* (*La nariz*), escrita cuatro años antes. Es una ópera con mucha leyenda, porque fue objeto de la feroz censura de Stalin, y eso la ha recubierto de un pedigrí que a veces quizá la sitúe a una altura algo superior a la que merece estar. Efectivamente la obra se estrenó con éxito y siguió representándose con normalidad hasta que un día al dictador se le ocurrió ir a verla. Salió horrorizado, calificándola de *música cacofónica* (?). La obra fue prohibida y no volvió a representarse en la Unión Soviética hasta 1963, diez después del fallecimiento de Stalin, y con el título cambiado. Shostakóvich había hecho autocrítica. La nueva *Katerina Ismailova* volvió después a adoptar el nombre original, y mucho tuvo que ver en eso el violonchelista, director de orquesta y amigo del alma de Shostakóvich, que por cierto la defendió con mucha garra en España, en el Teatro Real de Madrid, en 2000.

Katerina está casada con Zinovi. Vive con él y su suegro Boris. Se aburre. Odia a Boris, que le está echando en cara continuamente no haberle dado un nieto; y éste está seguro de que ella engaña a su hijo con otros hombres. Sergio, un criado, intenta seducir a Katerina, que se defiende pero con poca fe. Boris descubre que Katerina engaña a Zinovi con Sergio, y manda encerrar al criado. Katerina, harta de su suegro, lo envenena. En una escena de dormitorio, Zinovi sorprende a los amantes, y éste es asesinado por Sergio, que planea casarse con Katerina. Durante la ceremonia de la boda, un borracho encuentra el cadáver de Zinovi. Los novios huyen, pero son detenidos por la policía y deportados a Siberia. Sergio se lamenta de que todo lo que le pasa es por Katerina. Ésta conoce en la cárcel a Sonetka, que acaba engañándola. Katerina instrumenta una doble venganza final: contra Sonetka y contra su propia desdichada vida: se lanza a las heladas aguas del río arrastrando con ella a Sonetka.

Katerina envenena a su suegro con un plato de setas.
En la foto, Eva-Maria Westbroek y Vladimir Vaneev,
en un montaje del Teatro Real, de Madrid, en 2011.
Acred.: Javier del Real.

Personajes sórdidos, oscuros, llenos de recovecos, feístas, desesperanzados, adictos al sexo, que convierten en todo momento en el centro de sus vidas. Sin alma. Egoístas. Fríos como las aguas del río donde Katerina acaba hundiendo su vida. Casi siempre bañados en alcohol. Cuando no en sangre… La revolución en la Unión Soviética ha avanzado, pero para muy mal. El control de la creación es total. Todos temen pero todos aceptan. No es posible saber bien en qué bando está cada uno. Diríase que Katerina es un reflejo de la miseria —y no sólo humana— que se esparce sobre todo un pueblo. Casi una marca. ¿Y Shostakóvich? Tampoco sabemos bien qué nos quiere contar con su música. Pero tenemos la impresión de que hay varios Shostakóvich en Shostakóvich, y no ya por la muy variable calidad de su música, sino por la adscripción política en la que se mueve. Para unos es un disidente, pero otros afirman que estuvo al servicio del régimen comunista. Sólo su música, y sólo alguna, nos proporciona información elocuente. Algunos de sus cuartetos de cuerda, alguna pieza de cámara, alguna partitura aislada en la gran maraña de su obra sinfónica. Y en *Lady Macbeth del distrito de Mtsensk,* quizá una de sus piezas más sinceras, donde deja hablar a Katerina con una libertad inusual hasta sepultarla en sus propios egoísmos y violencias, castigándola a tener un final desastroso. No podía servir para dar cuerpo a este personaje su habitual leve aunque atronadora música. Con Katerina el ruido nace de dentro, desde el interior de un alma atormentada y mentirosa, aburrida y cansada de vivir. La desesperación es llevada aquí a una fatal autodestrucción.

— 57 —
Mujeres asesinas

Matar por amor. Matar por alcanzar el poder. Matar por venganza. Matar por despecho... Tenemos ejemplos para todo. Así, la ya tratada Salomé, que al no poder penetrar en la carne de Jokanaán, consigue su cabeza para morder sus labios. El *conservador* Strauss pone a su música a fabricar libido a toda máquina, para lo que cuenta con un libreto, la obra original de Oscar Wilde, al que no hace falta añadirle nada: sólo con transformarlo en sonido, basta.

Otra cosa es cuando los asesinatos tienen un origen menos sensual y mucho más mundano. Shakespeare lo dejó muy bien explicado en su *Macbeth,* que Verdi transformó en ópera con ayuda del libretista Francesco Maria Piave. *Macbeth* es la primera de las tres óperas que Verdi escribió sobre obras de Shakespeare. Y la que más le costó sacar adelante. Tuvo muchas dificultades para adaptar el problemático libreto que le preparó Piave, en el que el propio Verdi acabó interviniendo significativamente. Y tampoco quedó satisfecho con la primera versión de la ópera, estrenada en Florencia en 1847; Verdi la sometió años después a una importante revisión. La versión definitiva fue estrenada en París, en 1865, y es la que se interpreta hoy en día. Pero tras la multitud de problemas de toda clase que Verdi tuvo que vencer para ver finalizada su obra definitivamente, algunos de ellos muy prosaicos, otros tontísimos, el bregador nato que fue consiguió con *Macbeth* un impresionante logro, cuyas virtudes y bellezas seguramente hasta el día de hoy no son valoradas en su justa medida, probablemente por ser un título eclipsado por otros suyos. *Macbeth,* pese a carecer de la perfección dramática que Arrigo Boito sí supo dotar a las otras dos óperas basadas en Shakespeare, *Otello* y *Falstaff,* posee una fuerza arrolladora; los personajes principales parecen forjados a fuego, sobre todo el de Lady Macbeth, al cabo verdadera protagonista de los acontecimientos, una mujer terrible que no se arredra ante nada ni ante nadie. La orquesta, por su parte, replica con la misma violencia y agresividad, en una de las óperas más descarnadas del compositor: quizá en la cantidad de sangre que derrama y en la facilidad con que fluye, o sea, en el primitivismo de los resortes dramáticos de sus personajes, resida su un punto morboso atractivo. Merece la pena recordar la historia.

Las brujas anuncian a Macbeth, militar al servicio del rey, que llegará a ser rey de Escocia, y a su amigo y compañero en el ejército Banco que «serás menos que Macbeth y más que él», pues se convertirá en padre de reyes. Inmediatamente llegan noticias: Macbeth ha sido nombrado señor de Cawdor. Estamos ahora en el castillo de Macbeth. Su esposa Lady Macbeth lee una carta de su marido en la que le explica lo sucedido con las brujas adivinadoras («Nel di della vittoria» —«En el día de la victoria»—, una complejísima aria que necesita de una soprano que cante como una *mezzo,* y viceversa). Enseguida ve la luz: como el rey habrá de pernoctar pronto en el palacio, no habrá de salir vivo de allí. Llega el rey al son de la música (la típica música de banda verdiana). Macbeth, instigado y guiado por su esposa, le clava un puñal mientras descansa en su dormitorio. Comienza a ver visiones, se asusta, sale de la habitación con las manos manchadas de sangre y el puñal en la mano, no se da cuenta de que se va a delatar, pero la propia Lady Macbeth entra en las habitaciones del rey para dejar el arma y poder así culpar a Malcolm, el hijo del rey. Macduff descubre el cadáver. Gran concertante en el que todos expresan su pesar por el asesinato. Los esposos son ya reyes de Escocia. Pero el obsesivo Macbeth recuerda la profecía, así que decide matar al hijo de Banco. Unos esbirros tienden a éste y a su hijo una emboscada; matan a Banco, pero su hijo logra huir. Otra vez en palacio, estamos ahora en un banquete para celebrar el ascenso al trono de los nuevos reyes. El sitio de Banco está vacío. Macbeth se entera de lo sucedido con él y su hijo; se agita, comienza a gritar, reaparece el fantasma que había visto al matar al rey; siente pánico y los invitados comienzan a darse cuenta de que los nuevos reyes no son un valor seguro. Macbeth decide volver a visitar a las brujas. Éstas previenen a Macbeth sobre Macduff. Pero Macbeth se tranquiliza al asegurarle las brujas que «sólo cuando el bosque avance hacia su palacio» perderá su poder. Sin embargo, las brujas le repiten que los hijos de Banco reinarán. Ya junto a Lady Macbeth, ambos deciden matar a Macduff. Éste y Malcolm se organizan para atacar a Macbeth. Malcolm ordena cortar árboles para camuflar a las tropas. En palacio, a Lady Macbeth le corroen los problemas de conciencia. Tiene alucinaciones. Y Macbeth hace un repaso de su vida: es rey pero a un precio intolerable. Ambos comienzan a derrumbarse. Lady Macbeth muere y su esposo, al enterarse, filosofa sobre el sentido de la existencia. Los soldados del rey entran diciendo que el bosque avanza hacia el castillo. Macduff y Macbeth luchan. Macbeth muere.

Lady Macbeth es una potente soprano dramática con coloratura. La erótica del poder en sentido estricto. Dirige la carrera política de su marido, para lo cual no muestra el más mínimo escrúpulo. Verdi escribió para ella un papel con aristas y brusquedades; el mismo compositor dejó dicho que quería para el rol una voz no bonita. Es la asesina intelectual más grande de la historia del género. Y protagoniza una ópera con nombre de hombre, al que dramáticamente engulle, a pesar de que Verdi coloca a su frente a un barítono de tesitura muy elevada, gran envergadura y una enorme resistencia. A pesar de los pesares, Lady Macbeth es una auténtica campeona en la nómina de mujeres malvadas y movidas por una ambición desmedida de la historia de la ópera. No es, quizá por eso, *Macbeth* una ópera de Verdi hacia la cual el público muestre una especial empatía. Su tosquedad y la negrura de los bosques escoceses no ayudan.

Para cuando Verdi decide revisar *Macbeth* (1865, dieciocho años después de la primera versión), había ya terminado su trilogía más famosa: *Rigoletto* (1851), *Il trovatore* 1853) y *La traviata* (1854). De la primera y la tercera se habla en otra parte del libro. Traemos ahora la segunda, *El trovador,* cuya protagonista es una asesina por pura venganza. La historia tiene lugar en Cataluña. O Aragón. Monta tanto. La protagonista es una gitana, Azucena, cuya madre había sido quemada viva, por bruja, por el viejo conde de Luna. Para vengarse arroja a las llamas al hijo de éste, pero en el furor de su odio a quien quema es a su propio hijo. El sobreviviente, Manrico, el trovador, que pasa por ser hijo de la gitana, es, pues, hermano del conde de Luna, cosa que ambos, enemigos encarnizados y competidores en su amor hacia Leonora, desconocen. El conde, desquiciado tras el suicidio de Leonora ante su obligado matrimonio con él, ordena la muerte de Manrico. Es decir, de su propio hermano, materializándose así la venganza de la gitana.

Il trovatore es la decimoctava ópera de Verdi. Teatralmente es inferior a sus dos compañeras, pero hay muchas dudas de que musicalmente no sea superior. La responsabilidad de ello está repartida entre la historia inicial, de Antonio García Gutiérrez; el libreto, unos versos que dejó a medias Salvadore Cammarano, por fallecimiento, y los desacuerdos que mantuvo Verdi con éste y sucesor, el novato Leone Emanuele Bardere. Verdi quería una cosa y Cammarano otra. Verdi no quería una ópera convencional y Cammarano sí. Venció el criterio de éste, y *Trovatore* se convirtió en un auténtico paso atrás con respecto al anterior titulo. Verdi bajó la cabeza ante el poeta, pero a cambio puso a funcionar a mil por hora su inspiración musical. El resultado es un derroche del más puro Verdi: músicas de una fuerza brutal y un continuo discurso melódico increíblemente hermoso. Emborrachador, a veces. Aquí el talento musical casi se puede medir al peso.

Algo bien distinto sucede con nuestra próxima heroína, una mujer que mata por amor, y ante cuya grandeza el público siempre se rinde. Hablamos de la cantante y actriz Floria Tosca, que triunfó en Roma a principios del siglo XIX y que Puccini convirtió en la protagonista femenina de su ópera *Tosca,* una historia de amor con ramificaciones políticas y final trágico: el revolucionario Mario Cavaradossi ama a Tosca, que a su vez es deseada por Scarpia, jefe de la policía. Al final, los tres muertos.

De las tres óperas más populares, y más representadas, de Puccini, *La bohème, Tosca* y *Madama Butterfly,* la segunda es la pieza más redonda, su ópera más indiscutible. Y si la comparáramos con otros muchos títulos del género, *Tosca* seguiría estando muy por encima. Porque es muy difícil encontrar una ópera que no tenga defectos, tiempos muertos. Y con las de Puccini sucede en buena medida, librándose muchas veces de tener verdaderos problemas porque la orquestación es tan poderosa que nos hace olvidarlos. Sucede con *Bohème* y con *Butterfly*. Pero no con *Tosca,* que goza de la medida justa y desarrolla el drama con los elementos esenciales, sin la más mínima concesión a un verismo fácil. La pieza funciona como un reloj, desenvolviéndose con la precisión que confiere cada parte, es decir, cada instante, cada lugar, cada personaje. Puccini escoge tres espacios y tres horas del día distintos para caracterizar las situaciones. Primero una iglesia, al mediodía; allí Mario pinta una Virgen, que no es tal porque los ojos de Tosca en el lienzo lo delatan. Es la parte amable de lo eclesiástico, pero sin que Puccini se prive de un gran dúo entre soprano y tenor, porque pronto el malvado barón Scarpia, jefe de la Policía romana, cantará en nombre de Dios en el terrible «Te Deum»: más parece el demonio que va acabar con todos. El segundo espacio es el Palacio Farnese, al atardecer, donde Scarpia cita a Tosca para seducirla. Mario está en la cárcel, y ella ha de conseguir sacarlo. En su cita con Scarpia muestra dos caras, la de la artista («Vissi d´arte» —«He vivido para el arte»—) y la de la enamorada de Mario que está dispuesta a todo. Acuchilla a Scarpia.

El tercero es el Castillo de Sant´Angelo, al lado del Vaticano, al amanecer, donde Mario va a ser fusilado (falsamente, por la *gestión* hecha por Tosca ante Scarpia antes de matarlo). Canta su famoso *adiós a la vida* en «E lucevan le stelle…» («Y brillaban las estrellas»), una de las arias más conmovedoras y emocionantes de la historia de la ópera. Todo, en fin, sale al revés, porque Tosca también ha sido engañada por Scarpia: las balas no son de fogueo, como le prometió. Mario muere y Tosca se lanza al vacío desde lo alto del castillo. La épica de esta mujer es grandiosa. Pero es sensual, dulce e inteligente, como nos lo explica en la mencionada «Vissi d´arte», sin que por ello no le tiemble el pulso ante Scarpia. Por puro amor. El personaje de Tosca es un regalo de valor incalculable al repertorio operístico verista, como Isolda o Brunilda son los mayores regalos recibidos nunca por la ópera alemana. Un personaje de una impronta escénica a la que pocas sopranos pueden acceder. La que mejor lo ha cantado en disco ha sido Montserrat Caballé. Pero su gran e indiscutible constructora dramática fue Maria Callas, cuya interpretación en el Covent Garden londinense en 1964, con dirección escénica de Franco Zeffirelli, es sencillamente espeluznante.

— 58 —
Princesas del mundo

Las hay hieráticas, frías, calculadoras e inermes. Otras son una especie de sublimación metafísica del espíritu femenino, que hasta incluso pueden elevarse hacia el éter, en celestial estado de gracia. Y algunas más, bien muestran su propia debilidad en el amor que van esparciendo por la vida, bien son reencarnación del poder como antítesis del querer. Pero con un rasgo común: todas ellas son princesas. En ópera se las puede encontrar por decenas, pero, como es lógico, hablaremos de unas pocas. Pero muy importantes y significativas.

Aida es una princesa etíope cautiva en Egipto. Está al servicio de la hija del faraón, Amneris, que rivaliza con ella por el amor de Radamés, un guerrero egipcio enamorado de Aida.

Con estos sencillos previos Verdi compuso su famosa *Aida,* una ópera que, tras la inauguración del Canal de Suez, se incluyó en los actos de conmemoración del evento. El libreto no es ninguna maravilla, y la idea en la que se basa, apócrifa. Verdi, consciente del asunto, introdujo importantes cambios en la idea inicial. *Aida* acabó siendo una obra desigual, pero con momentos excelsos, que seguro no incluyen sus partes más ornamentales, sino las más íntimas. Sigue siendo urgente que se limpie de boato y cartón-piedra, y se dé más presencia a la sustancia que hay en los personajes, empezando por el de la joven princesa Aida, que decide sacrificar su vida y morir enterrada junto a Radamès, en un final muchas veces rememorado en películas de todo pelaje.

Mucho más refinada —y cruel— es la princesa que protagoniza la última e inconclusa ópera de Puccini. Turandot es una princesa china de otra época. Una mujer aparentemente fría como el hielo y cruel sin límites. Es la hija del emperador, la princesa imperial china, hija única y, por consiguiente, heredera del trono de su padre. Es tan déspota e individualista que ha impuesto una ley difícilmente cumplible: quien quiera casarse con ella habrá de descifrar tres enigmas, pero todo intento fallido será castigado con la muerte. La obra comienza con la ejecución del último incauto candidato. Al comenzar la obra, Puccini presenta al anciano Timur, proscrito rey de Tartaria; a su hijo perdido tras la revolución que les costó el exilio, el apuesto y —como pronto se comprobará— listísimo príncipe Calaf; y a la criada del primero, la dulce Liù, que naturalmente está locamente enamorada del joven príncipe. Pero éste está por otras labores; prefiere apuntar más alto: seducido por la belleza morbosa de la extraordinaria Turandot, y desoyendo los consejos de Liù, Timur y los propios ministros encargados de organizar el acto de la adivinanza de los tres enigmas, las máscaras Ping, Pang y Pong, decide entrar en el peligroso juego. Luego nos enteramos de lo caprichosa que es la princesa (en realidad, una asesina), en un largo trío en el que añora una vida más burguesa. Pero pronto estaremos en el palacio imperial donde, en presencia del emperador Altoum, se irán leyendo los enigmas. Es una escena clave, teatralmente impresionante; Calaf va acertando cada uno de los tres: son *la esperanza, la sangre* y *Turandot*. Pero Turandot no acepta su derrota; jamás se entregará a un hombre, ni a Calaf ni a ningún otro. Aunque en un genial golpe de mano, Calaf la convence para seguir jugando; ahora será ella quien habrá de acertar otro enigma, acierto cuyo premio será la propia vida del príncipe. El enigma, acertar su nombre. Todos en Pekín han de estar despiertos, nadie debe dormir (Calaf canta la famosa «Nessun dorma» —«Que nadie duerma»—), todo el mundo ha de ayudar a Turandot a descubrir el enigma. Pero nadie lo sabe. O sí. Liù dice conocer a Calaf, pero guardará en secreto su nombre. Es torturada, e incluso Turandot la interroga personalmente, pero ella está dispuesta a morir por Calaf, pues así le otorgará su amor. Liù se abalanza sobre un soldado, le quita la daga y se la clava en su cuerpo. Sus últimas palabras son una amenaza a Turandot: el hielo de su corazón se deshará nada más recibir el primer beso.

(Y hasta ahí escribió Puccini). En el dúo final es Calaf quien desvela su nombre a la princesa, poniendo así su vida en manos de Turandot. Ésta reúne a la corte para anunciar que, una vez más, ha vencido. Ya sabe el nombre de su pretendiente: es *Amor*.

La hierática princesa Turandot reta a Calaf, pero éste vence… La noche calla, el amor triunfa. En la foto, una puesta en escena del Palau de les Arts valenciano. Acred.: Mikel Ponce/Miguel Lorenzo.

Turandot es, dramática y musicalmente, la obra más moderna de Puccini. Y una de las más modernas de su tiempo. Lo es en ese primer aspecto, por el tratamiento del personaje principal, por fin, una mujer que decide con independencia de la figura masculina de turno. No se priva, es cierto, de oponer a la figura hierática, distante y cruel de la princesa Turandot, otro personaje femenino dulce y amoroso (Liù), cuya carga verista se manifiesta según el manual pucciniano al uso: muriendo por amor. En cuanto a la música de la obra, Puccini da un salto de gigante, superando todo *realismo sinfónico* en una suerte de expresionismo a la italiana que adquiere una soberbia carta de naturaleza en la extraordinaria y nada convencional (en el mejor sentido del término) orquestación. Vocalmente, por otro lado, asigna al rol de la princesa un discurso absolutamente tremendo, aquí sí, en sentido estricto fuera de toda convención canora, dentro y fuera de la ópera italiana, belcantista, romántica o verista: sencillamente mantiene al personaje en una continua suerte de situación límite vocal por necesidades sicológicas. Éstas conforman un verdadero compendio de diversas neurosis eróticas que van desde el ejercicio despótico del poder hasta la más dura represión sexual, pasando por ocultos instintos de venganza. Parece que Turandot logra poseer de una tacada todos los defectos del hombre y ninguna de sus virtudes; su desbordado instinto de conservación y su desorbitado orgullo le llevan a no dar a torcer su brazo ni siquiera cuando ha sido vencida, ya por segunda vez, por la fuerza amorosa del Príncipe Calaf. Es un personaje duro, quizá el más duro de todo Puccini, para el que éste concibe una música a su altura; cómo mínimo, tan dura.

Tristán e Isolda, ya comentada en nuestro anterior libro, no es, aunque también podría serlo, una historia de amor. Tampoco, aunque lo parece, un manual sobre metafísica de la existencia. La obra maneja, en su muy particular manera de ser dramatizada, valores universales, uno de los cuales es el amor. Sin embargo, también otros tan intangibles como los límites del poder, el honor, el vasallaje, la amistad o incluso la magia. La pareja protagonista, una princesa comprometida con un rey y un caballero al servicio de éste, conforma una unidad amorosa imposible que, sin embargo, se transforma en una realidad sensual superior por obra de artes esotéricas, gracias a la magia de un filtro amoroso. Bajo la acción de éste (que de manera indebida ha sustituido al de la muerte), esa unidad es ya posible, aunque sólo temporal y clandestinamente. Para que las cosas puedan (y deban) quedar en su sitio, ha de convocarse a la muerte, una muerte buscada y sustituida, en auténtico regreso desde la realidad irreal que provoca el filtro a la realidad de verdad, no la de la noche sino la del día, la de las promesas que deben ser cumplidas. El resultado final en este doble plano teatral es fabuloso, una división radical del virtual y en cierta medida sobrenatural mundo que crea la galería de seres incomunicados que protagonizan la historia. El final no puede ser otro: la muerte. Sin embargo, hay muertes y muertes. La de Tristán es física, por una espada hundida en el vientre. Pero la de Isolda es sobrenatural. Se eleva al cielo en su fabuloso «Mild und leise» («Cuán delicioso y suave»). Probablemente García Márquez se fijó en esto para Remedios, la bella.

Amamos especialmente a Isolda, la heroína de la ópera indiscutible de Richard Wagner. Un personaje polivalente. Una princesa que encuentra en la ofensa infringida las suficientes razones morales para acabar con el autor de la afrenta y con ella misma. Pero desconoce una parte de su destino, controlado por su *alter ego*, su criada Brangania, que organiza la transformación del odio en amor con unas armas que Isolda conoce como nadie pero que esta vez decide ignorar: sus artes mágicas, la capacidad para cambiar el consciente de las persona, transformado el sentimiento del odio en su contraparte. El filtro mágico que los debía matar, los enamora locamente, pero trasladados a un mundo que no conocen ni entienden, a una esfera de la existencia donde amor y muerte, donde luz y noche se transmutan y se superponen sin control alguno. La traición de Tristán a su rey al adueñarse de su prometida sólo tiene sentido en un mundo en el que la pareja ya no está. El mundo de la muerte física, del deshonor y del castigo. La muerte de Tristán es prosaica, física, tiene el color amarillo de los muertos. La de Isolda es una muerte por elevación en busca de los espacios siderales. No hay en toda la historia de la ópera nada que se pueda parecer a este proceso de voluntades cruzadas, dominadas por lo físico y lo espiritual. La invención en su grado máximo.

— 59 —
Mujeres tras los hombres

De lo escrito hasta aquí podría desprenderse que la historia de la ópera es la de las mujeres. No es así, claro, pero también es cierto que el cien por cien de las grandes óperas (hace muy poco hemos asistido al estreno de *Only the Sound Remains —Sólo el sonido permanece—*, de la compositora finlandesa Kaija Saariaho, nacida en 1952, una creación de increíble belleza) han sido escritas por hombres, y que por ello mismo sean ellas las que dominan el protagonismo en el repertorio. Hay, desde luego, unas cuantas óperas de protagonista masculino claro, aunque a su lado se sitúe siempre una mujer. O más de una. En este apartado queremos hablar de ello; abrir una ventana a las óperas indispensables en las que el desarrollo de los acontecimientos lo marque un hombre. Y como hemos hecho hasta aquí, sin ánimo de ser exhaustivos, aunque sí significativos.

Ya de algunos hemos hablado. De Don Giovanni, por ejemplo. O de Otello, en este caso a través de la desdichada Desdémona y de un hombre de tan oscura maldad como Yago. *Otello* es una de las últimas creaciones de Verdi, y como la siguiente y última, *Falstaff*, cuenta con un magistral libreto de Arrigo Boito, una auténtica obra maestra, una pieza literaria que analiza, sintetiza y matiza el inconmensurable texto de William Shakespeare como si de una fusión de elementos químicos se tratara. Tanto es así que se ha llegado a opinar que esa *fusión* supera la teatralidad del original. Y en sí mismo es probable que no, pero cuando los versos de Arrigo Boito se alían con la música de Verdi el asunto adquiere una dimensión especial; el complejo expresivo generado tiene una fuerza, una impronta humana de tal calibre, que la comparación se hace muy difícil. Pero a ese libreto se une el procedimiento verdiano. Verdi dirige a Boito hacia un terreno en sentido estricto desconocido para ambos (todavía no transitado en *Aida*, escrita dieciséis años antes), pero que Verdi desea ahora pisar: la ópera como *melodía infinita*, como gran y único recitativo expandido sobre la línea melódica, es decir, a la Wagner. Y así, Verdi sigue exactamente los mismos pasos que su colega alemán, al cual, por otro lado, se le está enfrentando continuamente en tan comercial como idiota falacia; obsérvese que tras *Otello* vino *Falstaff* (en la que el *procedimiento* wagneriano es todavía más evidente), de la misma manera que tras *Tristán e Isolda* nació *Los maestros cantores de Núremberg*: tras el drama, la comedia. La pregunta curiosa entonces sería: ¿es *Otello* el *Tristán* de Verdi? A preguntas *curiosas*, respuestas en el aire.

No hay en *Otello*, como es lógico, un paralelismo exacto entre la tragedia de Shakespeare y el texto de Boito. Los cambios y *asimilaciones* están pensados y dirigidos por Verdi para que el libreto se adapte a la idea musical que tiene para la pieza. A veces, como sucede con el inicio de la ópera, se omite una buena parte del original: la obra comienza con el viaje que Otello hace a Chipre, que en Shakespeare aparece ya en el segundo acto. Verdi lo quiere así para *meter* al espectador en el drama de golpe, presentando al protagonista de manera brillante («Esultate!...» —«¡Regocijaos!»—), emergiendo envuelto por las fuerzas marinas desatadas por una tormenta que, implacable y taxativamente, queda descrita en el tremendo acorde inicial. Tampoco el maravilloso dúo del primer acto sigue al pie de la letra a Shakespeare, que en Verdi busca, por contraste con el desarrollo sicológico posterior del personaje de Otello, una presentación cálida y humana del amor que se profesa la pareja. Para todo el dúo, Verdi idea una atmósfera sonora auténticamente celestial, producto de una refinadísima orquestación.

Ya en el segundo acto, Yago, tras mostrar sus intenciones en la pelea organizada desde la sombra en el primero, revela su auténtica catadura moral en «Credo» («Credo in un Dio crudel che m´ha creato / simile a sè e che nell´ira io nomo» —«Creo en un Dios cruel que me ha creado a semejanza suya y a quien en mi cólera invoco»—), y lo hace de manera tan radical que ni al propio Shakespeare se le pudo ocurrir tal declaración; el soliloquio finaliza con un escalofriante «La morte è il nulla» («La muerte es la nada»). El asunto del pañuelo encuentra en Verdi un magistral tratamiento musical y una respuesta escénica que se adelanta a su tiempo: los *apartes* en el cuarteto vocal de Otello, Desdémona, Yago y Emilia constituyen una inagotable fuente de inspiración para los más avezados directores de escena. Y Verdi nos hace calar hasta los huesos los *ataques* de celos del colérico y traicionado (según Yago) Otello, por la elocuencia del canto, maravillosamente adaptado al texto de Boito, así como la desgracia de la despechada y despreciada Desdémona, a la que Verdi hace cantar al límite de la parte aguda de su tesitura casi todo el tiempo. El acto finaliza con un memorable dúo entre Otello y Yago.

Plácido Domingo, uno de los más grandes Otellos que hayan subido al escenario.

Aunque no más que con el que se inicia el tercero, entre Otello y Desdémona, una verdadera bomba musical, vocal y teatral, un estallido de sentimientos, tormentos y obsesiones que conduce a un monólogo del moro («Dio! mi potevi scagliar...» —«¡Dios! Podrías haber arrojado sobre mí todos los males...»—) en el que se autodegrada hasta extremos insoportables, ayudado desde luego por un tétrico acompañamiento orquestal que casi lo dice todo. En el trío siguiente (Yago-Casio-Otello) el moro obtiene la ansiada prueba de la infidelidad de Desdémona, a la cual humilla ante la embajada veneciana en pleno. La tragedia está servida. Se materializará en el cuarto y último acto, que se inicia con el aria del sauce de Desdémona, que a estas alturas de la obra ha asumido ya no sólo la injusticia a que está siendo sometida por su marido, sino la propia muerte. Es, pues, un aria de despedida, plagada de resignación, pero no de entreguismo: la concepción de la soprano de turno es vital para no confundir al receptor; buena parte de ellas han hecho y hacen de esta aria una loa a la misoginia de Otello. Tras el aria Verdi pone en liza a los contrabajos de la orquesta, que desarrollan una lúgubre melodía que va descendiendo y creando un manto de horror sobre el lecho de la dulce Desdémona (es ahí, en la cama, como el amor, donde debe materializarse su asesinato), hasta aparecer en escena el amenazador contorno de un Otello absolutamente decidido a *solucionar su problema*. Verdi, en un magistral alarde de capacidad para enfrentar los sentimientos duales, en un mágico ejercicio de especulación sicológica, pone en boca de Desdémona su último grito.

Hay también en *Falstaff,* su última ópera, una pequeña legión femenina a su alrededor. El maestro Antonio Salieri (1750-1825) ya había ensayado cien años antes el asunto en su ópera del mismo nombre, pero aquí la máxima de *todas a por él* (todas a por el barrigudo petulante y patéticamente engreído que se siente el ombligo del mundo, el más guapo, el más conquistador, etc.) adquiere una gloriosa carta de naturaleza. Siempre se ha aceptado como una verdad irrefutable que fue Boito quien sugirió a Verdi la composición de una ópera basada en Falstaff, un singular personaje shakesperiano que sufre una no menos curiosa metamorfosis entre las dos comedias en las que aparece por primera vez, *Enrique IV* y *Enrique V*, y *Las alegres casadas de Windsor*, donde es presentado como protagonista principal. Pues es verdad. En el verano de 1889, pronto a cumplir su 50° cumpleaños como operista, Verdi fue requerido por Boito para tal empresa. Sin embargo, Verdi llevaba casi veinte años dándole vueltas al asunto, prácticamente nada más finalizar su oscura y triste *Don Carlo*. E incluso mucho antes, a finales de la década de los 50, ya hay noticias al respecto, aunque no esté claro si la idea que Verdi manejaba entonces fue la misma que años después le podría estar bailando por la cabeza cuando habló con Boito por primera vez. En todo caso, cuando Boito le planteó la posibilidad de dar vida a la bola de grasa, Verdi reaccionó muy a su manera: gruñendo, primero («¿Has pensado alguna vez el enorme número de mis años?»), y, a continuación, poniéndose a trabajar como un poseso en el asunto. Iba a cumplir setenta y seis años cuando esto sucedía y tenía casi ochenta la primera vez que se representó la obra. ¿Qué otro creador en la historia ha hecho algo parecido? En música ahí está, por citar un ejemplo, el caso de Richard Strauss, que compuso las *Cuatro últimas canciones* a los ochenta y cuatro años. Y en otras artes podríamos pensar que Sófocles escribió *Electra* con ochenta y un años cumplidos.

Efectivamente, muy pronto Boito entregó a Verdi un borrador, entusiasmándolo todavía más; había pasado pocos días cuando Verdi ya le abrumaba con sus sugerencias para desarrollar el texto. Y en poco más de un mes ya tenía éste escrita la fuga para el final de la obra. En pocos meses Boito había dado carpetazo a los dos primeros actos, y, algo más tarde, al tercero; Verdi ya tenía completa la música del primero. A partir de ahí, todo adquirió otro ritmo; efectivamente Verdi tenía los años que tenía y era plenamente consciente de dos cosas: sería su última ópera y sería una ópera que en nada iba a tener que ver con el resto. Trabajó en la composición de forma intermitente, con interrupciones de hasta cuatro meses, producidas unas veces por la fatiga o la enfermedad, otras por la depresión que le causaba ir viendo cómo sus amigos iban desapareciendo, y otras por el tiempo que le llevaban sus asuntos económicos. Hizo cambios y cambios, hasta poco antes del estreno, que se produjo en el Teatro alla Scala, de manera impropia, pues era demasiado teatro para una obra como *Falstaff.* Verdi y Boito concibieron en ella su más elevado y sutil canto nacionalista: indagar en los orígenes italianos de las comedias de Shakespeare. Y el uno escribió una música muy extraña a los oídos del gran público, y el otro, un texto abigarrado y arcaico del que con frecuencia tendrían que ocuparse varios cantantes al mismo tiempo.

Música extraña y texto abigarrado, sí, pero un binomio que dio lugar a la que para muchos, entre los que nos encontramos, es la más grande obra de Verdi. Porque la música será todo lo extraña que se quiera, pero es una lección de manual acerca de las más modernas corrientes operísticas del momento. Es decir, se trata de la más clara aproximación a Wagner que nunca Verdi realizara. E incluso diría que es todavía más moderna, porque por Wagner, y hasta el final, pululan las sombras de una forma de escritura interrumpida, algo que no ocurre con *Falstaff,* una especie de enorme plano-secuencia dramático que fluye como un largo aliento sin interrupción. Desde estos puntos de vista podría parecer que se trata de una claudicación; del reconocimiento de un final más que digno de la ópera italiana en su más genuino aspecto. Puede ser. Pero quizá lo que mejor define a este increíble logro del género es su unicidad; la verdad contrastada de que se trata de una fórmula que nadie se atreve a heredar. Creemos que, todavía hoy, se sigue malentendiendo todo esto, situando óperas como *Traviata, Rigoletto* u *Otello* por encima de *Falstaff.* Nos parece un error, aun tratándose de auténticas obras maestras de la ópera italiana. Lo que sucede es que en *Falstaff,* dicha en italiano, por supuesto, hay un alma de género mucho más universal. En cualquier ópera de Verdi la *italianità* es la marca; en *Falstaff* está superada. Con esta ópera la figura de Verdi se magnifica hasta atravesar los confines de cualquier frontera anterior. No hay otra ópera que se le parezca, ni de lejos. Y ésa es una buena razón para considerar que merece ser la número uno en el catálogo de Verdi. Y una ópera cómica, que es en sí mismo una anomalía a finales del siglo XIX. Ya después de *Falstaff* pocos son los que se atreven a convertir en personaje principal de una ópera a un barítono o un bajo bufo. Pero hubo uno que lo hizo, y cuyo nombre no podía ser otro que Giacomo Puccini. La ópera en cuestión fue *Gianni Schicchi.*

Gianni Schicchi pertenece a la clase campesina. Listo y astuto como pocos, cada vez que abre la boca revela un trasfondo muy propio de la cultura popular. Ha de cantar con sentido melódico, pero también ha de saber susurrar las medias verdades o, directamente, las mentiras. A su lado está Lauretta, su hija, una soprano lírica a la que Puccini le reservó la suerte de poder cantar una de las arias que acabarían convirtiéndose en celebérrimas: «O mio babbino caro». Esta aria, sin embargo, encierra algo más que candor: es el argumento que usa ella para retener a su padre y que éste, así, pueda engañar a todo el mundo. Lauretta está enamorada de Rinuccio, cuyo único problema reside en conseguir que su pedante, engolada y poco escrupulosa familia le dé permiso para casarse con la *campesina.* Y después están Zita, una solterona de sesenta años; Simone, de unos setenta, y unos cuantos más, todos al acecho esperando saber qué dirá un testamento que les puede salvar la vida.

Todos andan locos tratando de ver qué pueden sacar de un testamento que les deja fuera de todo… Acred.: Javier del Real.

La historia de *Gianni Schicchi,* parte del tríptico de óperas breves con que Puccini sorprendió a todos, se desarrolla en la Florencia medieval. Estamos en el dormitorio de Buoso Donati. Éste yace muerto en la cama. Sus parientes, más ansiosos que afligidos, aguardan la lectura del testamento, pues se han enterado de que el difunto ha dejado su fortuna a los monjes de Signa, un pueblito que está al lado de Florencia, para expiar sus pecados. Los primos de Donati, Simone y Zita, desesperados, empiezan a revolver en la casa para encontrar el testamento. Rinuccio, sobrino de Zita, lo encuentra. Pero antes de dárselo a su tía la convence para que le dé su consentimiento para casarse con Lauretta, hija de Gianni Schicchi, algo que se le había negado por el origen campesino de Schicchi. Una vez abierto el testamento se confirma lo peor: efectivamente, el bueno de Donati se lo ha dejado todo a los curas. Pero Rinuccio encuentra la solución: se llamará a Schicchi, quien con su habitual arte para resolver conflictos, arreglará el asunto. Llega Schicchi, pero es rechazado, por lo que decide marcharse. Pero entonces su hija le convence («O mio babbino, caro» —«¡Ah, mi papi querido!»—). Como todavía no ha trascendido la muerte de Donati, Schicchi se hará pasar por él para redactar un nuevo testamento. A todos les parece bien, pero él les engaña autoproclamándose heredero en la nueva redacción. Nadie podrá luego protestar, pues la ley florentina dicta la amputación de una mano a los cómplices de un engaño. Schicchi expulsa de la casa a todos y se despide del público con la siguiente lapidaria frase: «Por esta triquiñuela mía he sido condenado al infierno. ¡Así sea! Pero si habéis disfrutado esta noche, concedemne vosotros… el atenuante».

Ésta es la última ópera (completa) de Puccini. Como *Falstaff* en el caso de Verdi. Y como *Falstaff,* una ópera cómica. Todavía habría que añadir: como *Falstaff,* una obra maestra, tras su aparente sencillez. ¿Por qué un Puccini ya casi último decidió meterse en estos líos?

Gianni Schicchi cierra una trilogía (con *Il tabarro* y *Suor Angelica*), que, en principio, fue pensada para ser representada como un todo. Es cierto que ésa fue la intención del autor, que incluso le dio muchas vueltas al título definitivo, nada fácil decisión habida cuenta del (también en apariencia) distinto carácter de cada una de las tres óperas. Pero también que él mismo se manifestó a favor del fraccionamiento, debido a la duración total del espectáculo, una razón de muy poco peso, en todo caso. No nos parece, pues, éste un factor demasiado a tener en cuenta; cada una se puede ver sola o con sus hermanas, aun con las consabidas consecuencias en el resultado final. Porque sucede que si se ve una sola suele saber a poco, mientras que en compañía de las otras revela un proyecto de auténtica envergadura: una reflexión acerca de la muerte con tres tratamientos (más que puntos de vista) distintos, pero imbricados por un tema común: la incomunicación. Engaño y muerte, mística y muerte, codicia y muerte son trasunto en la trilogía, dualidades que cuando alguna de las tres óperas se separa del resto se rompe, convirtiéndose las piezas en melodrama, alucinación o despropósito. Se han visto muchas veces por separado, e incluso alguna de ellas formando parejas espurias, en ocasiones rozando el surrealismo: *Gianni Schicchi* con *Salomé,* por ejemplo. *Il tabarro,* primera de las tres, es una obra trágica, realista hasta el más sangrante verismo; *Suor Angelica* es una historia de sentimientos y misticismo en clave melodramática, mientras que *Gianni Schicchi* es un depurado producto de la Comedia del Arte. Tres mundos bien distintos para tratar la muerte de tres maneras diferentes: con sangre, con luz y con ironía. Puccini se tomó tiempo para dar forma a todo esto. *Il tabarro* fue concluida en 1913 (tuvo que dejarla de lado para escribir *La rondine —La golondrina—*), pero hubo de pasar casi un lustro para que el compositor encontrara los otros dos temas. Puccini aceptó escribir sobre una historia que le había presentado su amigo, el escritor Giovacchino Forzano. Sin duda quedó conmovido por la historia de la novicia que paga el pecado de haber tenido un hijo ilegítimo con su enclaustramiento, como ya hemos visto al hablar de *Suor Angelica.* Contemplación y vida conventual contrastan con la ruda existencia en la barcaza aparcada en el Sena de la ópera anterior. De ahí a la broma de *Gianni Schicchi* vuelve a haber un mundo. Y lo que no deja de ser hilarante es que tal *broma* fuera inspirada por unos versos de la *Divina comedia,* que, dígase de paso, era libro de cabecera de Puccini. La pieza debería de desarrollarse en la Florencia de 1299, pero nadie tiene en cuenta este pequeño detalle a la hora de firmar el correspondiente montaje. Es comprensible; tal es la modernidad y la fuerza del texto, de una ironía enormemente sutil, y plagado de grandiosos detalles *políticos.* Por ejemplo, la manera en la que se trata a la Universidad de Bolonia, una intocable institución italiana, o la manifiesta diferencia de clases entre sus personajes (campesinos y patricios), o la guerra entre güelfos y gibelinos. Puccini pone en pie este pequeño homenaje a la pillería con una maestría colosal: no llega al extremo de Verdi, suprimiendo la melodía y dando de baja definitivamente al aria (aquí hay al menos dos, o quizá tres, una de las cuales es un regalo del cielo para la soprano, como ya se ha dicho), pero su invención rítmica, armónica y orquestal es colosal. En realidad Puccini juega en *Gianni Schicchi* con dos historias paralelas, una elemental, lineal, el amor entre dos jóvenes que, en teoría, poco tienen que ver con el corrompido mundo que les rodea, en manos de sus mayores, que son los que protagonizan la segunda historia: una especie de engaño destinado al engañador, de alguna manera aquello de que robar a quien es un ladrón tiene premio. El asunto, muy bien documentado por el gran Mosco Carner cuando habla de Puccini, ya era de actualidad en la Florencia del siglo XIII. ¿Ha dejado de serlo, por ejemplo, en la Italia de Matteo Salvini, un personaje de patéticamente bufa planta operística? (aunque para cuando este libro esté en la calle, el tal Salvini haya sido una vez más absorbido por la caprichosa e impredecible política de la Italia moderna). En éstas estamos.

Como es lógico, los personajes masculinos operísticos de mayor sustancia dramática hay que buscarlos en óperas donde sus roles sean centrales. En el rey Felipe II abriendo todas las cajas de truenos del infierno en su dúo con el Inquisidor (*Don Carlo,* de Verdi); en el indolente Werther acabando su vida de un tiro; en el dogo genovés Simon Boccanegra despidiéndose, aclamado por su pueblo; en el zar Boris, abatido, muriendo con una lentitud sólo permitida en ópera (*Borís Godunov,* de Músorgski); en el Doctor Fausto, parloteando con Mefistófeles (en *Doktor Faust,* de Ferruccio Busoni), etcétera. Un etcétera tan largo como inabordable. Pero digamos algo.

Leyenda Negra en vena. Don Carlos es el hijo de Felipe II. Está enamorado de la princesa Isabel de Valois, esposa del rey por razones de Estado. O sea, un personaje *inventado* que nada tiene que ver con el débil, feúcho y un tanto caprichoso hijo de Felipe II, que es presentado en la ópera como una persona dubitativa, llena de dudas y de una compleja personalidad. Isabel es la hija del rey de Francia, y también está enamorada de Don Carlos. La segunda mujer en liza es la princesa de Éboli, que ha sido amante del rey y que ahora ama a Don Carlos. Es un animal político, pero sus permanentes dudas la descalifican. Por último, Rodrigo, el marqués de Posa, es un idealista que defiende la causa de los presos de Flandes ante su amigo Don Carlos. Con estos personajes Verdi, en su *Don Carlo,* se enzarza en contar una historia política —y de amores cruzados, de paso— que desconoce y que, desde luego, no lleva a buen puerto en su contenido. Pero otra cosa es cómo trata musical y dramáticamente a sus personajes. Miente en lo que les hace decir, pero es indiscutible en lo que les hace cantar. Verdi siempre anduvo dándole vueltas a un par de cosas —o tres— sobre las que acabaron girando la mayor parte de los argumentos de sus óperas: el poder y el amor como centros de la vida, y, en relación con esos conceptos, la religión como elemento de fricción entre ellos. *Don Carlo* es la obra más política de Verdi. Y también la más anticlerical: cuando vemos discutir violentamente al rey con el Inquisidor sin que a éste se le mueva un pelo, sentimos un sudor histórico que, lejos de condensar nuestras emociones, nos sigue produciendo el mismo miedo de siempre. Y esa parte de los relatos inquisitoriales, tan sui géneris, tan discutida por los historiadores serios hoy, le encantaron a Verdi, y no dudó en explotarlos en esta ópera. Con éxito absoluto. No hay más que escuchar con atención todo el principio del acto tercero, primero con el sobrehumano canto a la soledad del rey Felipe II («Ella giammai m´amò!» —«¡Ella nunca me amó!»—) y después en el tremendo dúo de éste con el Inquisidor: ¿el poder de la Iglesia por encima del poder político? Históricamente, el asunto es tan discutible como plausible. Operísticamente, ese dúo quizá sea uno de los más espeluznantes de la historia del género. Humanamente, sin embargo, Felipe II es tratado con demasiada displicencia; el conflicto femenino se está vendiendo de cara a la galería, y, por otro lado, el personaje de Posa es de una candidez política entrañable.

Frente a la solidez dramática de esa galería de personajes, tan mentirosos como se quiera, pero de una verdad dramática individual que sólo un hombre de teatro como Verdi se puede permitir, otros héroes masculinos, de gran aceptación entre los aficionados a la ópera, chirrían. He aquí, por ejemplo, Werther, que si en Goethe provocó que el índice de suicidios aumentara estrepitosamente en Alemania, en la ópera de Massenet sólo llega a producirnos una compasión pobre. Werther es un joven poeta obsesionado con el amor. Un producto de una cargante sentimentalidad romántica, que además vocalmente lee mal Massenet, porque asigna el papel a un tenor lírico (o incluso lírico-ligero) al que, por necesidades del texto, se le exige, sin embargo, un amplio catálogo de diversas expresividades. Se le exige demasiada fuerza, demasiada entrega. Su fatalismo no casa bien con lo tenue de su cuerda. Y, efectivamente, por tesitura tampoco es necesario que lo cante un lírico. Más contradictorio es todavía el papel de Charlotte (una mezzosoprano o soprano dramática), que vive un doble amor con Werther, primero, y Albert, después. Novio impuesto y marido obligado. Rechaza a Werther y éste, que ha avisado desde el primer momento a Charlotte que está dispuesto a morir por ella, cumple su palabra y se pega un tiro. El problema de esta ópera es el mismo que comentamos en otra parte de este libro al adaptar Gounod, otro francés, el *Fausto* de Goethe. Massenet debería haber dejado hablar más al original del alemán que a sus libretistas, que convirtieron una historia de ribetes existenciales —Goethe puro— en una banal historieta. Muy apreciada por los aficionados al canto lírico francés. Werther, junto con Don José, de *Carmen,* son los dos grandes papeles para tenor de la ópera romántica francesa. La parte de Werther «Pourquoi me réveiller» («¿Por qué me despiertas…?») causa estragos en cada representación.

Dos óperas de personaje masculino indiscutible son *Simon Boccanegra,* de Verdi, y *Borís Godunov,* de Modest Músorgski. Las dos reflexionan sobre el poder. Verdi escribe su página, su vigésima ópera, en 1857, partiendo de un libreto de Francesco Maria

Piave, con el que ya había trabajado en seis ocasiones desde *Ernani*. La historia está basada en la tragedia homónima de Antonio García Gutiérrez, un texto que en sí mismo se puede calificar de infumable. Pero en manos de Piave (que, recordemos, también le escribió a Verdi los de *Rigoletto* y *La traviata)* se convierte en un vehículo perfecto para que el músico dé una lección de teatro musical. Verdi tiene en la cabeza una música muy distinta a la que ha escrito hasta el momento. No renuncia, desde luego, a la melodía, pero ya va viendo a la orquesta más como un elemento integrado en el propio texto que como un instrumento de acompañamiento. Los personajes siguen siendo de una pieza, pero en *Simon Boccanegra* lo que prevalece es la unidad en las situaciones dramáticas —muchas y complicadas— en las que se mueven sus aturdidos y casi siempre incomunicados personajes.

El bajo polaco Adamo Didur (con Anna Case en el papel de Fiódor) en un abigarrado montaje de *Borís Godunov.*

Se trata de un drama político e interfamiliar con el que Verdi consolida su idea de la ópera como un complejo no sólo de personajes sino de situaciones, con un refinado tratamiento orquestal. El republicano Boccanegra es enemigo del noble Fiesco. Ama a la hija de éste, María, con la que tiene una hija, Amelia, que es reclamada por su abuelo y por su padre. Mientras los patricios Paolo y Pietro han urdido una trama para que Boccanegra sea proclamado Dux... Esto es lo que se nos cuenta en el prólogo de la obra, en cuyos tres actos va a pasar de todo: Amelia Boccanegra se va a enamorar del joven Gabriele Adorno, rival de Paolo y enamorado también de ella, y entre todos acabarán con Simon tras no pocas intrigas y cambios de posición. En fin, una historia dura y enrevesada que Verdi pone en boca de un conjunto vocal perfecto, y de una orquesta oscura, tan fina como imponente. La obra fue denostada en su tiempo por complicada. Y, de hecho, Verdi hizo una nueva versión veinte años más tarde, que es la que los teatros dan hoy.

La historia, como la música, de *Borís Godunov* es mucho más áspera. A grandes rasgos es la del autoproclamado zar Borís Godunov. Un monje ilustrado convence a un novicio para que se haga pasar por el asesinado heredero y venza a Borís. Así que, a la postre, un impostor sucede a otro impostor. Una recia historia que desde luego es discutible desde el punto de vista histórico, pues no parece probable que Borís interviniera directamente en la muerta del zar, ni mucho menos que muriera como se narra en la ópera, aunque con la muerte de Borís estemos probablemente ante la más grande parte escrita para un bajo de la historia del género (junto a la del rey Marke en *Tristán e Isolda* o al *dúo de gallos*, dos bajos de fuste, entre Felipe II y el Inquisidor del que acabamos de hablar). *Borís Godunov* es la madre de la ópera nacional rusa, sin dudarlo, pero también su cumbre, su más acabado ejemplo de arte lírico, aun con permiso de Chaikovski o, si se quiere, Prokófiev. La grandeza de su historia, la envergadura de su libreto (basado en Pushkin y la *Historia del Imperio ruso,* de Nikolái Karamzin), pero sobre todo la música que da vida a todo ello, un atípico ejemplo de modernidad en su contexto, la convierten en una creación probablemente sólo comparable a los grandes dramas wagnerianos. Naturalmente fue rechazada en su tiempo (fue escrita entre 1868 y 1869, en plena fiebre romántico-nacionalista), por atrevida, poco funcional y por no tener una protagonista femenina clara, con la consiguiente ausencia de una historia de amor reconocible. He aquí la ópera con protagonista masculino por antonomasia.

Hay dos versiones, la original del estreno, de 1869, y la de 1872, recortada en una escena y, al mismo tiempo, ampliada al gusto de la época. En la actualidad se suelen combinar las dos, que es lo justo si se quiere comprender el drama personal del zar en relación a los problemas de su pueblo. El resultado es la versión de 1872 pero con la escena de la catedral de San Basilio que aparecía en la otra y que Músorgski cortó. La diferencia en el contexto dramático es total: el hecho de que Borís, el usurpador, muera en estado casi de santidad a que lo haga enfrentado al pueblo. Más tarde Nikolái Rimski-Kórsakov reorquestó la partitura, y años después, ya en 1908, hizo una segunda versión. No fue el único que la manoseó; Dmitri Shostakóvich hizo lo propio en 1959. Ninguna de estas —y otras— versiones es hoy tenida en cuenta seriamente. ¿Por qué esta inflación de propuestas? Pues porque Músorgski fue un genio que nadie entendió; lo hacía, al parecer, todo mal, todo a medias. Pero lo cierto es que al escuchar su *Borís Godunov* original es cuando mejor se siente la pulsión de la música bárbara, arcaica y violenta que el autor desplegó en la partitura.

Un rey indolente, extraño, permanentemente abducido, habitante de su particular planeta, es Roger, de la ópera *Król Roger*, del polaco Karol Szymanowski. Pone música, una música absolutamente excepcional, a la historia de Roger II, rey de Sicilia, ante la aparición de una criatura indefinida, un pastor que cuando es atacado por el poder se compara con el mismísimo Cristo. La obra comienza en la penumbra de la catedral bizantina de Palermo, con un impresionante y extenso coro del pueblo, que sirve para introducir el acto litúrgico que está teniendo lugar. Allí están el rey, su consejero Edrisi y su esposa Roksana. Pero también el horrorizado arzobispo que clama ante la aparición de un joven tan misterioso como hermoso; un peligro para la integridad de la Iglesia. Pide la cárcel para él por hereje, pero el rey no le escucha e, intrigado y atraído por el misterioso personaje, decide verlo. El pueblo lo quiere muerto, pero al concurrir ante el rey, Edrisi y Roksana, a estos dos últimos les parece todo un personaje. La primera reacción del rey cuando llevan al pastor ante él es de ira, pero poco a poco le vence la atracción y la curiosidad, y, en vez de condenarlo a muerte, que es su primera intención, lo destierra. Todavía vuelve a cambiar de opinión, y lo llama a palacio para hablar con él. Edrisi y Roksana aplauden la decisión de Roger II.

El rey se muestra muy inquieto ante la visita del pastor, multiplicada por la ausencia de amor hacia él que percibe en su esposa. Los consejos de Edrisi no le sirven de mucho. Llega el pastor, proclamándose como salvador de la humanidad. Nueva incertidumbre del rey: quiere castigar al hereje, pero, por un lado, su mujer no se lo permite y, por otro, se siente cada vez más atraído por la criatura. Tal es el magnetismo del pastor, que Roksana y Edrisi abandonan al rey para seguirlo. Éste, definitivamente arrastrado por el pastor y espantosamente solo, renuncia a ser rey y se convierte en peregrino para buscar al pastor. Se precipita la *conversión* del Rey Roger. Éste ha encontrado a Edrisi, primero, y a Roksana y el pastor luego. Estamos en las ruinas de Siracusa, y Roksana convence a su marido para que siga al pastor. Encienden un fuego ritual en el altar del teatro, donde aparece el pastor transmutado en el dios Dionisos, hablando de sensualidad, de libertad, de la belleza, y el rey, convencido de que ésa es la mejor filosofía para continuar viviendo, le sigue. Sale el sol, que es saludado por el monarca como un acontecimiento.

Król Roger es una maravilla en lo musical. Con influencias claras de Scriabin y Debussy (particularmente de otro monumento al hedonismo, al panteísmo y a la sensualidad llamado *Le martyre de Saint Sébastien* [*El martirio de San Sebastián*], de Debussy, que como ésta es una obra para paladares exquisitos) salió de la pluma de Szymanowski definitivamente en 1924 —dos años antes de su estreno— tras no pocas dificultades para adaptar el libreto, que él mismo escribió junto a Jaroslaw Iwaszkiewicz, poeta, ensayista y político polaco que se pasó la vida traduciendo desde los seis idiomas que dominaba, sin contar, claro, el polaco. De entrada, pues, es necesario consignar que el del *Rey Roger* es un libreto al que, en su aparente estatismo, hay que prestar mucha atención por su enorme calidad poética. Szymanowski tardó en finalizar su ópera siete años, aunque no sólo por su caótica manera de componer, sino porque la hiperactividad de Iwaszkiewicz lo retrasaba todo. Sea como fuere, a Szymanowski le costó mucho sacar adelante la que acabaría siendo su segunda ópera. Se trata de una página de extrema originalidad, al margen de sus importantísimos valores musicales. Desarrollada sobre una línea sin máximos ni mínimos, más de un comentarista ve en la pieza más un oratorio escenificado que una obra dramática. Sin embargo, por ello mismo es una página con grandes posibilidades para la invención escénica. La luz, el color, el sonido, la palabra misma están continuamente sujetas a unas situaciones que no contrastan los sentimientos, en una *adialéctica* que puede llegar a poner nervioso a más de uno. En esa aparente confusión de ideas, sus elementos teatrales confluyen en una especie de estado letárgico continuado que resulta raro y muy, muy atractivo. Por otro lado, *Król Roger,* como otras tantas obras de otros tantos compositores que viven en el Norte, es un producto envasado entre perfumes de alto contenido mediterráneo. Szymanowski era un enamorado de Italia, y entre 1911 y 1914 gozó en varias ocasiones de una Sicilia que desde luego le inspiró buena parte de la música de esta ópera. De hecho, el entusiasmo que manifestó a su amigo Iwaszkiewicz acerca de la mezcla de culturas que había conocido en la isla, convenció a éste para que le ayudara en la redacción del texto. Lo bizantino, lo musulmán, el barroco más formalista, conceptual y teatral, la fuerza del mito griego observable en las soleadas ruinas de Selinunte, Agrigento, Erice, Taormina, etc., etc. perturbaron la mente y los sentidos de Szymanowski, inspirándole una música que emborracha con suavidad, que entra en el cerebro como una droga.

Panorámica escénica del montaje de Krzysztof Warlikowski para *Król Roger,* de Karol Szymanowski. Acred.: Javier del Real.

En parecido tono surreal se desarrolla una ópera de difícil encuadre pero imprescindible para tener una cabal idea de lo que está sucediendo en ópera durante las primeras décadas del siglo XX. Se trata de *La ciudad muerta,* de Erich Wolfgang Korngold. La historia se desarrolla en la ciudad de Brujas, en un ambiente misterioso y mortecino. Un joven viudo de carácter enfermizo, sublima sus tendencias obsesivas con los recuerdos de su esposa, Marie, con los objetos que la rodearon; un cuadro, una trenza de su cabello... Pero una noche conoce a una bailarina llamada Marietta, de asombroso parecido con Marie. Paul empieza a tener alucinaciones, ve salir del cuadro a su esposa muerta, quien le aconseja que sea más sensible a los encantos de Marietta. Paul se siente culpable por desear a ésta, su criada lo abandona y su mejor amigo flirtea con la bailarina. Ésta se burla de Paul, y él la estrangula... Pero no; todo ha sido un espejismo. Paul abandona la ciudad, que es como un cadáver.

Korngold estrenó *La ciudad muerta* en 1920. *La mujer sin sombra,* de Richard Strauss, es de un año antes. La crítica dijo que Korngold imitaba a Strauss y despreció la obra. Es comprensible, pues Strauss era un dios, y su libretista Hofmannsthal algo parecido, y esta vez hicieron otra de las suyas en la tremenda *La mujer sin sombra,* para más de un crítico la última grandísima ópera de Strauss (no para nosotros, como veremos en un siguiente capítulo). Aunque los problemas para *La ciudad muerta* fueron otros. Korngold formó parte de la lista nazi de músicos conocida como *Entartete Musik* (*Música degenerada*). Pero por ser judío, no por vanguardista. Precisamente esta ópera ha sido recuperada para los teatros con suma facilidad porque, aunque lo pueda parecer, no es un título críptico. Se trata de una obra posromántica, con la que su autor demuestra un extraordinario dominio de los recursos orquestales y una inspiración melódica impropia de los tiempos líricos que atraviesan la Europa de los años 20. Música coloreada y de gran impronta expresiva, anuncia al gran compositor de películas que luego sería al afincarse en Hollywood.

Moses und Aron (*Moisés y Aarón*), de Arnold Schoenberg, es una ópera de hombres. De dos hombres. O de dos hombres en uno, si se quiere. Y es necesario referirse a ella en detalle, pues, como dijimos en su momento, se trata de uno de los títulos cruciales del siglo XX. No se la suele tratar, además, con la debida justicia. Moisés es el líder del pueblo israelita, al que debe liberar del yugo faraónico y convencer de la existencia de un dios único e inmaterial, y conducirlo hasta la Tierra Prometida. Está incapacitado para la oratoria. La parte, escrita en *Sprechgesang* (canto declamado), ha de abordarla un barítono que domine esa técnica de canto hablado. Aarón es la antítesis de Moisés. Con su verbo fluido debe convencer al pueblo para que entienda y abrace una religión basada en la existencia de ese dios, para lo cual no duda en utilizar representaciones físicas. Al contrario, la parte es muy cantada, con una línea de canto muy expansiva y apasionada. Ésta es una ópera incompleta, aunque se conserva el texto de un tercer acto, para el que Schoenberg no llegó a escribir la música. Se representan a día de hoy, pues, los dos primeros, con un interludio orquestal. El tercer acto habría sido, en principio, muy corto, con lo que a veces se ha hecho la representación de la obra con la lectura de su texto con acompañamiento de música extraída de los actos anteriores. No es frecuente hoy.

Schoenberg comenzó a trabajar en su ópera en 1926, cuando su método dodecafónico era ya una realidad testada. Dos años más tarde disponía de una versión de oratorio que no le convenció, y hasta sólo cuatro más tarde (1932) la pieza no quedó lista. Sin embargo, no se estrenó (en versión de concierto) hasta 1954. Tres años después subió a escena en Zúrich. Se trata de la obra cumbre de su autor. Y eso ya condiciona mucho, pues en Schoenberg a más complicación y exigencia intelectual, más dificultad para hacerse entender. *Moses und Aron* es una ópera religiosa; más todavía, bíblica, pero que nace dentro de una sensibilidad muy particular. Es el guiño de un agnóstico al luteranismo más militante y al judaísmo más feroz, no en vano Schoenberg en el periodo central de su carrera pasa de ser un judío no creyente a abrazar ambas religiones, seguramente inclinado por circunstancias espurias. Todo esto en otro artista supondría un fenomenal lío, una dicotomía de imposible resolución, pero en el caso de este hombre se aclara con una fuerza creativa en lo musical y un fundamento intelectual a la hora de enfrentarse a la idea central que son impresionantes, reveladores, admirables, extraordinariamente creíbles, totalmente asumibles hasta por el agnóstico más feroz y el aficionado a la música más conservador. ¿Qué idea? Pues la básica, la primigenia en materia cristiana: cómo se puede creer en aquello que no es comprensible a través de la razón, y que no se puede ver ni tocar: santo Tomás e Immanuel Kant de una tacada. O algo así, con más invitados a semejante dilema.

Estamos ante una obra muy difícil, desde su propia concepción escénica original. Dos personajes prácticamente antitéticos se dirigen al mundo, a la plebe ignorante (el coro, tercer personaje), o sea al individuo que reclama a sus líderes no sólo la protección que le deben, sino también herramientas sencillas para comprender las razones por las que el mundo debe ser regido por alguien que tenga el poder absoluto, mientras que los demás hayan de advenirse a un seguidismo basado en la adoración incondicional. Los dos personajes persiguen el mismo objetivo, pero por caminos distintos. Y ahí es donde comienza la filosofía, un terreno en el que Schoenberg se mueve como pez en el agua. La cuestión es entonces cómo convertir en materia operística esa discusión, ese proceso dialéctico a tres bandas entre la razón pura, la razón *explicada* y las necesidades del pueblo, tan elementales y primarias. Moisés es la razón pura, la evidencia de que Dios sólo tiene sentido si no se le entiende ni se le ve. Es la razón de la fe. Moisés no se expresa (no canta, sólo habla), su única razón para reclamar la creencia es esa cosa ambigua pero poderosísima que es la fe, la aceptación sin condiciones de la fuerza superior y única de Dios. Aarón es el líder político, el posibilista; es quien ha de explicar al pueblo todo eso, y convencer. Naturalmente para ello necesita apoyarse en hechos concretos, en imágenes, en milagros; ha de dar al pueblo una buena dosis de paganismo, es decir de amor, de sexo, de felicidad, de consumo. Insistamos: esta dialéctica en manos de otro conduciría inexorablemente al panfleto religioso. En Schoenberg se convierte en algo profundo y grande.

Uno de los últimos montajes de *Moses und Aron* vistos en Europa.
Lo dirigió en el Teatro Real Romeo Castellucci en 2016.
Acred.: Javier del Real.

La parte de Moisés (que, recuérdese, dicen las sagradas escrituras que era tartamudo y por eso «delegaba en su hermano Aarón para que éste se explicara») es, ya lo hemos dicho, para un barítono que se exprese a través del *Sprechgesang*. Schoenberg escoge para Aarón a un tenor que cante desde el minuto uno. ¡Y de qué manera! Pero quien más y mejor se va a expresar sobre el absolutamente maravilloso colchón de la orquesta es el antagonista, el pueblo, el coro, quizá el verdadero protagonista de esta ópera, y cuya enormemente comprometida parte seguramente sea la razón por la que se represente tan poco en los teatros. Es la voz de un pueblo, junto a sus pequeños jefes tribales (Aarón y Moisés eran levitas, el primero, sumo sacerdote; el segundo, el elegido de Dios para conducirlo a la Tierra Prometida), maniatado por el poder que sí tiene visibilidad, y no es el religioso precisamente sino el del faraón. El pueblo habla en un lenguaje muy llano, muy sencillo: reclama seguridad, libertad y condiciones para alcanzar un buen grado de felicidad; el filósofo Moisés y el político Aarón hablan otro lenguaje, y ni siquiera a ellos les resulta cómodo entenderse: teoría y pragmatismo se dan la mano, pero cuando Moisés desaparece durante más de un mes, el pueblo olvida la teoría parta abrazar la felicidad más inmediata: Aarón ofrece el vellocino.

Tan sólo cuatro años después Kurt Weill (1900-1950) escribió una ópera que durante bastante tiempo ha estado olvidada: *Aufstieg und Fall der Stadt Mahagonny* (*Ascenso y caída de la ciudad de Mahagonny*). Merece la pena decir unas palabras sobre ella. La viuda Leocadia y los delincuentes Fatty y Moses huyen de la policía. Ella, un cerebro bien dotado para la extorsión, les convence para fundar una ciudad en medio del desierto. Un lugar donde no haya leyes y en el que todo el mundo se lo pase en grande, comiendo, bebiendo, fornicando sin límites y practicando el deporte oficial, el boxeo. Leocadia fija un precio y la condición de convertirse en la recaudadora. Ellos se encargarán de reclutar a los hombres, y ella a las chicas, es decir, un ejército de prostitutas que harán las delicias de los habitantes del lugar. A su frente estará la más guapa y sensual: Jenny Smith. Ésta es a grandes rasgos, según Bertolt Brecht, el autor del libreto, la historia de la ciudad de Mahagonny, que naturalmente acabará devorándose a sí misma sin ninguna contemplación. El resultado es musicalmente brillante y teatralmente magnífico. Weill fue algo más que un espléndido compositor de canciones de cabaret.

Es imposible cerrar este aparatado de *hombres en la ópera* sin hacer referencia a la figura de Fausto, uno de los personajes literarios más referenciados en música. Pero ¿y en ópera? Parece que existió un intelectual y algo extravagante personaje llamado Doctor Fausto, practicante de las artes esotéricas, y fascinado por la magia negra; parece que vivió en el siglo XVI, en la antigua Suabia. Escritos de procedencia popular pero también literatura de autor (Marlowe, Calderón de la Barca, Lessing, Müller, por supuesto Goethe, Chamisso, Klingemann, Lenau o Heine) documentan —y reinventan— su figura, antes de que los músicos se fijen en ella para convertirla en repetida presa de sus fantasías sonoras; de hecho, en el mismo 1790, fecha en la que Goethe redacta la primera parte de su *Fausto*, un tal Johann Friedrich Reichardt escribe música para su escenificación. Desde entonces, escritores y poetas, primero; dramaturgos y cineastas, después, han elevado la figura del mito —y su *alter ego*, Mefistófeles— a la categoría de protagonistas para la eternidad; por no hablar de los compositores, desde principios del XIX obsesionados por el elemento fáustico como materia ideal para desarrollar desde un punto de vista ya decididamente sicologista los elementos técnicos que heredan de los clásicos, la forma sonata, es decir, la fórmula ideal de expresión abstracta para la dualidad de los sentimientos y el juego dramático. Michael Stegmann hizo en 1982 un recuento del número de obras musicales importantes —que alguien ya debería de actualizar, pues desde entonces el asunto sigue en liza— basadas en temas fáusticos, y aunque no es éste el lugar para detenerse en ello, dígase al menos que hay grandes intentos musicales fáusticos. Schumann: *Szenen aus Goethes Faust* (*Escenas de Fausto, de Goethe*). Berlioz: *La Damnation de Faust* (*La condenación de Fausto*). Liszt: *Sinfonía Fausto, Dos Episodios de Fausto según Lenau*, los *Valses Mefisto* núms. 2, 3 y 4 y la *Mephistopolka*, y ello sin contar con su pieza más fáustica con diferencia, la *Sonata en si menor.* Wagner: *Faust Overture.* Gounod: *Fausto.* Boito: *Mefistofele.* Mahler: *Sinfonía núm. 8.* Y Busoni: *Doktor Faust.* Contabilizamos aquí tres óperas auténticamente significativas, pues no lo son tal las que han dejado escritas otros como Spohr o Schnittke. A las de de Gounod y Boito ya nos hemos referido, por lo que sólo nos quedaría como opción primera la de Busoni, aunque quizá no dcbamos dc omitir *The Rake´s Progress*, dc Igor Stravinsky, igualmente relacionada con el asunto. Un par de palabras sobre ellas.

Ferruccio Busoni se fijó en la obra de Christopher Marlowe de 1589 para escribir su libreto. Su ópera, en dos prólogos, un interludio y tres escenas, quedó inacabada, de manera que, tras algún que otro intento de completarla, la versión que se escucha hoy es un arreglo. A diferencia de otros, Busoni se dio cuenta desde el principio de la dificultad para escribir antes de verla concluida; su discípulo, Philipp Jarnach, lo intentó. Al resultado le huyen los teatros de ópera del mundo, por la enorme complicación de su aparato escénico. La música, sin embargo, se puede escuchar en disco en alguna que otra buena versión. Pedro Halffter la estrenó en España en octubre de 2008, en el Teatro de la Maestranza de Sevilla.

The Rake's Progress, que se suele traducir como *La carrera del libertino,* de Igor Stravinsky, en cambio, sí es una obra que se suele representar bastante. Fue estrenada en 1951, y es producto de la observación de una serie de pinturas de William Hogarth, en las que se fijó Stravinsky al visitar una exposición en la Tate Gallery londinense. Los cuadros no eran gran cosa, pero el compositor ruso consultó a Aldous Huxley, que a su vez le recomendó a Wystan Hugh Auden para escribir el libreto. Se trataba de mostrar las peripecias de un libertino de poco seso y mucha prisa para triunfar. Stravinsky sufría por aquel entonces un ataque de antiwagnerismo, antiverdismo y *anti* cualquier cosa que oliese a ópera. Huyó así de las formas convencionales, pero… para caer él mismo en sus propias convenciones. Dispuso de un texto muy bueno, pero marcado por un arcaicismo que a Stravisnsky le encantó, un magnífico texto que él mismo limitó constriñendo las partes cantadas. Auden, desbordado por un trabajo que para él era desconocido, y a espaldas de Stravinsky, llamó a Chester Kallman para que le echara una mano. El ruso se enfadó, pero todo siguió adelante. Stravinsky escribió su música, que, ciertamente, no nos parece la mejor de su autor, pero que hemos querido traer aquí por sus relaciones fáusticas. La obra no deja de ser un *remake* del mito. También porque son legión quienes piensan lo contrario que nosotros en su valoración. Es decir, que no se trata de una obra fallida, sino de una maravilla del gran Stravinsky, etc., etc.

— 50 —
Las minorías

Vamos llegando ya al final de nuestra aventura por la vida desde la ventana de la ópera, pero no podemos cerrar nuestro relato sin preguntarnos por el espacio que ocuparán algunas minorías visibles. Por ejemplo, los negros. O los niños. U otros. Vamos a ver.

La más importante ópera de negros está escrita por un blanco. Así que la pauta se repite: las mejores óperas protagonizadas por mujeres salen de la pluma de hombres. Con este asunto no podría ser de otra forma. Nada más dar comienzo el primer acto escuchamos a Clara, la mujer de un pescador, aquello de: «Summertime and the livin´is easy…» («Es verano y la vida pasa en calma…»). Porgy es un negro tullido (¿jorobado?). Curioso: el cantante que interprete el papel puede encontrar dificultades en escena, pues ha de cantar todo el tiempo prácticamente sentado. Bess, joven igualmente negra, es la novia de Crown, un estibador, tahúr y asesino. Sportin'Life es un traficante de drogas y contrabandista en Catfish Row, el barrio de pescadores donde trascurre la acción. Porgy dice que «tener mucho de *na* ya es mucho *pa* mí». Toda una declaración de principios, que conduce al personaje por toda la obra. Negro, jorobado, mendigo, *buenagente* querido por todos, vive en un barrio portuario de Charleston. Y tiene como sueño imposible a Bess, amante del violento Crown. Pero un día ésta pide ayuda a Porgy, pues su novio ha tenido que huir tras asesinar a un pescador. Bess se acostumbra a vivir con el pobre Porgy, a pesar de las carantoñas de su proveedor de cocaína, el *vendehumos* Sportin'Life. Porgy y Bess viven felices, hasta que reaparece Crown y se lleva a Bess. Ésta, enferma de fiebre, vuelve al lado de Porgy, al que le pide la proteja de Crown. Tras un enfrentamiento, Porgy mata a Crown y la policía se lo lleva para interrogarlo. Pero la gente del barrio no sabe nada ni ha oído nada, así que la policía deja libre al jorobado que regresa para buscar a Bess. Pero ésta, embaucada por Sportin'Life, se ha ido con él a Nueva York. Porgy no se da por vencido y pone camino hacia la lejana ciudad de casas altas, en busca de su amada.

Nicole Cabell y Eric Greene como Bess y Porgy en una producción de la English National Opera de 2018. Acred.: Tristram Kenton.

Porgy and Bess es la obra maestra indiscutible de George Gershwin, y uno de los títulos del género más importantes del siglo XX. Para escribir su ópera estadounidense, Gershwin tenía que escoger músicas vernáculas, es decir, bien música india, bien música afroamericana. No lo dudó. La primera idea para su composición surgió tras una larga noche del verano de 1926, en la que un ataque de insomnio le permitió leer de un tirón una novela de DuBose Heyward (Charleston, Carolina del Sur, 1885 - Tyron, Carolina del Norte, 1940), un inspector de campos de algodón, negro y tullido de un brazo. Pero como Gershwin tenía todavía muy presente el fiasco que supuso la tentativa de escribir una ópera americana (sobre textos de *El Dybbuk* [del hebreo: *Adhesión*], de S. Ansky, una obra en *yiddish* sobre la que en 1974 Bernstein compondría un ballet), el asunto no fue a más. Transcurrió bastante tiempo hasta que un día, concretamente el 29 de marzo de 1932, Gershwin, absolutamente dispuesto a abordar la composición de su ópera, escribió a Heyward para comunicárselo. Sin embargo, tenía tantos y tan apremiantes compromisos que otra vez postergó el proyecto. Tuvo, al año siguiente, que suceder algo para que cambiara las cosas: Heyward y su esposa recibieron una millonaria oferta de Kern y Hammerstein II por los derechos del texto para convertirlo en un musical. El escritor, que seguía en contacto con Gershwin y sabía que la fruta, a pesar de todo, estaba ya muy madura, no aceptó el proyecto y prefirió esperar, aunque no cesó de insistir; el epistolario Gershwin-Heyward durante más de un año es enorme.

Las ideas iban tomando cuerpo, aunque lentamente: Gershwin visitaría Charleston para estudiar el asunto *en directo*, el reparto debería estar integrado en exclusiva por afroamericanos, el texto lo tendría que redactar Heyward y su esposa, y el de las canciones sería de su hermano Ira. Pronto comenzaron las negociaciones para que la obra se estrenara en el Met, pero el teatro ofreció a Gershwin únicamente dos representaciones; éste rechazó la oferta: «Prefiero más funciones aunque el teatro sea menos importante», contestó a los responsables de la sala neoyorquina. Durante los dos siguientes años los desplazamientos de Gershwin a Charleston fueron constantes; visitó clubes de jazz y los *ghettos* negros, donde escuchaba los espirituales y observaba las danzas que grupos de nativos bailaban delante de las cabañas. Los negros *gullah* cantaban y bailaban según una forma que ellos llamaban algo así como *organizar jaleo*, consistente en la utilización de unos patrones rítmicos —totalmente desconocidos para él— de importante complejidad, y que desarrollaban con pies y manos; su reminiscencia africana era evidente. Gershwin quedó fascinado con esas experiencias, en las que participó activamente y que fueron determinantes a la hora de poner en papel su *Porgy and Bess*. Tardó veinte meses en componer la obra en su totalidad, concluyéndola en abril de 1935. La primera canción que salió de su pluma fue *Summertime* (*Tiempo de verano*); otra joya, *I got plenty o' nuttin'* (*Tengo mucho de nada*), fue producto de una intensa sesión de improvisación. El estreno tuvo al fin lugar en Boston, en el Colonial Theater, el 30 de septiembre del mismo año, y la crítica dijo sí. Al mes exacto la obra subió a escena en Nueva York, en el Alvin Theater, y en años sucesivos recorrió el mundo. En 1937: Los Ángeles; 1943: Copenhague; 1945: Moscú; 1948: Estocolmo; 1950: Zúrich; 1955: La Scala de Milán y la Volksoper de Viena, etc. Pero al Metropolitan de Nueva York no llegaría hasta ¡1985! Sin duda a esta selecta institución le pesaba tanto negro en el escenario.

Parece mentira, pero esta obra maravillosa ha avanzado poco en los últimos tiempos. O dicho de otra manera, es necesario recordar de nuevo que no se trata de una pieza local, o de un musical de lujo, como se ha dicho muchas veces, sino de una ópera de fuerte carga ideológica, además, que se representa poco y se graba nada. Su ausencia —relativa, pero ausencia— en los grandes teatros revela de nuevo algo tan simple que lo políticamente muy incorrecto se lleva mal con el oropel operístico. Gershwin nos envió un gran mensaje en esta música mestiza y de imposible ubicación estilística, que al parecer sigue sin asimilarse plenamente. Quiso llevar a la escena operística el lenguaje musical de la calle, partiendo de moldes de composición clásicos, pero para ello no escogió un tema que se adaptara bien a Broadway; fue radical, y lo desarrolló con personajes perdedores e inadaptados. Negros, se decía entonces. ¿Y hoy? ¿Cómo habrían de ser llamados en los EE.UU. de hoy ciertas gentes llegadas de más abajo? Estaría bien que algún director de escena de mente calenturienta montara un *Porgy and Bess* sin negros; protagonizado por hispanos, la nueva gran minoría mayoritaria de los Estados Unidos.

Otra minoría. Los niños. ¿Hay óperas no ya infantiles —que sí, y que suelen ser muy cargantes— sino óperas protagonizadas por niños? Pues alguna hay, y al menos un par de ellas deben de ser reseñadas. Diríamos que, sobre todo, *Hänsel y Gretel*, de Engelbert Humperdinck (1854-1921), pero quizá también *El niño y los sortilegios*, de Maurice Ravel.

Hänsel es un chico travieso y protestón, pero con un atractivo toque de fantasía. Gretel, en contraste con su hermano, es más poética e intuitiva. Gertrude es su madre, una mujer agobiada por la pobreza, que sólo se siente feliz y estimulada emocionalmente cuando... puede comer. Peter, el padre, es un fabricante de escobas al que le gusta empinar el codo. Pero tiene habilidad para...llevar comida a casa. Hay, cómo no, una bruja, que canta una mezzosoprano de timbre no grato. Vemos una pequeña casita en la que habita una familia que se dedica a la fabricación y venta de escobas. Los padres no están en casa; han salido a buscar comida para Hänsel y Gretel, sus dos pequeños, a los que se les ve felices, pero hambrientos. Particularmente Hänsel, que no es capaz de tomarse las cosas con la filosofía de su hermana. Los niños saben que deben de colaborar en las tareas caseras, pero no lo hacen; prefieren jugar. Gretel saca una jarra de leche que le ha regalado una vecina; con ella su madre, Gertrude, podrá cocinar un delicioso arroz. Están jugando y bailando cuando llega la madre, que, enfadada, reprende a los niños porque ni han zurcido los calcetines ni han arreglado ninguna escoba nueva. En medio de la discusión, la jarra de leche cae al suelo. Esta noche ya no podrá haber cena. Gertrud, muy enfadada, envía a los niños al bosque a buscar fresas; no deben regresar hasta que el cesto esté repleto. A los pocos minutos regresa a casa Peter, el padre, al cual no le ha ido mal porque ha habido una gran fiesta y ha podido vender muchas escobas para limpiar. Está bebido, pero trae provisiones. El matrimonio está contento, pero: ¿y los niños?, ¿dónde estás los niños? La madre revela a su marido que los ha enviado al bosque, y éste, contrariado, le cuenta la historia de una bruja que allí habita, llamada la bruja de mazapán: embadurna a los niños con el dulce de mazapán, los calienta en su horno, y cuando están ya tostaditos, se los zampa. Los padres corren hacia el bosque a buscarlos. En el bosque de Inselstein, los niños han recogido un buen puñado de fresas; el cesto de Hänsel está más lleno, pues Gretel ha estado construyendo una corona de laurel. Su hermano la ve como a la reina del bosque. Enzarzados en el juego, se comen todas las fresas que han recogido. A Hänsel el asunto no le preocupa, pero Gretel se pone nerviosa por no haber obedecido a su madre. Anochece. Hänsel no sabe cómo regresar; se ha olvidado del camino. Los dos se asustan; ven fantasmas. Pero aparece un hombrecillo de arena, y les tranquiliza poniéndole un grano en cada ojo para que se duerman. Caen muertos de sueño, arropados por un frondoso árbol. Catorce ángeles les cuidan. Sueñan. El hombre del rocío despierta a los niños mojando sus ojos. Otra vez están hambrientos, pero de nuevo la pequeña Gretel ve la vida con más poesía que su gruñón hermano. De pronto aparece una casita de dulces con caramelos pegados. Los niños se emocionan. Gretel cree que la han traído los ángeles, pero Hänsel pronto se da cuenta de que alguien les observa. Es la bruja, que llega para cebarlos a dulces y después poder comérselos. Los lleva a su casa, que está repleta de niños convertidos en mazapán. La bruja va a introducir en el horno a Gretel, cuando ésta, ayudada por su hermano, logra meter a la bruja. El episodio recuerda al *Oro* wagneriano, cuando Loge engaña a Mime para que se convierta en sapo para poder cazarlo. Aquí la *inocente* Gretel le pide a la bruja que le enseñe cómo tiene que ponerse para meterse en el horno, y cuando la bruja lo hace, Gretel la empuja. La bruja muere abrasada, el horno estalla y los niños recobran la vida. La bruja queda convertida en un enorme caramelo, para goce y disfrute de los niños. Llegan los padres y todos cantan un himno final para celebrar la vida.

Esta ópera nos regala una oscura pero transparente música. El preludio del acto primero y la música de la pantomima que acompaña al sueño de los niños en el bosque al final del segundo acto son maravillosas páginas de fuerte pero raro perfume wagneriano. Fuerte, porque las reminiscencias de *Lohengrin, Holandés* y, sobre todo, *Maestros,* son de importancia, pero raro porque no acaban de definir una influencia directa. Suena la música de Humperdinck a Wagner, pero su universo expresivo, tenue e inocente, poco tiene que ver con la espesura ideológica del autor de *Parsifal.* Por cierto que bien *traumado* pudo quedar el autor renano tras viajar a Bayreuth para convertirse en asistente de Wagner para el estreno (1882) de ésa, la última ópera del maestro, pues *huyó* de Alemania en busca de otros aires. Incluso más mediterráneos, pues recaló un par de años en Barcelona, donde dio clases en el conservatorio del Liceu, y de donde tuvo también que huir asfixiado por el provincianismo que allí se respiraba; sin duda un compositor que había bebido en tan delicadas copas no se adaptó a la vida de una burguesía de estilo tan rural. Una década después de su experiencia en Bayreuth decidió convertir en ópera una pequeña pieza que había escrito por encargo de su hermana, Adelheid (Wette, de casada), para ser interpretada en sesiones familiares. La historia, basada en el conocido cuento de los Grimm, resultó ser todo un éxito para sus hijos, que se lo pasaron en grande en esas sesiones. La orquestación para la ópera, de cuyo libreto se encargó la propia Adelheid, llevó a Humperdinck casi dos años, quedando finalizada en 1893, justo a tiempo para ser dada a conocer en las Navidades de ese año. La estrenó Richard Strauss, en Weimar, el 23 de diciembre.

La mezzosoprano barcelonesa Conchita Supervía se hizo famosa por sus roles rossinianos. También cantó con éxito el papel de Hänsel en la ópera de Humperdinck. Acred.: Met, Nueva York.

Humperdinck no es autor de éxito. Tras esta ópera escribió media docena más, ninguna de las cuales se suele ver representada. Sin embargo, y a pesar del mal halo que tiene *Hänsel y Gretel,* considerada de alguna manera como una obra algo tontorrona, seguramente por los cambios en el libreto sobre el cuento original (la figura de la malvada madrastra que echa a los niños de casa pasa a ser la madre, en una clara edulcoración del original), ofrece un resultado musical muy importante. Resultado que, salvo en las canciones escritas por el compositor a partir de materiales folclóricos, claramente infantiles e inocuos, está mucho más cerca del mundo oscuro y ácido del original de los Grimm. Es una obra rara, en ese sentido, porque durante casi todo el tiempo el sustrato orquestal define un subtexto que nada tiene que ver con el *buenismo* y la inocencia de la infancia, algo que, por otro lado, está alejado de los grandes cuentos infantiles, que resultan terribles. Y si la figura de la madre está alterada con respecto al cuento original, tampoco la figura del padre sale muy bien parada en la ópera, pues de leñador pasa a ser fabricante de escobas, un objeto éste de múltiples interpretaciones: desde objeto para combatir las travesuras infantiles («niño, que te doy con la escoba»), hasta elemento fantástico como vehículo volador (algo que tan bien vio J.K. Rowling en su *Harry Potter*). Y en fin, después está la mala interpretación sicológica que se puede hacer de la figura de los catorce angelitos como elementos religiosos ideológicamente protectores. Todas estas consideraciones, y más que se pudieran hacer, quedan relegadas ante la fuerza y belleza de la música que escribe Humperdinck, a veces de una inspiración digna de su maestro, al que mira con unción, pero desde lejos.

El niño y los sortilegios, escrita en un acto sobre texto de Sidonie-Gabrielle Colette, es la segunda y última ópera de Ravel, después de *La hora española.* Fue compuesta entre 1917 y 1925 y narra la historia de un niño grosero y tontorrón que lo destroza todo. De pronto los objetos de su habitación empiezan a cobrar vida y el dormitorio se transforma en un jardín lleno de animales y plantas, que se quejan de las torturas del niño. Éste intenta hacer las paces con los objetos, pero éstos le ignoran. Aterrado, el niño llama a su madre, que no puede hacer nada para calmar a los animales. En la reyerta, una ardilla queda herida. El niño la ayuda, y es entonces cuando los animales se apiadan del niño. No estamos, ni mucho menos, ante una obra maestra, pero sí ante una referencia infantil curiosa, y desde luego escrita con la habilidad que solía desplegar Ravel en el manejo de los colores y las combinaciones orquestales.

Vamos a algo bien distinto. El genial Benjamin Britten introdujo en varias de sus óperas el mundo adolescente. Pero no como elemento objeto de análisis sino integrado en un mundo adulto, a veces contemplativo, a veces hostil. Los asuntos juveniles planean directa o indirectamente por las óperas de Britten, pero citaremos sólo tres ejemplos. Y hay que significar que ésta es una parada necesaria, porque aunque a la obra de Britten le ha costado bastante abrirse camino en el mundo tras su muerte (véase nuestro libro anterior), a día de hoy no cabe la menor duda de que estamos ante uno de los compositores —y de ópera, singularmente— más importantes del siglo XX.

Su ópera más temprana es *Peter Grimes*. Un opus 33 que data de 1945, escrita por un Britten de poco más de treinta años. Peter Grimes es un marino y pescador. Un hombre huraño, solitario y taciturno lleno de fantasmas interiores que aspira a tener una vida feliz con Ellen, maestra del pueblo. Ella lo ama, pero tiene muchas dudas acerca del trato violento que dispensa a los jóvenes aprendices de marino. La ópera comienza, precisamente, cuando se juzga a Peter Grimes pos su responsabilidad en la muerte de un adolescente a quien había contratado como ayudante. El muchacho murió de sed después de ser obligado a permanecer en el barco por un cambio en los vientos. El juez conmina a Peter Grimes para que no vuelva a contratar a inexpertos. Pero Grimes reincide. La gente habla muy mal de él (Britten describe el ambiente de los pueblos marinos, siempre tan claustrofóbicos, provincianos y agobiantes, de manera maestra), pero se defiende explicando que su objetivo es pescar mucho y ganar mucho dinero para casarse con Ellen. Una tormenta. El acantilado sobre el que está la cabaña de Grimes se ha derrumbado. Nuevo enfrentamiento de Grimes con su nuevo ayudante, que le obliga a que trabaje más. El muchacho resbala y cae al precipicio. La gente lo acusa de asesino. Grimes se suicida hundiéndose en una pequeña barca en el mar.

Un plano general del coro en el montaje de Willy Decker para *Peter Grimes* en el Palau de les Arts de Valencia. Fue en 2018. Acred.: Mikel Ponce/Miguel Lorenzo.

Britten escribió *Peter Grimes,* como otras tantas obras en su vida, pensando en su compañero, el tenor Peter Pears, para el papel principal. Es una obra coral, pero sobre todo una obra marina. Un mar invasivo, hermoso e inconmensurable, pero símbolo de lo mal que llevan los pescadores la existencia del ser solitario o diferente. Los interludios orquestales que se escuchan a través de la ópera, sugestivas y a veces enigmáticas músicas, dan fe de ello. Britten, siempre muy político, nos habla de un grupo cerrado que juzga todo lo que le rodea por patrones fijos y de escaso valor ético, cuyo resultado final es la alienación transmutada en violencia. La violencia del mar que ruge se pone aquí en valor como una fuerza corporativa que lo arrasa todo. La obra tiene un espléndido papel para el protagonista, pero su fuerza reside sobre todo en el poder de una colectividad poseída que ataca para defender casi nada. Los seres débiles son, naturalmente, las víctimas. Hay también, desde luego, un cierto discurso acerca del maltrato, pero no, como gruesamente algún crítico se haya podido atrever a sugerir, sobre la pederastia. Britten fue un homosexual reconocido, y desde luego hubo mucha gente que, a la hora de analizar sus obras, metió bien la pata. Él lo que plantea es un acto de amor hacia el mar, criticando a sus gentes, una marinería mala y feísta, alejada del tono romántico usual. Ingrata y pobre. Épica. Pero obsesiva y cerrada.

Otro ejemplo similar, pero de un Britten ya maduro, pues data de 1951 pero con segunda versión definitiva de 1960, es el de *Billy Budd,* op. 50, basada en Herman Melville. Dos años después Peter Ustinov dirigió y protagonizó una película de éxito sobre el asunto. Es una ópera de hombres, protagonizada sólo por hombres. La historia tiene lugar a bordo del legendario carguero Indómito en el verano de 1797, cuando empezaron a darse mítines marineros en los barcos británicos, contagiada la marinería por las ideas que venían de Francia. Un joven e inocente muchacho, Billy Budd, es reclutado, pero pronto se convierte en víctima de las manipulaciones sádicas del maestro de armas John Claggart, que finalmente lo acusa de instigar un motín. Billy Budd es tartamudo y apenas tiene recursos para defenderse. Golpea a Claggart, matándolo accidentalmente. El Capitán Vere sabe que es inocente, pero debe aplicar las leyes del mar y el muchacho es ajusticiado.

Los perfiles de estas dos óperas, musicalmente redondas y teatralmente magistrales, contrastan con el de *Muerte en Venecia,* de 1973, un opus 88 ya. El lector-espectador-aficionado al cine-aficionado a la ópera tiene tres referencias acerca de *Death in Venice* (*Muerte en Venecia*). La primera, el pequeño (pero sustancial) relato de Thomas Mann; la segunda, la película de Luchino Visconti, y la tercera, la ópera de Britten. Mann sorprendió al mundo literario (y no sólo a él, sino a su propia esposa), cuando en 1912, con sólo treinta y seis años, escribió esta novela, la historia de un escritor maduro que, agotado síquica y físicamente, se plantea su propia decadencia como creador y decide combatirla buscando nuevos aires, alejados de la fría naturaleza del lugar de donde procede. El asunto plantea una recurrencia por todos conocida y experimentada desde tiempos inmemoriales: el Sur es la vida física, el placer, la sensualidad, etc., frente a la disciplina, el rigor y el trabajo bien ordenado, planificado y realizado. El protagonista del relato, el escritor Gustav von Aschenbach, así nos lo explica en su primera declaración de intenciones. Sin embargo, el bienestar en abstracto (léase la buena alimentación, un clima agradable, la leve laxitud de los caracteres personales en el trato y la toma de decisiones en asuntos de mayor o menor trascendencia, etc.) no es el objetivo —ni después, el hallazgo— del protagonista a la hora de emprender su viaje a esa especie de muerto viviente que es la capital del Véneto italiano. El hombre, por delante del creador, busca una justificación para su vida ya vivida, una razón de peso que explique los porqués del esfuerzo intelectual que requiere la creación. ¿Acaso el encuentro de la belleza en estado puro? ¿O acaso la belleza en su estado menos natural y por eso inaceptable? ¿O la belleza como máximo exponente de la digresión? Alrededor de estas cosas y otras de similar naturaleza escribe Mann su novela, que acaba sorprendiendo por dos causas sobre todo: por hacerlo tan joven, y por personificar ese ideal de belleza no en una mujer sino en aquel muchacho de clara indefinición sexual que él mismo había visto en el hotel del Lido donde un año antes de escribir la novela se había hospedado con su mujer, Katia, para pasar unas vacaciones. Ésta, la madre de sus hijos, encajando sin que se le moviera un pelo ese ataque de homosexualidad de su marido, observó que jamás su esposo había descrito la belleza femenina con tanta propiedad como lo había hecho aquí con el personaje de Tadzio.

Más de medio siglo después, dos homosexuales ilustres, y desde luego algo más que eso, dos creadores de genio, cada uno en su ámbito, vieron en la breve novela de Mann un motivo para la recreación. Luchino Visconti llamó a Dirk Bogarde para encarnar al escritor, que en su película se transformaría en compositor, émulo del que a principios de los setenta arrasaba en el mundo musical sajón, no otro que Gustav Mahler (Otto Klemperer y John Barbirolli, con sus irreverentes versiones, nos cautivaron a todos). El actor londinense, aquel memorable cura enamorado de Ava Gardner en *The Angel Wore Red* (*El ángel vestido de* rojo) en plena guerra civil española, o el Liszt de George Cukor en *Song Without End* (traducida en España como *Sueño de amor*), y, como Visconti, reconocido homosexual, aceptó de inmediato. La película se filmó y obtuvo un éxito enorme, aunque matizado por algún que otro crítico que pensaba que tanto plano veneciano, tanta melena al viento del hermosísimo Tadzio escogido, tanta sobreactuación de un Bogarde en su salsa y tanto *Adagietto* de la *Quinta* de Mahler (una obra cuya pretendida carga trascendental ha ido diluyéndose con el paso de los años) eran excesivos.

Todo eso ocurría en 1971, dos años antes del estreno de la ópera *Muerte en Venecia,* de Benjamin Britten y Myfanwy Piper, la última ópera que salió de su pluma. Otra vez dos homosexuales (Britten y el tenor Peter Pears), y esta vez una pareja de hecho que tuvo que tragar sapos y ratones en una sociedad a la que no le hacía especialmente feliz que dos artistas reconocidos gozaran de esa opción sexual, se plantearon el asunto. Y otra vez dos creadores maduros, al borde del fin de su carrera. No como Mann. Al grano: la ópera de Britten tiene mucho más interés que la película de Visconti, porque no es el relato de una decadencia, concebido desde un ángulo político aun con una puesta en escena de auténtico lujo asiático (el típico modo de operar de Visconti), sino la descripción en carne y hueso de cómo un amor gay puede acabar en ruina. Britten piensa en él y su pareja cuando escribe esta música, que es música hecha del recuerdo de una situación que él y su pareja han vivido durante toda su vida. En la ópera de Britten hay mucha más carne que en el filme de Visconti. Aschenbach aquí asume lo que ni Mann ni Visconti explicitan; dice a Tadzio: «Te amo», así, sin más. Y se pone bastante nervioso, físicamente nervioso, y culpable, cuando el muchacho exhibe su belleza. Hay, sin duda, un subrelato de la represión que ni al *indefinido* Mann preocupa (Mann no consideraba mucho a Britten) ni al aristocrático Visconti parece importarle demasiado. Y tal sinceridad expresiva en el relato de su *problema* se ve recompensado por una música absolutamente magistral, y de una modernidad que nos parece que no se ha subrayado lo suficiente. Especialmente inquietante es el resultado obtenido al introducir materiales de *gamalán* (música de origen indonesio) en las escenas del muchacho.

Epílogo:
El último Strauss:
la ópera romántica echa el cierre

A través de este libro hemos ido dejando pistas —cuando no hechos bien consumados— acerca de la naturaleza última de la ópera. Y hemos tratado de dilucidar cuáles son los elementos intervinientes en una representación y en qué orden jerárquico deben aparecer. Hemos tomado partido en más de una ocasión, aun indirectamente, pero es momento ya de decir que como postura personal y no como manera única de abordar el asunto. Hemos defendido que todo nace de la palabra, del texto, pero en realidad éste es un asunto que provoca un debate tan antiguo como el del propio género. La relación entre texto y música en una ópera es —o debe ser— un todo orgánico en el que desde el principio no se sabe bien en qué orden se deben situar música y palabra. Y es evidente que el debate persistió durante mucho tiempo, y persiste hasta ahora.

Antonio Salieri puso música a un libreto de Giovanni Battista Casti para su ópera *Prima la musica e poi le parole (Primero la música, después las palabras)*. Y eso sucedía en 1786, casi dos siglos después de que Monteverdi hiciera limpieza postulando exactamente lo contrario. Richard Strauss, cieto cincuenta años más tarde finalizó su carrera operística con una sutil y muy hermosa página llamada *Capriccio,* con la que volvió a la carga. Y eso mientras caían las bombas. Pero él seguía en su particular mundo.

Retrocedamos algo. Los nazis obligaron al escritor Stefan Zweig a abandonar su país. Después de vivir en Londres, Estados Unidos y Brasil, se suicidó en 1942. Zweig colaboró con Strauss como libretista en alguna de sus últimas óperas. *Die schweigsame Frau* (*La mujer silenciosa*) fue la primera de esas colaboraciones, una pieza fallida llena de defectos, aun con algún momento de momentánea inspiración. El libreto era flojo, y Zweig, consciente de ello, recomendó a Strauss otro libretista amigo suyo y que adoraba al músico hasta la postración para el siguiente título. Joseph Gregor, el recomendado, un individuo muy chapado a la antigua, escribía muy bien textos para ser leídos, pero no para ser cantados. Sin embargo, Strauss, que tuvo más paciencia que un santo con él, le dio la oportunidad de ser el autor de su siguiente ópera, *Der Friedenstag* (*Día de la paz*), basada en una idea de Zweig, que no resultó más interesante que la anterior. El nuevo intento, esta vez bajo una idea del propio Gregor, fue *Daphne,* una página que Strauss denominó *tragedia bucólica.* Pero el resultado tampoco convenció; el enfoque resultó algo pedante y, sobre todo, dio lugar a una dramatización meliflua y aburrida. Contiene, no obstante, un dúo entre Daphne y Apolo que incluye una bella música, pero poco más. Strauss estuvo más acertado en la siguiente ópera, *Die Liebe der Danae* (*El amor de Danae*), pero a Gregor le seguía costando arrancar: este título recupera una buena parte de la calidad musical perdida en las tres páginas anteriores, pero teatralmente resulta soporífero. Strauss estaba muy desanimado. Y prohibió que la obra se representara hasta finalizada la guerra, que estalló cuando la estaba componiendo. Él creía que iba a ser su última ópera. Pero estaba muy equivocado, como vamos a ver pronto.

Un Richard Strauss ya entrado en años, sentado ante el piano y con la partitura de *Parsifal* sobre el atril. ¿El fin de una época?

En un ambiente mucho más que espeso, pues a Hitler las cosas le iban regular, Strauss conoció al director de orquesta Clemens Krauss, un colaboracionista con el que empatizó bastante y al que otorgó varios honores. El primero, el permiso para estrenar en Salzburgo su última ópera, y otro, sustituir a Gregor como libretista para una próxima ópera. *El amor de Danae* estaba ya dispuesta para ser estrenada en 1944, pero ese año un grupo de generales protagonizó la famosa *operación valkiria*, un intento de asesinar al *Führer*, con lo que Goebbels cambió radicalmente su política cultural. Todos a casa. La obra se ensayó pero no se estrenó. Strauss no pudo celebrar su 80° cumpleaños con su estreno, pero en cambio asistió con sospechosa impasibilidad a otro acontecimiento acaecido ese mismo año: el desembarco de Normandía. A pesar de todo ello, no pudo conocer el estreno de su penúltima ópera, que tuvo lugar en 1952. Por supuesto, en los atriles estuvo Clemens Krauss. Y él hacía ya cuatro años que había fallecido.

Éste es un apretado resumen de lo que, operísticamente, sucedió en la vida de Richard Strauss entre 1935 y los primeros años de la década de los cuarenta. No fueron buenas cosechas. Y parecía que tras tales negativas experiencias de sus colaboraciones con Zweig y Gregor, había llegado la hora de bajar la persiana. Nada más lejos de lo que iba a suceder. Strauss escribió entre 1941 y 1948 cuatro composiciones importantísimas: su última ópera, *Capriccio;* el segundo Concierto para trompa, el poema sinfónico *Metamorphosen* (*Metamorfosis*), el concierto para oboe y las *Vier letzte Lieder* (*Cuatro últimas canciones*). Para su última ópera despidió a Gregor y encomendó la tarea de escribir el libreto a Clemens Krauss, sobre una de las muchas ideas de Zweig que habían quedado aparcadas. En realidad, Gregor y Zweig habían trabajado conjuntamente la idea (una reminiscencia de la antes mencionada ópera de Salieri), pero a medida que el trabajo avanzaba ambos se dieron cuenta de que no se iban a entender. Zweig, que tampoco era un poeta, exigía a Gregor más de lo que podía dar. Y todo saltó por los aires cuando Krauss hizo una furibunda crítica del trabajo de aquéllos. Sería él quien se encargara del libreto. Strauss, sin embargo, mantuvo a raya al director. Sabía bien lo que quería, y lo hizo. El resultado fue un libreto con un veinticinco por ciento suyo. Que es mucho.

Capriccio es una ópera para pensar. Contiene una hermosísima música, muy en la línea del Strauss que estaba por llegar en las *Cuatro últimas canciones*. Se trata, obviamente, de una música otoñal, difuminada, sobrescrita en tul, terminal, etc. Pero también el resultado de un esfuerzo vital realizado durante décadas, producto de la evolución. Desde *El caballero de la rosa* y *Ariadne auf Naxos* Strauss estuvo metido hasta el cuello en esa especie de neoclasicismo modernista que ni sus colegas ni mucho menos la crítica alcanzaron a entender (y hasta hoy, quede claro). A Strauss le encantó la idea de Zweig de reflexionar acerca de un género que le había dado la vida durante toda su carrera. Pero sabía que necesitaba hacerlo de manera no pedante; necesitaba que texto y música se hermanaran para explicarlo de una vez por todas. Desde la poesía. Desde la música. Y, de alguna manera, reencontrándose con la inspiración, tan maltratada, eso fue la genial *Capriccio,* lo que debe ser una ópera: poesía en sonido, en música.

Dos hermanos de la aristocracia parisina del siglo XVIII. Ella, la condesa Madeleine, flirtea con un músico y un poeta. Él, el conde, con una bella actriz, Clarion. El músico defiende que «primero es la música y después los sonetos»; el poeta cree que la música contamina el contenido de sus versos. La condesa no sabe a quién entregarle su corazón, si al compositor o al poeta; ama a los dos, admira a los dos. Entra en liza el empresario teatral, que será el encargado de poner en pie una gran obra para celebrar el cumpleaños de la condesa. ¿Será una ópera? Y al fin, ¿por quién se decidirá Madeleine?

Strauss entró así en una polémica que venía de atrás, y contempló con la necesaria ironía y distanciamiento. Para ello la envasó en una historia de amor esquizofrénico protagonizada por una mujer que muestra extrema sensibilidad hacia la creación; en contraste con su hermano, un aristócrata más preocupado por las faldas de las cantantes sexis. No es una obra que pretenda sentar cátedra; es, por el contrario, el otoño operístico de Strauss, que recoge lo mejor de *El caballero de la rosa* y *Ariadne auf Naxos,* en un ambiente de descomposición social que en más de un momento de la pieza Strauss pone de manifiesto como mejor sabe hacerlo: diciéndolo con una música que castiga con severas modulaciones que actúan como llamadas, como avisos, a esos personajes de ficción, de una ficción que se levanta sobre un tiempo definitivamente perdido. La condesa cierra la obra cantando el soneto que le ha compuesto el poeta, y deja al público sin respuesta ante su disyuntiva amorosa. Ante su disyuntiva artística. Ante su disyuntiva acerca de la verdadera naturaleza de la ópera.

Hay más ópera después de Strauss; lo hemos visto. Pero *Capriccio* cierra una época, un ciclo, quizá la historia de un género que debe reinventarse. No sabemos todavía si tal cosa ha sucedido ya. O está sucediendo. Pero sigue habiendo óperas después de *Capriccio.* Alguna razón habrá para ello.

Anexo: Ópera y discos

Para muchos, un anatema. Y la verdad es que les puede asistir la razón a aquellos que defienden que enlatar una ópera en un disco es poco menos que un ejercicio de mutilación, pues, como ya lo hemos dejado claro, aunque la música es la razón de ser de una ópera, nada es ópera sin, además de poderse escuchar, poder verse. No hay ópera sin escena.

Sin embargo, su historia se habría escrito de muy otra manera sin la huella que el disco ha dejado en su desarrollo más reciente; más o menos a partir de 1950. Por muchas razones, artísticas y comerciales, el conocimiento que el aficionado ha llegado a tener de la música escrita para la ópera no habría tenido lugar si no gracias al disco. Y gracias al disco, además, la ópera se ha democratizado en buena medida, pues ha permitido a mucha gente conocer decenas de títulos (aun parcialmente, sólo musicalmente) sin necesidad de acudir a un teatro de ópera, español o extranjero. O dicho de otra manera, el disco ha neutralizado la idea de que la ópera es sólo para una élite económica. Este razonamiento tiene, por supuesto, sus lagunas, pero no engaña a nadie. Porque a muchos aficionados, por añadidura, estén equivocados o no, les interesa poco —o nada— la parte escénica, unas veces por antigua, otras por ultramoderna, otras por irrelevante, para refugiarse en la música y el canto, que a la postre no sólo son las dos facetas del repertorio operístico más significativas y determinantes sino, en la mayor parte de las ocasiones, las más gratificantes. Es un asunto polémico, sin duda. Pero es imposible sustraerse al debate ignorando la cuestión principal. Pues son tantas las grabaciones en las que se explica al dedillo la magnitud de determinadas músicas para la escena, que no es posible olvidarse del quid de la cuestión, sin más, u orillarlo desde el patio de butacas de un teatro de ópera.

Con todo, tal polémica, viva durante décadas, pudo descender cuando a la parte acústica de un disco se le pudo añadir la visual, es decir, el vídeo. Primero con señal analógica y después en digital: los tres famosos sistemas de vídeo, Betamax, VHS y 2000; el Laser disc (un sistema que rozó la perfección en la reproducción, pero carísimo) y los DVD y Blu-ray. Pero tampoco eso satisfizo a los defensores de la idea de que ópera es sólo ópera cuando tiene lugar en un teatro de ópera. Tenían sus razones. Y nosotros tenemos las nuestras para entrar en ese debate. Y con más motivo cuando el disco ha entrado en una crisis de identidad sin solución.

Aun corriendo el peligro de quedarnos solos ante la avalancha de falsa democratización que supone el acceso multitudinario a conciertos y óperas a través de las plataformas digitales, o a la utilización del *streaming* como método de reproducción, compra o alquiler de contenidos, añoramos el disco, con sus grandezas y miserias, como creador de cultura musical y conocimiento. Durante más de medio siglo hemos convivido con grabaciones de audio, en vivo o en estudio, con las que lisa y llanamente hemos podido aprender a afrontar el hecho musical no ya desde una escucha para el entretenimiento, sino para el aprendizaje y la discriminación crítica. Con los discos, en general, hemos tenido la más grande y completa ocasión para aprender a escuchar, lo que en los de ópera ha sucedido igualmente con la parte musical de las obras. Con los soportes videográficos añadidos a los de audio nos pudimos hacer la ilusión de estar ante un simulacro de representación operística, pero pronto comprobamos que se trataba de un espejismo. Al principio hubo algo que nos extrañó: que en sus argumentos de venta se diera bastante importancia a la figura de la *toma de vídeo* frente a la figura del propio director de escena. Y al contemplar los primeros vídeos efectivamente nos dimos cuenta de que lo que estábamos viendo de la ópera en cuestión era lo que el director de las tomas estaba decidiendo que viéramos, y no otra cosa. Proliferaban los primeros planos de los cantantes, que usaban sus mejores armas faciales para explicarnos sus sentimientos más recónditos, quizá para despistarnos así un poco ante lo que realmente cuenta: el propio canto, la música y una interpretación que necesita de auténticos cantantes-actores. No sólo de gestos faciales. Desde el primer momento nos molestó cierta sobreactuación, por tramposa. No; cuando se va a una representación operística, uno, sentado en su butaca, lo ve todo, y decide a qué punto ha de dirigir su mirada en cada momento y a qué y en qué quiere fijar la atención. Por ello, para nosotros, el valor del disco para la ópera, con o sin toma de vídeo, deberá circunscribirse fundamentalmente a la parte musical, con todo lo que conlleva en materia interpretativa, fundamentalmente en las tomas de estudio, muchas veces denostadas. Las grabaciones en vivo parecerían más adecuadas para presentar las cosas como son, pero eso tampoco nos puede llevar a renegar de las ventajas de un registro de estudio, donde se pueden hacer rectificaciones o incluso montajes sonoros más o menos discutibles. Lo que queda al final de un proceso de grabación no es, en sentido estricto, la parte musical de una ópera, sino un producto diferente llamado disco, producto no de un momento, como lo es una representación, sino de un largo proceso de elaboración fonográfica. Decir que es un producto que no vale es no haber entendido para qué sirve. Porque a la postre, todo se convierte en una cuestión de calidad, y seguramente de honestidad. La conclusión última debería ser: un disco es otra herramienta. Incompleta, pero a veces de extraordinaria utilidad. Sin duda con el disco todo se disfruta de otra manera. Y gracias a él en los últimos sesenta o setenta años hemos podido conocer interpretaciones de secuencias o de obras completas de un formidable valor musical.

Pero todo eso es hablar del pasado reciente, porque hoy ya no se graban óperas en estudio. Siempre fue carísimo hacerlo, a veces sin esperanzas de ni siquiera amortizar los gastos de producción, pero como los resultados comerciales generales en la venta eran buenos, la industria proliferaba y la experiencia se repetía una y otra vez. Abundaron las filmaciones específicas (películas de ópera), también muy caras, pero se dejaron de hacer por los mismos motivos. Hoy, al contrario, lo que se graba son funciones de ópera. Y siempre para el soporte de vídeo con audio en digital, comercializado tanto en DVD como en Bluray. No es lo mismo. Lo que queda es como una función en pequeñito. De manera que la punta de lanza de las grabaciones operísticas tuvo su momento, y gracias a esos registros pudimos escuchar ópera en buenas, si no extraordinarias en algunos casos, versiones. ¿Qué aprendimos gracias a esas grabaciones? No queremos dejar de citar algunos gloriosos ejemplos; registros que creemos conservan un valor histórico incalculable, y, que, además, contienen versiones irrepetibles.

Portada del álbum con la versión de *Orfeo y Eurídice* de Raymond Leppard.

El aficionado medio pasó buena parte de su vida sin tener buenas noticias de, por ejemplo, una ópera tan crucial como *Orfeo y Eurídice,* de Gluck. Su estreno tuvo lugar en Viena, el 5 de octubre de 1762, seis años antes de que Mozart, a los doce, emprendiera su carrera como operista con *Bastián y Bastiana.* Luego influyó en éste, e incluso en Wagner un siglo después. Durante bastante tiempo pasó inadvertida en los teatros de ópera, hasta que se grabaron en disco extractos orquestales que pronto se hicieron famosos; la *Danza de las furias,* por ejemplo. En 1969 el sello discográfico Decca la grabó con Georg Solti a la batuta. Fue una versión en exceso romántica. En 1982 Raymond Leppard, especialista e investigador del Barroco, la dirigió en el Festival de Glyndebourne, a partir de cuyas representaciones la trasladó al disco, contando con la misma mezzosoprano, la inolvidable Janet Baker, en el papel de Orfeo. Además de éstas, se habían hecho ya otras grabaciones, pero fue la de Leppard la que nos abrió los ojos a algunos, pues puso de manifiesto algo que hasta entonces sólo habíamos podido comprender por pura intuición: por muy sublime que sea una música, si no se cuenta con unos intérpretes comprometidos no hay nada que hacer. Aquí la inmensa *mezzo* inglesa realizó un conmovedor —e histórico— trabajo, que todavía hoy recordamos como auténtico descubrimiento. Hoy esta grabación se considera desfasada, pues los criterios interpretativos historicistas indican que hay en ella un exceso de romanticismo. En nuestro anterior libro ya nos referimos a esta cuestión. Lo que ahora nos interesa es otra cosa: gracias al disco hoy tenemos los suficientes conocimientos para abordar estas reivindicaciones estilísticas.

Nuestro admiradísimo director de orquesta Otto Klemperer también nos enseñó mucho acerca de, por ejemplo, *Don Giovanni,* de Mozart, cuando lo llevó al disco en 1966. Contó con un impresionante elenco de cantantes, ocho absolutos primeros espadas en el mundo canoro de la época, pero lo que hoy podemos, y debemos, recordar de aquellos discos es el poder que puede llegar a alcanzar la orquesta en una ópera en la que intervienen tantos cantantes, todos ellos con roles definitorios en el libreto. Recordaremos siempre a Klemperer por una dicotomía que nunca lograremos explicar: su absoluta fidelidad a las partituras, en un contexto dramático de planteamiento tan personal que podía llegar a la pura digresión. Lo conseguía a través de estudiadísimos discursos en los que el valor del tiempo se convertía en aspecto fundamental. En *Don Giovanni* la visión dialéctica de la historia que plantea Klemperer al confrontar lo cómico con lo absolutamente trágico, que es el gran hallazgo de Mozart en esta ópera, que ni es comedia ni es drama y es las dos cosas a la vez, es de una riqueza intelectual y emocional difícil de evaluar. Lo que en buena parte tiene que ver con el concepto de sonido en el que hace Klemperer moverse al drama: puro granito, renuncia total al preciosismo, fundamento tímbrico (la caña suena a caña; el metal, a metal, la cuerda, a cuerda...). Y, cómo no, también a una planificación dramática dura, en el límite, sin concesiones, en continua renuncia al divertimento fácil, siempre en busca de una verdad que nace desde lo más profundo, y que no puede ser *dicha* sino de manera directa y sin recovecos. Klemperer consiguió en la música de ópera lo que muy pocos de sus contemporáneos: el máximo desarrollo emocional del sonido sin añadir nada a lo que el compositor dejó escrito, aunque, eso sí, haciendo una interpretación extremadamente personal de lo que no está escrito en la partitura. ¿Qué es ello? Pues el propio compromiso a la hora de decidir una definición clara de las indicaciones rítmicas, armónicas, agógicas y tímbricas, según criterios objetivos y descontaminados de la propia historiografía que acumula cada partitura, en este caso una obra muy manoseada con el paso del tiempo. Es decir, otra dimensión de la dirección orquestal, que en esta versión de *Don Giovanni* se eleva a cotas inalcanzables. Los cantantes están todos en el mejor de los lugares interpretativos posibles en esta grabación. Pero lo que realmente la hace grande e irrepetible, es, insistimos, la orquesta, que a veces cae encima de todo como una losa. Es particularmente espeluznante la última escena, cuando Don Giovanni recibe al Comendador para cenar, con la acogotada presencia de su criado Leporello, que sabe que aquello no puede conducir a nada bueno. Un auténtico infierno al que se desciende de la mano de un tan poderoso complejo sonoro que parece que estemos asistiendo al fin de nuestro mundo. El desenlace es aterrador.

El prodigioso Claudio Abbado dirigió a Teresa Berganza en *Carmen*, con cuya creación la *mezzo* madrileña alcanzó el punto más alto de toda su carrera. Sucedía eso en el Festival de Edimburgo, en su edición de 1977. Poco después se realizaría la grabación, que igualmente contó con un brillante Plácido Domingo para el rol de Don José. Directores de mucha enjundia, y *mezzos* no menos famosas ya la habían llevado al disco antes. Georg Solti (con Shirley Verrett y el mismo Domingo en 1973; o con Tatiana Troyanos y, otra vez Domingo, dos años después). O Georges Prêtre con Maria Callas y Nicolai Gedda, en 1964. O, un año antes, Herbert von Karajan, con Leontyne Price y Franco Corelli. O Rafael Frühbeck de Burgos, con una absolutamente prodigiosa Grace Bumbry y Jon Vickers. Por citar algunas grabaciones. Pero ninguna de ellas reúne tantos logros como ésta. Berganza habló mucho sobre el personaje, cuyo rol dramático definía como la reivindicación de la libertad femenina. Tuvo eso un gran valor, pero, desde el punto de vista de la ópera, con lo que habríamos de quedarnos es con su magistral lección de canto interpretativo en un personaje en el que lo uno y lo otro resultan metas muy complejas de traspasar. Carmen es un paradigma de mujer libre, sí, pero su idea acerca del sexo y la muerte la convierten en polvorín de demasiados valores socialmente aceptados. Su volubilidad, su nulo apego a la propiedad, su idea acerca de la pareja, su manera de ver a los hombres como seres obligados a bailar a su alrededor sin condiciones, su desatada sensualidad y, en fin, su desprecio hacia la propia vida, la han convertido en heroína indiscutible, pero quizá también en un personaje cuyo poliédrica realidad pueda llegar a producir antipatía. Por encima de esas consideraciones. Quizá demasiado. Pero lo que es indiscutible en el personaje es su capacidad para comunicar. O sea, el canto, y por encima de todas esas y otras consideraciones. Berganza, en ese aspecto, es única, y constituyó en su momento un descubrimiento. En fin, lo de Don José es bastante más escueto. Canto y sólo canto. Como personaje es, puramente, un bobo. Papel en el que Domingo ha triunfado como pocos porque lo ha dignificado hasta el infinito. En la versión de Abbado, un paradigma.

Una grabación de 1978. Teresa Berganza, dirigida por Claudio Abbado, dio al personaje de Carmen una importante y novedosa visión.

Quizá la grabación de ópera más importante de todo el siglo XX fue la de *El anillo del Nibelungo,* de Wagner, que el director húngaro Georg Solti planificó a partir del año 1958. Todo comenzó ese año con el registro del prólogo, *El oro del Rin,* inicio de la que sería la primera Tetralogía realizada en un estudio de grabación. Se ha escrito mucho sobre el proceso de este trabajo; sobre la evolución de Solti con la Filarmónica de Viena y sus conflictos y desavenencias con algunos de los cantantes, particularmente con Birgit Nilsson, la apabullante Brunilda, enfrentada al húngaro y, de paso, al productor, John Culshaw, y al ingeniero de grabación, Gordon Parry. Pero nada de todo esto nos debe de resultar extraño, pues con mucha frecuencia Solti en sus grabaciones era dado a causar conflictos. Sin embargo, todo hay que decirlo, problemas inversamente proporcionales a la calidad de los resultados finales. Solti, en todo caso, comenzó el proyecto teniendo que vencer unas cuantas dificultades, de entre las que no fueron las menos importantes las resistencias protagonizadas por las fuerzas vivas del wagnerismo en aquel momento. La casa Decca no estaba por la labor de gastarse una millonada con unos discos cuya rentabilidad ponía muy en tela de juicio, y se encontró en una disyuntiva que, por otro lado, en aquel momento era consustancial a la comercialización del repertorio wagneriano: mirar hacia delante o quedarse donde se estaba; llevar el tradicional y fundamentalista (a su entender) espíritu de Bayreuth al disco o pensar en otra clave: algo así como un nuevo Wagner-espectáculo. Para ello contaba, por un lado, con técnicos que estaban deseando experimentar con el todavía desaprovechado sistema estereofónico, pensando en los múltiples nuevos sonidos presentes en el *Anillo* que no se habían escuchado todavía con propiedad sobre la escena, al natural. Y, por otro, con un joven huido del país del Este con mayor talento musical por metro cuadrado llamado Georg Solti, que tenía el apoyo de uno de los jefes de la compañía, Mauritz Rosengarten, un hombre del que Karajan decía que «si uno le da la mano luego es mejor que se corte los dedos». El candidato natural para grabar este *Anillo* era un wagneriano indiscutible, *el* wagneriano en aquel momento, Hans Knappertsbusch, que no llegó a liderar el proyecto por intrigas de todo tipo.

A partir de 1951 Knappertsbusch dirigió en Bayreuth el *Anillo* completo en las temporadas de 1956 —alternando con Keilberth—, 1957 y 1958 (en el mismo 51 se lo había repartido con Karajan). La grabación de las funciones de este último revela el punto máximo al que llegó *Kna* (que así los llamaban sus allegados) en su concepción del *Anillo,* aunque de las de 1951 se conserva un *Ocaso* que, de definir la pauta del ciclo, lo convertiría en un auténtico hito. ¿Podía trasladar Kna esa filosofía al disco? ¿Tenía él temperamento y método de trabajo adecuado para encerrarse en un estudio en sesiones tasadas de tiempo para no encarecer más lo presupuestado? ¿Habría resistido esa presión? Y ¿hubiera tenido claro ese Wagner-espectáculo sonoro que Decca quería para, con una imagen distinta, vender discos? La compañía apostó por el húngaro, que desde el primer momento estuvo por la labor, mostrando un entusiasmo sincero ante determinadas ideas, entre otras cosas porque eran las suyas: el sonido de la orquesta por delante de todo, la orquesta *matando* a todo cantante viviente. Nilsson, la diosa del momento, *la montó* día sí día también en las sesiones de grabación, pero, como solía pasar en las registros del autoritario Solti, la cantante se aguantó. Claro que cuando todo ya estaba hecho (y muy particularmente cuando la grabación pasó del LP al CD), todo fueron parabienes hacia su director. En fin, ¿cómo ha resistido el paso del tiempo este *Anillo* con yunques afinados, grandes cuernos en vez de trombones, enormes planchas metálicas para hacer sonar las tormentas y nibelungos gritando como nunca hasta entonces se había escuchado en escena?

Pues en dos palabras: magníficamente bien. Comercial y artísticamente. Es una Tetralogía que, si bien en su momento fue un experimento, el paso del tiempo ha dado la razón a su planteamiento: no se trata, como afirmaba Birgit Nilsson, de que ésta sea una obra para cantantes con acompañamiento de orquesta. Es justo al revés. Y eso es lo que defendió a capa y espada Solti, cosa que además consiguió gracias a una apabullante técnica, a una capacidad para exprimir las posibilidades de la por otro lado en sí ya maravillosa Orquesta Filarmónica de Viena y, naturalmente, a un conocimiento de la escritura y la expresión wagnerianas ganado mediante un trabajo minucioso, paciente, preciso y, lo más importante, producto de un fabuloso talento musical. Claro que completó su obra al cien por cien, porque pudo trabajar todavía con lo que algunos llamarían los restos de la Edad de Oro de Bayreuth: con George London, con Kirsten Flagstad, con Hans Hotter, con Wolfgang Windgassen, con la misma Nilsson, con Gustav Neidlinger, con George Böhme, con Gottlob Frick... además de algunos otros cantantes cuyos nombres nacían entonces.

Una de las últimas ediciones del álbum de cedés con las cuatro óperas del *Anillo* de Georg Solti.

La segunda grabación en llegar fue *Sigfrido.* Pero nuestros recuerdos se dirigen más hacia la de *La valkiria,* que salió, creemos, dos o tres años después (las fechas oficiales de grabación y publicación en España vuelven a diferir). Se dirigen sobre todo hacia la tormenta del preludio del primer acto, hacia la muy emocionante y sentida despedida de Wotan, hacia la transmisión de Nilsson y Hotter, en el amor, la desobediencia, el repudio y el castigo. Y cómo no, recordamos como el más grande descubrimiento de aficionado ávido el dúo de James King y Régine Crespin en el primer acto de *La valkiria.* Hoy vivimos todo eso con un sentimiento más asentado, menos carnal, menos entusiasta, pero la percepción de estar ante un director de orquesta único se ha multiplicado, y más si cabe en su trabajo en *Sigfrido,* ante el cual seguimos mostrando el mismo respeto asustado de antaño, pero un amor y admiración mucho más desarrollados.

Con todo, la década bien cumplida que transcurre entre la grabación de *El oro del Rin* y *El ocaso de los dioses* marca notables diferencias en la manera en que Solti ve la epopeya. Su versión de esta segunda es, nos parece, la mejor de las cuatro. Y distinta; más reposada, menos nerviosa, pero no por ello menos terrible y alucinada. Da la impresión de que quiso decir: ésta es la mejor música del conjunto y yo la quiero hacer sublime, quiero que sea mi gran obra.

Ésta es, en suma, la Tetralogía de estudio más completa, claramente por encima —en conjunto, contando cantantes, orquesta y dirección— de cualquier otra en disco. Y, por supuesto, la más rentable de las posibles para el negocio. Sólo en EE.UU. se llevan vendidos más de veinte millones de copias.

Aunque sea arriesgado hacer ciertos tipos de afirmación, asumo la responsabilidad con ésta: quizá Wilhelm Furtwängler sea el director de orquesta más genialmente iluminado de la historia. El más creativo. El más distinto. El que menos escuela ha dejado, por pura imposibilidad de hacer un seguimiento técnico de su arte. La dirección orquestal hoy es liviana, la mayor parte de las veces aburrida, rutinaria, etc., a pesar de que técnicamente pueda ser más elaborada y perfecta. Genio creativo e intuición serían los términos que mejor definirían el original e inagotable universo del director alemán. Furtwängler dirigió mucha ópera. Pero en su abultado y extraordinario legado discográfico el podio lo ocupa su registro de *Tristán e Isolda,* realizado en la Kingsway Hall londinense los días 10 a 21 y 23 de junio de 1952, dos años antes del fallecimiento del director. Fue la primera vez que se grababa la obra en un estudio, provisto de los nuevos medios técnicos que en ese momento pasaban por la utilización de la cinta magnética como soporte sonoro. Fue también la primera grabación de Furtwängler de una ópera. El registro fue dirigido por Walter Legge, una imposición de la soprano que iba a interpretar el papel de Isolda, la mítica Kirsten Flagstad, que era muy amiga de Elisabeth Schwarzkopf, esposa del productor. Y aunque el dato pueda ser espurio, la soprano que cedió los dos Dos sobreagudos en la grabación a una Flagstad que ya no los podía dar; había cumplido los cincuenta y siete años y su voz se había deteriorado notablemente. Sin embargo, fue una grandiosa Isolda, quizá algo hierática, pero dotada de la potencia dramática que la soprano noruega solía insuflar a todo lo que pasaba por su garganta. Tras la guerra, y después de protagonizar algún dudoso episodio de colaboracionismo nazi, triunfó en EE.UU., convirtiéndose en la más importante soprano wagneriana del Met neoyorquino. Furtwängler escogió a Ludwig Suthaus para el papel de Tristán, sin duda a años luz de la Flagstad. Y a pesar de las buenas prestaciones en el resto del reparto, habría que destacar la intervención de Dietrich Fischer-Dieskau como Kurwenal. Tenía veinsiete años y compuso el rol con auténtico fuego volcánico.

El *Tristán* de Furtwängler, así se conoce esta soberbia e irrepetible interpretación fonográfica del drama wagneriano. Aquí, en una de sus múltiples reediciones.

Después de este *Tristán* han venido otros muchos, algunos de estudio, otros con tomas directas de funciones. Y no deja de ser curioso que, en materia de dirección orquestal, la única propuesta que puede hacer sombra al *Tristán* de Furtwängler sea la del director que más se le parece. Daniel Barenboim, el más conspicuo especialista en Wagner de este momento, ha dirigido en varias grabaciones esta ópera, y unas cuantas veces en vivo, con los mejores directores de escena. Pero a pesar de que técnica y dramáticamente alguna de las grabaciones pueda situarse por encima de la de Furtwängler, la posible comparación es odiosa, por el incalculable valor creativo y compromiso interpretativo asumidos por el maestro alemán en su registro, que hace ya muchos años seguimos escuchando como si se tratara de un icono no sólo de la dirección orquestal wagneriana sino de la dirección musical a secas. De entre las muchas cosas que se podrían destacar de esta versión, no es la menos importante el riesgo asumido en la relación espacio-tiempo que creó este señor al planificar el relato sonoro. Los dos factores que destacan como verdaderos hitos son el *tempo* marcado para el discurso y el desarrollo de las tensiones armónicas en la lectura vertical de la partitura. Son planteamientos y logros a los que muchos directores de mejor técnica no han sido capaces ni de aproximarse. Y la lista es larga. Y aunque resulte imposible cuantificar esas tensiones para explicar el fenómeno, ayuda bastante fijarse en las duraciones. Pondremos un par de ejemplos. La versión que grabó Barenboim a finales de 1994, una interpretación, si no lenta, bastante más larga que muchas de las hasta entonces más celebradas, se queda en las tres horas y cincuenta y cinco minutos. La de Furtwängler alcanzó las casi cuatro horas y media. Una auténtica anomalía; una formidable y embriagadora anomalía.

Se podría afirmar que, en materia verdiana, hay dos directores de orquesta que, por razones distintas, nos enseñaron a comprender las óperas de Verdi desde el disco. Uno de ellos, Riccardo Muti, todavía ejerce, aunque, con alguna excepción notable, se niega a seguir dirigiendo las óperas del maestro. El otro, Carlo Maria Giulini, murió en 2005 tras haber desarrollado una carrera que incluyó las más certeras opiniones interpretativas acerca de la flor y la nata de la música italiana, pero también del sinfonismo brahmsiano y bruckneriano. Muti grabó buena parte de las óperas de Verdi. Y tiene en repertorio un sinfín de partituras de todas las músicas habidas y por haber. Es uno de los grandes del siglo XX, algo que poca gente, sobre todo los críticos, vio venir cuando el 21 de abril de 1972 se subió al podio de la Orquesta Nacional de España para dirigir las *Quattro Pezzi Sacri* (*Cuatro piezas sacras*) de Giuseppe Verdi. Nosotros, que tuvimos la oportunidad de asistir a todos los ensayos, en un Teatro Real que todavía era la sala de conciertos habilitada sobre él por orden y gracia del Generalísimo, comenzamos con Muti allí a comprender aquello de que la tiranía de los grandes directores causa estragos… para producir la mejor música. La carrera del maestro napolitano, un hombre de mucho carácter, comenzó entonces, revelándose muy pronto que tenía mucho que decir acerca de Verdi. Mucho que decir nuevo. O quizá no tanto. O quizá una praxis que los buenos conocedores intuían necesaria y que no encontraban en ninguno de los verdianos oficiales de aquel momento. Por melifluos; por confusos frente a las malas influencias de un belcantismo que cuando se convertía en objetivo, algo que sucedía con frecuencia, llegaba a ser pernicioso para el auténtico espíritu de la ópera verdiana, títulos la mayor parte de las veces verdaderamente sísmicos. Dos años después de su presentación en Madrid, Muti sorprendió al mundo con una memorable, y muy atípica, grabación de *Aida*. Fue su primera grabación para el que se convertiría en su sello habitual, EMI, y en ella sentó cátedra. Tenía treinta y tres años.

Pero ¿qué añadió o cambió Muti al Verdi que se había escuchado hasta entonces? Pues diríamos que todo: intensidad dramática, crudeza, ritmo, color, imaginación. Y un increíble vasallaje al canto verdiano como transformación del tradicional bel canto, para desembarcar en un soberbio y vital canto dramatizado. Para desarrollar esa idea contó con los dos mejores cantantes de ópera italiana de ese momento. Los dos en un estado vocal perfecto, en su momento artístico perfecto para ponerse en manos de un verdadero innovador. Fueron Montserrat Caballé, a cuyo portento vocal se plegó Muti, y Plácido Domingo. Entre otros. Y a partir de ahí comenzaron a llegar discos con otros títulos verdianos, pero esa *Aida* fue una verdadera declaración de principios: definir una nueva realidad dramática para el bel canto en Verdi, envolviéndolo en un contexto sonoro alejado al cien por cien de preciosismos vacuos.

El estilo de Giulini en Verdi fue muy distinto. Sin duda acorde con su temperamento, que distaba bastante del carácter volcánico de Muti. Giulini era un caballero. Una persona frágil que sólo era capaz de expresarse violentamente de manera virtual, cuando la música lo requería. Pero cuando tenía que hacerlo, los cielos se hundían. Sus aproximaciones siempre fueron más mezcla de resortes intelectuales muy elaborados y la búsqueda constante de la «emoción que deben encerrar las notas, como él mismo solía afirmar. Si Muti dio una importancia extrema al ritmo, y a un sonido orquestal cortante y plagado de aristas en busca del aspecto más rural de Verdi, a Giulini le interesaba más la elaboración, la búsqueda de sonidos nuevos, y casi siempre no extremos, e incluso de cierta dulzura. Podemos encontrar más de una grabación de óperas de Verdi por Giulini, pero pensamos que sus tres grandes logros, y quizá por razones no parecidas, fueron *Don Carlo, Rigoletto* e *Il trovatore.* El tenor protagonista en las tres fue Plácido Domingo.

Rigoletto es seguramente una de las óperas más grabadas de su autor. Para cuando llega el registro de Giulini (1979) ya habíamos tenido la ocasión de paladear un grandísimo *Rigoletto* en disco. Fue el del director alemán Rafael Kubelik (1963), que había contado con Dietrich Fischer-Dieskau para el papel del jorobado. Y parecía que, tras esta grabación, un auténtico hito para la ópera italiana protagonizada por el genial cantante alemán, poco quedaba por hacer. Pero, y como ya había sucedido antes de Kubelik, se seguirían produciendo grabaciones de *Rigoletto.* La fuerza de la industria discográfica era brutal. Muchas grabaciones, y con los divos de turno. Todas bastantes innecesarias, salvo la incursión de la de Giulini, que sí aportó en algún aspecto importante una buena dosis de novedad. Los cantantes eran estupendos, y la orquesta elegida, la Filarmónica de Viena, admitía poca discusión. Pero Giulini hizo algo nuevo: irrumpir en el intrincado mundo de la corte del Duque planteando la historia desde su ángulo más inmoralista, más negro, para lo que construyó una agobiante atmósfera sonora, llena de dolor y rencor, sentimientos éstos matrices del relato. Con Giulini los cantantes cantaban los placeres de la corte, pero mirando de reojo a la cloaca, al patético estatus del Duque y sus cortesanos, plagados de corrupción, mentira y traición. Nunca la partitura de esta obra ha sido sometida a un escrutinio sonoro de tal calibre, y menos aún con un bisturí dramático tan afilado.

Cuando llega este registro discográfico de *Rigoletto* ya se ha dicho bastante sobre la obra. Pero Giulini da una vuelta más a la tuerca.

Nueve años antes Giulini ya había dado la campanada con su registro de *Don Carlo.* Pero constituyendo una referencia verdiana de primer orden, su trabajo aquí es más clásico. Sin embargo, esa versión también actuó de revulsivo en los ambientes verdianos, a pesar de las excelentes interpretaciones fonográficas de Herbert von Karajan (1958) y Georg Solti (1965). Y ese revulsivo no fue otro que, bajo una dirección canónicamente perfecta, bellísima, Giulini invitaba a sus cantantes a explayar el maravilloso componente italiano de la obra, desde sus partes más líricas a las más dramáticas, huyendo del tópico belcantista. En el elenco destacó sobre todo Plácido Domingo, que para algunos compuso ahí la más grande intervención verdiana de su carrera. Impresionantes las intervenciones de Ruggero Raimondi y Giovanni Foiani, como Felipe II y Gran Inquisidor, respectivamente, en el dúo que comentamos en el capítulo anterior.

Domingo repitió Verdi con Giulini en 1984. Fue en *Il trovatore*. No es una interpretación redonda. Pero si esta versión debe recordarse por algo es por la modernidad sonora a que somete la partitura el director italiano. No se trata de nuestra versión favorita, que a día de hoy es la que un joven Plácido cantó con Zubin Mehta dirigiendo en 1969, ahí sí en plenitud vocal. Ésta no es una versión digamos homologable a las mejores, pero hay algo que la distingue de las demás y que a nosotros nos parece único: su agobiante y oscura planificación sonora, gracias a la cual una orquestación en más de un momento en apariencia pedestre se convierte en una inagotable fuente de sugerencias líricas y dramáticas.

Desde la propia portada del disco Dietrich Fischer-Dieskau nos parece alertar acerca de la farsa que se avecina…

Leonard Bernstein es quizá el músico e intérprete americano más polifacético del siglo XX. Compositor, pianista, director de orquesta, pedagogo, divulgador de la música norteamericana, un alma auténticamente mestiza con trazas de la música clásica, el mundo latinoamericano y el jazz, que, encontrando una realización plena en sus años de director al frente de la Orquesta filarmónica de Nueva York, triunfó en Broadway con sus musicales, pero alzó su magisterio en Europa como uno de los directores más punteros de fin de siglo. Se llamaba Louis, pero cambió su nombre por el de Leonard. Procedía de una familia ucraniana que había emigrado a América desde un gueto judío. Era asmático, un hombre un tanto débil, que sin embargo mostraba pasión por todo lo que hacía. Por vocación familiar se interesó por la música de la sinagoga, hasta el punto de que la música hebrea ocupará una buena parte de su ecléctica producción. Tras los primeros estudios, que combinaba con la audición de los pianos callejeros de su barrio, decide ser director de orquesta. Debutó en Nueva York a los veincinco años para hacer una sustitución a Bruno Walter, y pronto comienza sus salidas al extranjero, a Europa, a Palestina. En 1956 compone la ópera *Candide* y al año siguiente *West Side Story* (traducida a veces un poco absurdamente como *Amor sin barreras*), llevada al cine en 1961. Más tarde llegará otra ópera, *A Quiet Place,* y un montón de obras más, más de setenta en total. Como suele suceder, sus interpretaciones discográficas más importantes (grabó cientos de discos) son las que realizó al final de su vida. Pero hay una que brilla de manera particular. Fue el registro de *Fasltaff,* de Verdi, en 1966, después de haber sido representada en la Ópera de Viena bajo la dirección escénica de Luchino Visconti. Supuso su debut en el templo operístico vienés, y para ello contó con un cantante de excepción para el papel del barrigudo Falstaff.

Bernstein dirigió esa versión de *Falstaff* como si le fuera en ello la vida. Se esforzó todo lo que pudo para meter la cabeza en el interior de una partitura que es como un enjambre, en el que casi todos los directores suelen hacerse un fenomenal lío. Ya hemos hablado de esta portentosa página; nos referiremos sólo ahora a aspectos interpretativos. Bernstein es de una originalidad, de un dinamismo, de una comunicatividad que es difícil escuchar su trabajo sin dar saltos en la silla. Expresión y vigor, fuerza, ironía sin fin…, todas la características esenciales de esta comedia maestra son expuestas por el director con extraordinario rigor estilístico e imaginación. Y dan un poco de risa algunos ataques de otros tantos sesudos críticos a quien fuera protagonista de la representación y, después, de la grabación (ya le había sucedido unos años antes con su grabación de *Rigoletto* a Rafael Kubelik, en la que se le acusaba de *infiltrado* en el estilo verdiano). Estamos hablando del que seguramente haya sido el mejor cantante del siglo XX, el barítono berlinés Dietrich Fischer-Dieskau. Su Falstaff fue absolutamente celestial, la vez que más y mejores, y más sutiles, y más inteligentes, matices se hayan escuchado jamás de este por otro lado personaje tan hecho más de matices y detalles que de una caracterización que haya de seguirse al pie de la letra. *Falstaff* no tiene arias. Bernstein era ya muy querido en Viena cuando dirigió *Falstaff*, no en vano su pedigrí operístico era notable, pues se le recordaba por haber protagonizado una década atrás el debut de Maria Callas (*Medea*, de Luigi Cherubini) en la Scala de Milán. También, claro, por ser el autor del musical americano más famoso de la historia, *West Side Story*, que más tarde llevaría al disco con José Carreras, Kiri Te Kanawa y Marilyn Horne. Sin embargo, el auténticamente mago de la batuta estaba todavía por llegar. Sus últimas grabaciones, entre ellas las de sus dos óperas, *Candide* (registro de 1991) y *A Quiet Place* (grabación de 1987), son verdaderos hitos discográficos.

Albergamos serias dudas sobre determinados grados de *mediatismo*. Estamos seguros de que Bernstein ostentó un nivel altísimo. Pero seguramente hubo otro en ese tiempo, esta vez en la vieja Europa, que quizá le superara. Ése fue Herbert von Karajan, el director de sienes plateadas perfectamente peinadas que dirigía a sus infalibles músicos de la Orquesta Filarmónica de Berlín, verdaderas máquinas perfectas de hacer música, con los ojos cerrados. Dueño de la orquesta berlinesa, medio dueño del Festival de Pascua de Salzburgo, ciudad donde nació, y dueño casi a tiempo completo de la compañía de discos con la que desarrolló la parte más importante de su carrera (el que fuera todopoderoso sello amarillo Deutsche Grammophon), supo lavar bien su imagen de inscrito en el partido nazi durante la guerra, para convertirse en un símbolo de la Alemania moderna. De hecho fue bautizado como *Das Wunder Karajan* (El milagro Karajan). Alguna que otra anécdota le ayudó en el camino de la desnazificación, pues tuvo un serio encontronazo con Hitler tras haberse equivocado y hecho perderse a los cantantes en la representación de unos *Maestros cantores de Núremberg,* de Wagner, música de cabecera del carnicero: «No quiero que Herr Karajan vuelva a Bayreuth», ordenó el *Führer.* Esta bravata lo salvó.

En esta grabación Karajan alcanza el cielo. Este hombre fue un grandísimo director, pero esta versión sobrepasó todas las expectativas.

En realidad, tanta leyenda urbana, incluido el tren de vida en que se embarcó el director tras la guerra, envolvió su figura de una pátina que le fue muy bien para que la industria del disco lo presentara como el mejor (el más rentable, por supuesto), cuando a más de un crítico les pareció que ni eso era bueno para él ni era verdad que fuera el mejor. Fue un hombre muy trabajador, que hizo mucha música, a veces bien, a veces no tanto, pero cuyos excesos en los triunfos fueron producto de la aplicación de unas buenísimas técnicas de mercado sobre su sofisticada figura. Ahora bien, y como suele suceder, el director llegó a su madurez, y ahí estalló un talento casi sin límite. Algunas de sus últimas grabaciones fueron un espectáculo; maravillas donde las haya. Y de entre ellas, al menos dos óperas importantísimas: *Parsifal,* de Wagner, y, sobre todo, la más grande versión en disco nunca hecha de *El caballero de la rosa,* de Richard Strauss. Fue ésta un cuento de nunca acabar, una producción desorbitadamente cara, la primera ópera grabada en digital, y con unos resultados artísticos rayanos en una milagrosa perfección. En ella sí se reconoce al mago de la orquesta Karajan, por más que en sus anteriores registros, veinticuatro y veintidós años anteriores, ya se atisbara su afinidad con esta partitura. Nada que ver. Se estaba ya gestando el Karajan que en 1987 sorprendería al mundo entero en su trabajo con la Filarmónica de Viena en el mejor Concierto de

Año Nuevo que se haya podido escuchar jamás. Para entonces le quedaban dos años de vida.

Tras las décadas doradas del disco, una caída en picado de la industria nos ha llevado, aproximadamente desde principios de la década de los 2000, a una situación límite. No se graban discos. Y naturalmente las únicas grabaciones que se comercializan son, por un lado, tomas en vivo cuando los restos de los grandes sellos discográficos deciden dar señales de vida; o, por otro, las que realizan sellos especializados en registros baratos que son capaces de colocar en el mercado a través de sus potentes redes de distribución. También las que los jóvenes artistas se graban poco menos que en los comedores de sus casas para, luego, realizar su propia promoción personal a la hora de pedir trabajo en las salas de concierto. ¿Excepciones? Sí, las hay. Pero son mínimas, y protagonizadas por artistas cuya indiscutibilidad es apabullante. Es cierto que todavía quedan intérpretes capaces de mover a un sello discográfico para que coloquen sus equipos en un teatro. O para seguir grabando músicas muy clásicas. Pero muy de higos a brevas. ¿Qué hacer?

Internet es el gran invento. Es la antesala de estercoleros de los que todos hemos oído hablar, pero, muertas las tiendas de discos, enterrados los equipos de grabación, la Red, a través de múltiples plataformas, supone un acceso directo a todo cuanto se ha hecho en disco hasta el momento. Lo que quiere decir que cualquiera, y por muy poco dinero, puede escuchar en su casa cómodamente cada uno de los veinte o treinta mil discos que puedan constituir la discoteca particular de un aficionado que sea algo más que un aficionado de a pie. El acceso es ilimitado. Y barato. Y no ocupa espacio. Bien: sólo hay que querer escuchar, un verbo éste diabólico, que se suele confundir con otro, oír, y que conlleva una acción cuya pésima praxis es la responsable de una de las más dañinas enfermedades de nuestro tiempo: la sordera.

Óperas en discos

Ciento treinta óperas indispensables en sus indispensables discos. Se consigna: autor, título, fecha de estreno, director musical y soporte. (Algunos DVDs están igualmente disponibles en Blu-ray).

MONTEVERDI: *L'Orfeo* (1607). Nilolaus Harnoncourt. DVD
MONTEVERDI: *Il ritorno d'Ulisse in patria* (1640). Nikolaus Harnoncourt. CD
MONTEVERDI: *L'incoronazione di Poppea* (1642). Nikolaus Harnoncourt. DVD
CAVALLI: *La Calisto* (1651). René Jacobs. DVD
LULLY: *Armida* (1686). Phjilippe Herreweghe.CD
PURCELL: *Dido and Aeneas* (1689). Raymond Leppard. CD
HAENDEL: *Agrippina* (1709). John Eliot Gardiner. CD
HAENDEL: *Rinaldo* (1711). René Jacobs. CD
VIVALDI: *Tito Manlio* (1719). Vittorio Negri. CD
HAENDEL: *Rodelinda* (1725). Alan Curtis. CD
PERGOLESI: *La serva padrona* (1733). Antoni Ros-Marbà. CD
HAENDEL: *Ariodante* (1735). Raymond Leppard. CD
RAMEAU: *Dardanus* (1739). Raymond Leppard. CD
GLUCK: *Orfeo ed Euridice* (1762). Raymond Leppard. CD
MOZART: *Idomeneo, re di Creta* (1781). Karl Böhm. CD
MOZART: *Die Entführung aus dem Serail* (1782). Karl Böhm. CD
MOZART: *Le nozze di Figaro* (1786). Karl Böhm. CD
MOZART: *Don Giovanni* (1787). Otto Klemperer. CD
MOZART: *Così fan tutte* (1790). Colin Davis. CD
MOZART: *Die Zauberflöte* (1791). Otto Klemperer. CD
MOZART: *La clemenza di Tito* (1791). Colin Davis. CD
CIMAROSA: *Il matrimonio segreto* (1792). Daniel Barenboim. CD
CHERUBINI: *Médée* (1797). Leonard Bernstein. CD
ROSSINI: *L'italiana in Algeri* (1813). Claudio Scimone. CD
ROSSINI: *Il turco in Italia* (1814). Riccardo Chailly. CD
BETHOVEN: *Fidelio* (1814). Daniel Barenboim. CD
ROSSINI: *Il barbiere di Siviglia* (1816). James Levine. CD
ROSSINI: *La cenerentola* (1817). Riccardo Chailly. CD
WEBER: *Der Freischütz* (1821). Rafael Kubelik. CD
ROSSINI: *Semiramide* (1822). Richard Bonynge. CD

ROSSINI: *Guillaume Tell* (1829). Lamberto Gardelli. CD
BELLINI: *Norma* (1831). Giuseppe Patanè. DVD
BELLINI: *La Sonnambula* (1831). Richard Bonynge. CD
DONIZETTI: *L'elisir d'amore* (1832). Alfred Eschwé. DVD
BELLINI: *I puritani* (1835). Riccardo Muti. CD
DONIZETTI: *Lucia di Lammermoor* (1835). Richard Bonynge. CD
MEYERBEER: *Les Huguenots* (1836). Richard Bonynge. CD
BERLIOZ: *Benvenuto Cellini* (1837). Colin Davis. CD
DONIZETTI: *Roberto Devereux* (1837). Charles Mackerras. CD
VERDI: *Nabucco* (1842). Giuseppe Sinopoli. CD
DONIZETTI: *Don Pasquale* (1843). Riccardo Muti. CD
WAGNER: *Der fliegende Holländer* (1843). Otto Klemperer. CD
WAGNER: *Tannhäuser* (1845). Giuseppe Sinopoli. CD
VERDI: *Macbeth* (1847). Claudio Abbado. CD
NICOLAI: *Die lustigen Weiber von Windsor* (1849). Rafael Kubelik. CD
VERDI: *Luisa Miller* (1849). Peter Maag. CD
WAGNER: *Lohengrin* (1850). Georg Solti. CD
VERDI: *Rigoletto* (1851). Carlo Maria Giulini. CD
VERDI: *Il trovatore* (1853). Zubin Mehta. CD
VERDI: *La traviata* (1853). Georges Prêtre. CD
VERDI: *Simon Boccanegra* (1857). Riccardo Muti. CD
BOITO: *Mefistofele* (1858). Oliviero de Fabritiis. CD
GOUNOD: *Faust* (1858). André Cluytens. CD
VERDI: *Un ballo in maschera* (1859). Solti. CD.
VERDI: *La forza del destino* (1861). Riccardo Muti. CD
BERLIOZ: *Les Troyens* (1863-1890). Colin Davis. CD
WAGNER: *Tristan und Isolde* (1865). Wilhelm Furtwängler. CD
SMETANA: *Prodaná nevěsta* (1866). Kempe. CD
VERDI: *Don Carlo* (1867-1884). Carlo Maria Giulini. CD
WAGNER: *Die Meistersinger von Nürnberg* (1868). Herbert von Karajan. CD
VERDI: *Aida* (1871). Riccardo Muti. CD
MÚSORGSKI: *Borís Godunov* (1874). Jerzy Semkow. CD
J. STRAUSS: *Die Fledermaus* (1874). Willi Boskovsky. CD
BIZET: *Carmen* (1875). Claudio Abbado. CD
WAGNER: *Der Ring des Nibelungen* (1876). Georg Solti. CD
PONCHIELLI: *La Gioconda* (1876). Bruno Bartoletti. CD
SAINT-SAËNS: *Samson et Dalila* (1877). Daniel Barenboim. CD
CHAIKOVSKY: *Yevgueni Oneguin* (1878). Mstislav Rostropóvich. CD
OFFENBACH: *Les contes d'Hoffmann* (1881). Seiji Ozawa. CD
WAGNER: *Parsifal* (1882). Hans Knappertsbusch. CD
MASSENET: *Manon* (1884). Julius Rudel. CD
VERDI: *Otello* (1887). John Barbirolli. CD
MASCAGNI: *Cavalleria rusticana* (1890). Riccardo Muti. CD
CHAIKOVSKI: *Píkovaya dama* (1890). Mstislav Rostropóvich. CD
PUCCINI: *Manon Lescaut* (1892-1894). Bruno Bartoletti. CD
MASSENET: *Werther* (1892). Michel Plasson. CD

VERDI: *Falstaff* (1893). Leonard Bernstein. CD
HUMPERDINCK: *Hänsel und Gretel* (1893). Jeffrey Tate. CD
PUCCINI: *La bohème* (1896). Gerog Solti. CD
CHARPENTIER: *Louise* (1896). Georges Prêtre. CD
GIORDANO: *Andrea Chénier* (1896). James Levine. CD
PUCCINI: *Tosca* (1900). Colin Davis. CD
DVOŘAK: *Rusalka* (1901). CharlesMackerras. CD
CILEA: *Adriana Lecouvreur* (1902). Jameds Levine. CD
DEBUSSY: *Pelléas et Mélisande.* (1902). Herbert von Karajan. CD
PUCCINI: *Madama Butterfly* (1904). Herbert von Karajan. CD
JANÁČEK: *Jenůfa* (1904). Charles Mackerras. CD
R. STRAUSS: *Salomé* (1905). Christoph Von Dohnányi. CD
FALLA: *La vida breve* (1905). Luis Antonio García Navarro. CD
RIMSKI-KORSAKOV: *Zolotói Petushok* (1907). Daniel Barenboim. DVD
R. STRAUSS: *Elektra* (1909). Georg Solti. CD
RAVEL: *L´heure espagnole* (1909). Lorin Maazel. CD
PUCCINI: *La fanciulla del West* (1910). Zubin Mehta. CD
R. STRAUSS: *Der Rosenkavalier* (1911). Herbert von Karajan. CD
BARTÓK: *A kékszakállú herceg vára* (1911). Georg Solti. DVD
R. STRAUSS: *Ariadne auf Naxos* (1912-1916). Kurt Masur. CD
PFITZNER: *Palestrina* (1915). Rafael Kubelik. CD
ZEMLINSKI: *Eine florentinische Tragödie* (1916). Gerd Albrecht. CD
PUCCINI: *Il Trittico* (1918). Antonio Pappano. CD
R. STRAUSS: *Die Frau ohne Schatten* (1919). Wolfgang Sawallisch. CD
KORNGOLD: *Die tote Stadt* (1920). Erich Leinsdorf. CD
JANÁČEK: *Kata Kabanová* (1921). Charles Mackerras. CD
BUSONI: *Doktor Faust* (1924). Ferdinand Leitner. CD
SZYMANOWSKI: *Król Roger* (1924). Antonio Pappano. DVD
BERG: *Wozzeck* (1925). Daniel Barenboim. CD
RAVEL: *L'enfant et les sortilèges* (1925). Lorin Maazel. CD
JANÁCEK: *Věc Makropulos* (1925). Charles Mackerras. CD
PUCCINI: *Turandot* (1926). Mehta. CD
WEILL: *Aufstieg und Fall der Stadt Mahagonny* (1927). Pablo Heras-Casado. DVD
SCHOENBERG: *Moses und Aron* (1932). Georg Solti. CD
SHOSTAKÓVICH: *Ledi Mákbet Mtsénskogo Uyezda* (1934). Mstislav Rostropóvich. CD
HINDEMITH: *Mathis der Maler* (1935). Rafael Kubelik. CD
GERSHWIN: *Porgy and Bess* (1935). Lorin Maazel. CD
ENESCO: *Œdipe* (1936). Lawrence Foster. CD
BERG: *Lulu* (1937-1979). Pierre Boulez. CD
R. STRAUSS: *Capriccio* (1942). Karl Böhm. CD
BRITTEN: *Peter Grimes* (1945). Colin Davis. CD
BRITTEN: *Billy Budd* (1951). Kent Nagano. CD
STRAVINSKY: *The Rake´s Progress* (1951). Riccardo Chailly. CD
BRITTEN: *A Midsummer Night's Dream* (1952). Colin Davis.
PROKÓFIEV: *Ógnenny ánguel* (1955). Neeme Järvi. CD

POULENC: *Dialogues des Carmélites* (1956). Kent Nagano. DVD
BERNSTEIN: *Candide* (1956-1973). Leonard Bernstein. CD
PROKÓFIEV: *Voiná i mir* (1959). Valery Gergiev. CD
ZIMMERMANN: *Die soldaten* (1964). Ingo Metzmacher. DVD
HENZE: *Die Bassariden* (1966). Christoph von Dohnányi. CD
BRITTEN: *Death in Venice* (1972). Bruno Bartoletti. DVD
LIGETI: *Le Grand Macabre* (1977). Michael Boder. DVD
REIMANN: *Lear* (1978). Gerd Albrecht. CD
MESSIAEN: *Saint François d'Assise* (1983). Ingo Metzmacher. DVD

Índices onomásticos

Autores y obras

Obras sin autor:

Autores y obras nombrados:

Libretistas nombrados

Cantantes nombrados

Directores musicales nombrados

Directores de escena nombrados

Agradecimientos:

A Luis Gago, por sus valiosos consejos
y certeras correcciones.